毛沢東 五つの戦争

鳥居 民

草思社文庫

毛沢東　五つの戦争　◉　目次

凡例

† 中国人名・地名は、我国で日本語読みされている慣習にしたがって平がなのルビを付した。ただし、高崗《カオカン》、上海《シャンハイ》のように呼びならわされている人名・地名、一般に知られていない人物は原音で片かなのルビを付した。朝鮮人名・地名もこれに準じた。

† 注は見開き頁の左端へまとめた。これでうまく処理できない場合は、次の二頁見開きを利用し四頁の範囲で解決した。

はじめに

この本で私は毛沢東の中国が行なってきた〈戦い〉をとりあげようと思う。一九四九年からの中国の〈戦い〉を検討すれば、中国指導者の考えと行動を知る手がかりを得るのに必ずや役立つと信じるからである。

その政権は誕生以来、偶然ながら四年ごとに戦いを行なってきている。一九五〇年には朝鮮半島で、五四年には台湾海峡で、五八年には再び台湾海峡で、六二年にはインドとの国境で戦いをした。そして六六年には戦いと呼んでもさしつかえない闘争を国内で開始したのである。

われわれは中国の、はたしてなにを知っているだろうかという疑問は、つねにわれわれの内部にわだかまっているが、もちろん中国が行なった戦争においてもそれはまた例外ではない。中国の公式報道機関の発表だけでよく分からないことは、いずれの戦いの場合も同じことである。それは、ともすれば皮相な観察や手近なスローガンにあわせた解釈となるか、あるいは世論の雰囲気に沿った安易な説明となり易い。

第一の「朝鮮の戦い」については、これがアメリカと南鮮（大韓民国）の陰謀の産物だという説明がある一方、また逆にスターリンと毛沢東の間で決められたものだという主張もある。そしてそれぞれの好みの結論に中国軍登場の原因検証がともない、中国（中華人民共和国）の介入目的を安全確保と勢力拡大のいずれかとみる二つの見解に分かれている。一般的な見方においては、北鮮（朝鮮民主主義人民共和国）支援と東北（旧満州）の安全保持のために中国は参戦したとみられている。

第二の「台湾海峡の戦い」については、中国軍の台湾（中華民国）進攻計画の一部だと説かれているのが一般的だ。その前哨戦として沿岸諸島を占領しようとしたというのである。そしてアメリカの第七艦隊と戦略空軍の圧力の前に、中国の戦争決意はたじろいだとみられている。

第三の「金門島の戦い」においても同じような解釈が圧倒的だ。つまり、中国は金門島奪取を狙ったのだが、アメリカがその島の防衛を助けることをあきらかにしたために、あきらめたというのである。そして中国首脳はソ連の核抑止力に期待をかけて戦いを開始したにもかかわらず、ソ連が消極的態度をとったことで、中国はソ連に対して不満をいだくようになり、両国の間に溝ができ、中国の自力による核戦力創設の決定になったという推定がつづくのである。

そしてこの戦いは他の戦いとともに、中国指導者の喧嘩好きの証拠とされるが、また同時にその逆の論拠ともされている。つまり前者については、この非常に貧しい国が長距離ミサイルの開発と核爆弾の貯蔵に懸命な努力をつづけ、やがては十億の人口を持つ核武装国家になることに対する脅威論につづく。また、後者に関しては、自己の領土の当然な回復要求だという弁護論であり、自分自身が敵意と挑発に囲まれている以上、中国は自国の安全要求を第一の目的にするという主張となっている。

第四の「ヒマラヤの戦い」についても相反する意見がある。インドは侵略の犠牲者だといった主張があり、中国の防衛行動に他ならなかったという反駁がある。中国軍の兵《へい》站《たん》線が伸びきったことやアメリカの迅速な援助が中国の攻撃続行を思いとどまらせたのだという意見があるかと思えば、キューバ危機にあわせた戦いだったという見方もある。そしてこの戦いにおいてソ連が中国を支持しなかったことが、中ソの分裂を決定的にしたのだとする解釈もある。

またこの戦いは、中国の領土的野心を示す例証にされることもあり、それとはべつに、他の戦いの場合と同じように、中国は勇ましく叫びたててはいるが、実は慎重に計算した行動をとっていたという解釈ともなる。つまりその急進的な性格はそのまま軍事的な姿勢を意味していないのだという説明となるのである。

これらの戦いに対して与えられた解釈は多様であるが、しかし、ここには一つの共通点があることを指摘しなければなるまい。それは、戦いの検討を戦い自体に求めるという態度である。たしかに戦いのひとつひとつを検討すれば、中国が実力行使によって狙った直接の目的はあきらかとなり、戦いのあとにつづく外交政策も解釈できよう。そして外交政策は、国内の基本政策が要求する条件のなかで選ばれるのだから、国内政策の解明にも役立つであろう。

だが、はたしてこのような方法は、毛沢東の戦いを検討する上で適切なものといえるだろうか。軍事力が外交政策の道具の一つであることは、いずれの国の指導者も知り抜いていよう。しかし、かれらの大部分は軍事力を行使した経験はない。軍事紛争に介入した経験がもっとも多いアメリカの指導者にしてからが、限定戦争あるいは非通常戦争に戸惑い、大きな痛手を受けたのである。

ところが毛沢東は他のだれとも違う。かれは一九二七年にゲリラ部隊のリーダーとなって以来、政権を獲得するために二十年間を戦いつづけてきた指導者である。かれは自己の創意と経験から政治闘争と武装闘争をわかちがたくする状況を創り出し、戦いと民衆の支持を得る政治工作とを結びつけ、しかるのち軍事作戦を会議の折衝につなげ、敵の分裂、孤立を求める政治工作を行なった。したがって、かれにとって〈戦い〉とは大きな戦略的政治計画内のひとつの政治行動だった、と充分いい得るであろう。

かれが中国の支配者となってからの二十年間に行なってきた戦いも、それ以前の戦いと本質的な意味において同じであり、政治行動である。ただかれの前半二十年の戦いを人民戦争と呼ぶのであれば、この二十年間の戦いは限定戦争と呼ぶべきであろう。かれこそ限定戦争のやり方をだれよりもよく知る指導者である。* 限定戦争はその目的をはっきりと限定し、これを公然とあきらかにし、その背後に他のより大きな目的を練りあげた政治行動である。

ところがしばしば観察者は中国の戦いを見ても、外交が終わるところから実力行動がはじまるときめてしまいがちであり、戦いを検討するにあたって、軍事作戦とその結末に中心をおき、そのみかけの成果、あるいは失敗からその影響を判断することになりやすい。こうして毛沢東の戦いは、かれの戦略的政治計画から切り離されてしまい、かれの奥行きの深い構想は見失われることになる。

最後に第五の戦い――「文化大革命」について述べよう。四年という奇妙に符合した数字にこだわる人はまずいなかっただろうが、六六年には第五の戦いを警戒する声が大きくなった。かりにこの年に「援越《えんえつ》抗米」の義勇軍が広西《こうせい》・雲南の国境からインドシナへ出現したとしても、だれも五〇年十一月末の朝鮮派兵のときほどには驚かなかったにちがいない。この年に行政と社会秩序を無視した激烈な運動が開始された段階に至っても、少なからぬ人々がこの動きをベトナム戦争の拡大に備えた臨戦体制だと解釈したのである。

そしてその戦いがはじまって三年たった時点においても、それがなんであったのか、いまだにだれも満足に答えることができない。その戦いの原因は充分に理解できないいま放置されているし、毛の理想社会への構想はその戦いのなかで根をおろしたかどうかについても意見が分れている。だが、この戦いは幾多のことをあきらかにした。毛が追求する非利己的な共産主義倫理の教化運動のなかにおける人々の憎しみや恨み、野心や支配欲をあきらかにしたし、この二十年の北京指導部内における権力闘争と政策論議の絡みあいも浮かびあがらせた。

それ故第五の戦いとその原因について、いくつかの推定をまじえながらも追うことができよう。また、それと第四、第三の戦いとのつながりも求められよう。この「五つの戦い」に照明をあてることによって、この二十年間の中国のはらむさまざまな謎は解け、あらゆる現象は、新しい意味を語りだすかも知れない。私は、そんな期待を抱いてこの本を書きはじめたのである。

＊ 西側の軍事専門家が限定戦争理論をひねくりはじめたのは、朝鮮戦争以来の軍事紛争でこの新しい戦いに認識を深め、武力と地域と目的を限定する戦いに適切な軍事戦略をたてねばならない、と考えるようになってからである。

ところが毛沢東は、自分の勢力が劣勢であった国民党との闘争時期に、すでに限定戦争の三つの原則を造りあげている。かれは第一に、軍事力の使用は防衛的なものでなければならないと説き、道義性を自分のものにすることを挙げた。さらに二番目に、軍事力の使用に際し、敵の一部をたたくことを強調した。攻撃目標の限定は兵力の集中に役立ち、迅速に勝利を収めることができ、敵の矛盾、分裂をひきだす利益があった。三番目にかれは、戦いを無制限につづけることを戒め、敵との妥協、休戦を実現しなければならないと説いたのである。

第Ⅰ章

朝鮮の戦い

1 毛沢東兵法の勝利

一九五〇年十月三十一日のことである。北緯四十度線を越す雲山盆地で、韓国軍が包囲されているという通報が米第八軍司令部に入った。米第一騎兵師団はこれの救援に向かい、先遣部隊の第八騎兵連隊が雲山に近い安州で野営をした。満月だった。真夜中すぎ、監視壕の哨兵は遠くでかすかにラッパの音を聞いたと報告した。他の前哨《ぜんしょう》兵士は、別の方角で凍てついた地面に響く馬のひづめの音を聞き、盛土に体をのりだした。しばらくすると今度はラッパがすぐ近くではっきりと鳴り響いた。消灯ラッパに似ているようだとかれらが思ったとたん、手榴弾の炸裂音と射撃音が響き、叫び声がおきた。

ある大隊は観測機、トラックを捨てて、南へ脱出しようとしたが失敗した。夜明けになると八百人は完全に包囲され、その多くが負傷し、死んでいた。このとき、褐色の綿入れ服を着て、毛皮の耳覆いのついた帽子をかぶった敵兵士たちがはじめて見えた。中国兵だ。

かれらは奇怪な行動にでた。射撃をやめ、包囲を解いたのである。打ちのめされ、呆然自失の大隊生存者が傷者とともにまだら雪の丘陵を下りていくのをかれらはずっと見守り、やがて姿を消した。

まず北朝鮮の西半分を作戦分担地域とする平壌の米第八軍司令部が、つづいて東京の総司令部がこの報告を受けとった。だがかれらはひきつづき二度目の、そして致命的な誤ちを犯した。すなわち最初の失策は、韓国軍が中国軍に包囲殲滅《せんめつ》されたときである。その頃、米第二十四師団と英第二十七旅団は敗走する北朝鮮軍を追って西海岸の道路を、鴨緑江《おうりよつこう》の河口、新義州へ向けて進撃していた。中央部には韓国の第一、第六、第七、第八の四個師団がいて、補給と連絡ももどかしく、鴨緑江へ到達する競争をつづけていた。また東部では、東海岸を北上した韓国首都師団と第三師団、米第七師団が羅津《らしん》へ向けて前進していた。

十月二十六日、韓国第六師団の第七連隊が、釜山橋頭堡《ふざんきようとうほ》から六週間、九百キロのレースに勝った。かれらは水豊ダムの上流、国境の小部落を占領し、鴨緑江を越して中国領を望見した。だがその夜、連隊は師団本隊との連絡を切断され、包囲網に陥ちてしまったのである。つづいて二十七、二十八日に、水豊ダムの南東、五十キロのところで、韓国軍主力の四個師団が痛撃を加えられるという事態が起った。これら師団の先鋒部隊は狭い山道で包囲攻撃を受け、いずれも殲滅されてしまったのであった。

韓国軍は捕えた兵士の自供から、林彪《りんぴよう》指揮の中国第四野戦軍のうち少なくとも四個師団が、十月の中旬に鴨緑江を越え、朝鮮に入っているという重大な情報を得た。だが平壌の米軍情報将校と東京の幕僚陣は、この諜報を嘲笑した。韓国軍将校は敵の奇襲に用心しなかった失敗を弁解する口実に、中国軍介入の作り話をしているのだときめつけた。

なるほど捕虜はたしかに中国語を喋っているかもしれない。だが、韓国軍将校に、中国兵と中国語を喋る八路軍帰りの朝鮮人の区別がつかないのだと言った。

恐らくこの時点で、このさきおこる事態をおぼろげながらでもつかんでいた者はいたにちがいない。だが、幕僚たちはマッカーサーの確信を知り、かれの聞きたがっている情報を承知していた。中国軍は介入しないというのがマッカーサーの信念だった。十月十五日、ウエーキ島でかれはトルーマンの質問に答え、もし中国軍が介入するという事態があったとするなら、第八軍を釜山橋頭堡から海に追い落すためにその段階で使われたはずだと語った。実際には、そのとき中国軍は秘かに鴨緑江を渡っていたのである。

韓国軍先遣部隊が殲滅されたのにひきつづき、韓国軍主力はすさまじい夜襲を受け、第六師団と第七、第八師団の一部が包囲された。うまく包囲をのがれることができた第一師団は雲山へ退却しようとした。だが、すでに中国軍は雲山の南に布陣していた。米第一騎兵師団が雲山へ救援に向ったのは、この警報によるものだった。そして先遣隊の第八騎兵連隊が壊滅的打撃を受け、一千人の犠牲者をだしたという公報は平壌の第八軍司令部と東京を愕然とさせた。

だが、マッカーサーと部下たちは重ねて誤ちを犯した。まず中国軍の理解に苦しむ行動があり、さらにかれらが口径の大きい火砲を使わないことがあった。そこでかれらは中国軍には本気で米軍と戦う意思がなく、形ばかりの申しわけの攻撃をしただけだと解釈した。

この判断は北朝鮮東部を進撃した第一海兵師団の報告によってさらに強められた。すなわち十月二十五日、機雷を排除して元山に上陸した海兵隊は、凍りついた長津貯水湖《ちょうしん》、赴戦湖《ふせん》で中国軍とぶつかったが、まもなく相手を見失ってしまい、しかも長津湖の水力発電設備が持ち去られているのを発見したのである。新義州の北鮮放送局は、長津ダムの主要設備を敵の手に渡らないように解体したと放送した。

そこで東京の向こうみずな楽観主義は、中国軍が北鮮放棄に先立ち、水力発電全設備を中国領内に運び去るために牽制行動にでたのだと結論した。マッカーサーはかれの麾《き》下《か》部隊の重装備に大きな自信をいだいていた。しかもかれには絶対的な支配権を握る空軍があった。たとえ中国軍が大規模な攻撃をしかけてきても、すべては巨大な火力が片付けてくれると信じた。

このとき、中国軍は全軍にパンフレットを配布し、味方の作戦、戦術指揮の正しさを強調し、敵の弱点をあきらかにすることで、兵士たちの士気をふるいたたせていた。十一月二十日付けの「雲山における戦闘経験の当初の結論」は、第一次戦闘の戦訓をつぎのように教示していた。

「アメリカ軍は背後を遮断されると重火器を放棄し、その場に武器を放置して勝手に行動する。アメリカ軍歩兵は弱く、死を恐れ、ひとたび後方を遮断されると攻撃や防御をする勇気がない。戦闘はもっぱら昼間で、夜戦には不慣れである。また接近戦にも劣っている。各隊、各員はすみやかに敵を迂回《うかい》して、その退路を遮断するように戦わねばならない」

中国軍将兵が午後七時から午前三時までに行軍を制限し、昼間は巧みに偽装された山中の壕内に潜み、敵の攻勢に用意を整えていたとき、B26と戦闘機は毎日、北鮮残存地域の町と部落をしらみつぶしに爆撃していた。総司令部の弘報官が発表するリストには、敵の死傷者数、破壊建造物があきれるほどの細かさで並べられた。これには新聞記者も肩をすくめた。かれらは昨夜の中国軍の無断外泊者は何人なのか、なぜ五羽の鵞鳥、三羽の鶏の戦果を載せないのかとからかった。だが、そのかれらにしても、中国軍が前進してくれば、空軍の好餌になると信じて疑わなかった。

態勢を建て直した第八軍は、清川江の北に足場を固め、活発な偵察巡回を行なっていた。トラック、列車、輸送機は厖大な増強物資を前線へ輸送していた。前進補給集積所に送られてきたのは軍需品だけではなかった。十一月二十三日は感謝祭だった。各大隊はメニューを競《きそ》い、アメリカ兵は爆撃で廃墟となった村の真中で、探しだしてきた机に白い布をかけ、花とろうそくを飾り、えびカクテル、七面鳥、クラムベリー・ソース、かぼちゃのパイを並べた。前進する兵士たちは道ばたに坐り、ブリキの浅皿で同じような御馳走を食べていた。そしてその一方では、無人地帯《フリー・ファイア・ゾーン》を脱出する朝鮮人避難民の打ちひしがれた行列が、行く先のあてのないまま丘の麓を南へ向かっていた。

アメリカ兵にしても、陽気に騒いでいるわけではなかった。屠殺の前にふとらせる気なのだろうというのが、兵士たちの口にのぼった駄洒落だった。第三次大戦がはじまるのではないか、といった漠然とした不安はあったが、話題とするには大きすぎた。だれも敵の作戦の規模と意図が見当つきかね、前夜からひろまっている噂も理解できなかった。

その噂は前日、前線に中国軍がトラックで運んできた二十七人のアメリカ兵捕虜に関するものである。それは米中両軍が最初に衝突した戦いで負傷した兵士だった。帰ってきた捕虜はそのまま病院へ運ばれ、厳重な報道管制がしかれたが、奇怪なニュースが流れた。かれらは充分な食糧を与えられた上、中国人女性によって平和宣伝の教育を受け、帰るべき原隊の道筋まで正確に教えられていたというのである。はたして中国軍はなにを狙っているのだろうか。さっぱり見当はつかなかったが、できるだけ早く日本へ、そして故国へ帰りたいのが、将兵たちに共通した願いであった。

翌二十四日の清川江北岸は驚くほど輝かしい朝だった。雲一つない青空に北の白い山なみから身をきる風が吹いていた。第八軍の幹部が整列し、護衛兵が待機しているなかを、冷やかな威厳をよそおったマッカーサーが飛行機から降り立った。六度目の朝鮮訪問である。全世界がかれを注視していることを、だれよりもかれが知っていた。リンガエン湾から厚木、仁川《じんせん》につづき、栄光を飾る最後の戦いになると信じていた。

マッカーサーはジープで各師団を巡察し、「クリスマスは故郷で」と希望を語った。それはかれがウエーキ島で大統領に語った言葉の繰り返しであったが、アメリカ人には実現不可能な希望をかきたて、韓国人を不安に陥し込むものだった。そして、かれは北鮮残部を掃蕩《そうとう》する、西部の第八軍、東部の第十軍団による挟撃《きょうげき》作戦を説明するコミュニケ第十二号を残して去った。

だが、戦いの終結となるはずのこの作戦が、実は中国側をして最後の決断をくださせたのである。当時国務省にいたアレン・ホワイティング氏の言葉を借りるなら、鴨緑江を渡った中国軍をして、ルビコン川を渡らせることになったのであった。

第八軍の作戦正面を進撃したのは米第二十四、第二十五、第二師団、韓国軍の第一、第七、第八師団の六個師団である。予備兵力は第一騎兵師団、英第二十七旅団、到着したばかりの英第二十九旅団とトルコ旅団、韓国第六師団、総計十二万五千の兵力だった。

これに対して、マッカーサーは中国軍が六万から七万、それに北鮮軍残存兵力が三万から四万、彼我の兵力はほぼ等しいと見積っていた。だが、実際には中国第四野戦軍第十三集団の十八個師団、十八万が第八軍の正面に展開していたのである。

韓国軍第七、第八師団は、第八軍の攻撃線の右翼を形成し、徳川から北の山岳地帯へ向かった。前進はその日のうちに正体不明の共産軍の強い抵抗でくいとめられた。米第二十四師団は新義州に向い、途中の定州へ進撃進路をとっていた。先遣隊が破壊された定州入口まで進んだとき、攻撃第一日は終わった。

夕陽は黄金色に輝く黄海へ沈もうとしていた。青い煙が丘の灌木林のなかからあちこちに昇り、松の燃える甘いツンとする匂いが流れてきた。兵士たちは道路の脇に狐穴を掘り、底に敷く藁を集めていた。だれもが、夕陽で赤に黄にはえる峰と尾根、その裏側の斜面に中国軍が潜み、かれらの行動をじっと見守っているのではないかと考えた。夜がきて、月があがった。再び満月であった。明るい月光は荒涼たる山野を照らし、異常な静けさを包んでいた。

夜明け前、中国軍は韓国軍主力の左側面を形成する第一師団に攻撃をかけてきた。三キロほど後退して韓国軍は持ちこたえた。日があがって戦線最西端のアメリカ軍は前進をつづけたが、あらゆる方向に戦闘斥候を派遣したので進撃速度は遅くなった。中国軍は偵察隊と先鋒隊の間をくぐり抜け、姿を隠した。

東翼の韓国軍は全く行き詰っていた。中国軍がその主力を弱体な韓国軍の打撃に向けていることはいまや明瞭だった。中国軍は第八軍と第十軍団の広い間隙を抜け、山を越え、谷を通り、韓国軍の右側面、背後に浸透し、攻撃の用意を整えていた。

二十六日朝、中国軍は韓国第七、第八師団へ決定打を浴びせた。ちょうど一月前に大きな打撃を受け、まだその痛手から回復していない韓国軍将兵は、たちまち戦意を喪失し、所属各隊はちりぢりになった。つづいて共産軍は韓国軍に隣接する米第二師団の背後にまわった。第二師団の右側面の連絡がとだえた。

予備部隊の第一騎兵師団とトルコ旅団は崩潰した右翼戦線に投入され、急拠、徳川へ派遣された。すでに中国軍は徳川を占領していた。アメリカ兵とトルコ兵の増援も、おじけづいた韓国軍をとどめることはできなかった。もし中国軍に突破されるようなことがあれば、平壌への回廊は切断され、第八軍は黄海を背にして袋の鼠となる恐れがあった。

すでに全線にわたって前進は終わっていた。第二十四師団の先発部隊は定州を撤収し、第二十五師団、韓国第一師も後退していた。韓国軍第七師と第八師は打ち砕かれ、第二師とトルコ旅団の死傷者は増大していた。この日は激しい風が運んでくる埃で空は低く鉛色となり、太陽は橙々色《だいだい》となって大きな白い暈《かさ》をつくっていた。気温は急激に下り、日が暮れると凍った穴のなかで第二師団右側面の大隊、中隊の将兵は夜襲をおそれ、恐怖の夜を迎えた。突然響くラッパの音につづいて手榴弾が破裂し、影が動き、敵と味方が入り混り、叫び声がおきるのだった。

中国軍は攻撃に成功し、戦局の主導権を握っていた。かれらは敵の全線のなかからもっとも弱い個所を狙い、そこに主力を集中して鉄槌《てっつい》をふるった。かれらは道路を全く無視した。遺棄されたジープとトラックの行列は、朝になって国連軍が態勢を建て直し、防衛陣地を固めようとしたとき、依然無傷のまま発見された。

中国軍の装備は貧弱きわまりなかった。手榴弾と小型火器が主力武器だった。兵士たちは鴨緑江を渡るとき、なんと八十発の弾丸を支給されただけだった。だが、この軽装備がかえって敏速な機動性を発揮させた。小口径の砲を僅かしか持たない中国軍は、急傾斜の山岳地帯に有効な馬とロバを使い、どの方向へも進むことができた。

巨大な大砲、戦車、トラックをかかえたアメリカの車輛化歩兵師団は、平坦な平野と道路の上では自由に動きまわれたが、この戦場ではどうにもならなかった。道路と町はアメリカ軍のもので、山は中国軍のものだった。強行軍に鍛えられた中国軍は、日中はアメリカ軍の手探りの索敵行動を巧みにかわし、夜に入ると意のままに道路へ近寄り、戦闘指揮所を狙った。挺身攻撃の訓練をつんだ兵士たちは猫のようにしのびより、めざす相手の三十メートルのところまで接近した。不気味なラッパ、緑色の懐中電灯を合図に、地面のなかから忽然ととびだし、果敢な肉迫攻撃がはじまるのだった。

幹線道路、鉄道線路、峡谷は死の罠となった。夜があけたとき、かれらは山へ撤収した。制空権も強力な大砲も役立たなかった。間断なく飛ぶ飛行機は、激しい盲射ちの砲撃の硝煙と、放棄した軍需品を焼く黒煙で視野がきかず、敵の動きをみいだせなかった。

そして撤退がはじまると、狭い道路にひしめきあう車輛の列の側面へ、中国軍は急速に移動接近し、逃げる軍隊を切断し、縦射を浴びせた。後衛部隊は昼間は傷をなめ、疲れはてて恐ろしい夜を待ち、そして夜明けを待った。

二十九日午後十一時、第八軍司令官ウォーカーは布告をだし、直面している非常事態をつぎのように説明した。

「五日前、第八軍が開始した攻撃が、わが軍を粉砕したかもしれない罠から救った。もし、われわれがその地点で受身で待っていたなら、わが前線に対して投入された二十万の中国軍は、短い期間にその兵力を二倍に増加することができたことであろう。かれらは鴨緑江を越え、さらに二十万を投入できたにちがいない。

正式の軍事介入が準備される前に攻撃するという戦術によってのみ、現実を完全に露呈させることができた。このことがわが軍をおこりえた破滅から救ったと私は思う。状況をあきらかにするわれわれの攻撃は、実際にもっとも幸運だった時期に行なわれたのである」

事実を捏造《ねつぞう》したこの文章は、東京の指示通りのものであったにちがいない。これは、戦場の外で襲いかかる非難、攻撃を避けようという意図であったが、皮肉なことに戦場では、なにをなすべきか分からない指揮官たちをひどく怒らせた上に兵士たちの間に失望と落胆をひきおこしてしまい、士気を低下させることになった。東京からは、さらにこの発表に輪をかけたけばけばしいステートメントがつづけてだされた。「誤りはなかった。学ぶべきことはなにもない。敵はずるかった。いま敵はその代価を支払い、絶え間のない爆撃で恐るべき損害を受けている」と。

　多くの死傷者をだした第二師団と、銃剣で死にもの狂いに戦ったトルコ旅団が、やっと中国軍の包囲を切抜けた十一月三十日ごろ、共産軍の攻撃は目に見えて微弱になった。攻勢を維持できる兵站《へいたん》支援がとだえたためであった。そしてかれらは作戦予定表をこえた予期しない成功をふまえて、全師団の再編をはかり、つぎの作戦の準備にとりかかったのである。

　はたしてこの戦いで、共産軍の兵力は国連軍より多かったのだろうか。中国兵は「大群」とか、「人海」と形容されたが、実はそれは現実とはほど遠かったのである。中国兵の「大群」が殺到してきた、と新聞の見出しになったとき、実際にはそれは中隊規模の攻撃でしかなかった。

　かりに中国軍の兵力がいくらか多かったにせよ、国連軍は制空権を確保し、大砲と戦車を持ち、艦砲射撃の掩護圏《えんごけん》内では、比較にならないほどの戦力を保持していたのである。だが、東京の総司令部は恐慌状態におちいり、奇妙な麻痺状態を呈した。前線では将兵たちの戦意は消え、退却病にとりつかれていた。

　いまや予備戦力の二十九旅団、二十七旅団、第一騎兵師団が後衛となり、第八軍をあげての後退作戦となった。南へ、平壌へ、三十八度線へ。撤退は退却となり、雪崩をうつ大潰走となった。平壌を抜け出る大同江の鉄橋がボトル・ネックとなった。小銃も砲もなく、寒さに震え、疲労困ぱいの兵士たちを載せた二列の軍用車輌の長蛇の行列は、混雑にのみこまれてはうようにして走った。

埃をあげて蜿蜒《えんえん》とつづく車の列は、混乱のなかで行き詰まり、罵声をあげ、統制を破る運転手に、棍棒を手にしたMPも規制力を失なった。そして後衛軍に補給物資を運ぶトラックは南へ向う流れとぶつかり、一カ所で三時間以上も立往生していた。すでに町からは国連軍歓迎の旗は消え、解放軍を迎える人影はなく、南をめざす避難民の黙々とした行列がつづいていた。十二月五日午前一時、最後の後衛、英二十九旅団のセンチュリオン戦車が大同江を渡り、破壊工作班が鉄橋を爆破したころ、平壌の厖大な弾薬、ガソリン集積所にはものすごい火柱がふきあがっていた。

つづいて東の戦線も急を告げた。長津湖に主力を進めた第一海兵師団は突如中国軍の重囲におちたことを知った。二個師団と見積っていた中国軍は十二個師団であり、第三野戦軍第九集団軍が十二万の兵力を展開していた。中国軍は長津湖から咸興まで百二十キロの一車線の隘路《あいろ》を各所で遮断し、米軍の退路と補給路を断ち、分断包囲して、海兵師団を殲滅しようとした。

しかし、海兵師団は第八軍のような混乱と敗走をひきおこさなかった。中国軍は最初の戦いに三個師団を投入したが海兵師団二個連隊を殲滅することに失敗し、逆に大きな痛手を受けた。そのあとのいくつかの機会をすべて失って、ついに脱出する海兵師団を捕捉殲滅できなかったのである。航空機の掩護と火力、兵站の絶対的優位が、海兵師団の撤退を成功させたのだが、海兵隊のすぐれた士気と訓練もまた戦力の大部分を保持したまま脱出できた大きな理由のひとつであった。

第八軍と海兵師団との相違がどれほどであったにせよ、マッカーサーのクリスマス攻勢は破局的な敗退で終わった。十七年のちにリッジウェイは言った。「マッカーサー将軍の態度はリトル・ビッグ・ボーンのカスター将軍の態度と比べざるをえない。災厄を予報するあらゆる証拠があったにもかかわらず、かれはすべての勧告を無視し、鴨緑江へ向けて進撃したのである」

それでは、なぜマッカーサーはその無謀な戦いを決行したのか。かれと十九世紀アメリカ西部でインデアンに殲滅された第七騎兵隊のカスター将軍の間にはまだほかの類似点をみつけだすこともできよう。カスターはスー族を手早く片付け、全国的な人気を博すことで民主党大統領候補に指名されることを望んでいた。同じ願望をマッカーサーも持ち――かれの場合は共和党の指名だったが――二人ともに敵の力を軽視していた。そして第七騎兵隊の殲滅と第八軍、第十軍団の潰走《かいそう》が二人の野心の結末となった。

第七騎兵隊の全滅の場合にはスケープゴートが探し求められた。そこで将軍の未亡人と友人がみつけだしたのがマルコス・レノだった。レノはカスターがシティング・ブルの術中におちいったとき、六キロ先で索敵の指揮をとっていた将校である。だが、マッカーサー麾下《きか》の軍隊の敗走の場合は、一人の不運な将校が公けの恥辱を受け、不名誉な非難をうけるだけでは済まなかった。

この戦いは憤激する国民感情の逆流に拍車をかけた。さらにその前の北鮮軍の奇襲、そのあとの戦いの行き詰まりまでが、怒りと苛立《いらだ》たしさ、もっていきばのない不満を生みだし、国内の敵が探しだされ、復讐心の吐け口が求められ、国民の大多数にアピールする極右勢力の進出となった。そして国府軍の本土失陥《しっかん》による「中国の喪失《ロス》」がすべての災厄の源泉とされ、国務省を中心に数多くの「裏切り者」がみつけだされ、マーシャル、アチソンまでが非難攻撃された。そして極右派の政治家は、共産党転向の煽動家と中国国民党の駐米人員の助けを借り、ヒステリックな国民感情を湧きたたせ、以後のアメリカのアジア政策を規制することになるのである。

2　なぜ介入したのか

毛沢東の戦いが成功だったことは、だれしもが認めるにちがいない。北鮮の共産政権にかれらの土地を取り戻してやり、しかも鴨緑江を越えて自国の領土に戦火が及ぶことがなかったからである。もちろん、武力介入がアメリカとの長期にわたる対決をひきおこすことは覚悟の上だったにちがいない。この対決の得失はにわかに判断できないが、介入がもたらした派生的な利益は、いくつも数えることができる。*

だが、なぜ毛沢東がこの冒険に踏みきったのだろうかという疑問はそのまま残る。北京側は介入決意のいきさつをあきらかにしていないし、介入に先立って北京首脳部が開いた秘密会議の内容も分からないのだから、明らかになっている事実からだけ推論しなければならない。

あとから考えれば朝鮮戦争の戦端をひらいたスターリンはまず北京の台湾進攻が成功するのを待つ、という配慮をするべきであった。そして当面は平壌に命じて、不穏《ふおん》な情勢の南への滲透と分裂工作をつづけることで、李承晩に対する反対勢力を結集させ、その政権の転覆に力を集中し、愛想をつかしたアメリカをして、南鮮から全面的に離脱せしめるようにしむけるのが妥当な方策だったであろう。

あるいは、モスクワはその攻撃がアメリカの介入をひきおこすことはあるまいとたかをくっていたのかもしれない。しかし、もしモスクワがワシントンをおおう不満と焦

＊　戦いはそれ自体の利益よりも、政治、経済的な利益が大きかった。戦争の緊張は国民の統一と団結に役立った。戦いは愛国を名とする力の結集と犠牲の甘受を促し、たとえば「三反、五反」運動を遂行するのを助けた。工場主や実業家に対する重税によって、戦争インフレを抑制したばかりか、社会化のための地ならしとした。西側の経済封鎖は否応なしに中国を経済自立へ向わせ、戦いは愛国生産競争や増産節約運動を刺激して労働者の努力と積極性を高めた。そして戦いは中国軍を短期間に再編成する機会となったばかりでなく、戦争介入の事実が中国の警告に重きを与えることになって、中国の安全保障に役立つことになった。

燥感に注意を払っていたならば、対中国政策の失敗を非難され、追い詰められていた民主党政権に行動の突破口を与えることになる露骨、かつ無分別な武力行動は、当然避けたであろう。そこで台湾進攻が考慮の余地なく、優先されるはずだった。

アメリカの三軍と国務省は一致して、その年の間に北京が台湾を占領すると予測していた。ＣＩＡもまた、台湾内の共産党地下工作をはじめ、国府軍の士気低下と訓練の欠如、台湾人の国民党に対する激しい憎悪などを考えあわせ、台湾が共産党の手へ渡るのは容易であるとみていた。

では、六月までに北京の台湾攻撃を遅延《ちえん》させるなにかがおきたのだろうか。動力つきジャンクまで動員しなければならない台湾上陸作戦は、四、五、六月だけが可能とみられ、台風シーズンと冬期は難しかった。そこでつぎのような奇妙にうがった情報はあるいは正しいのかもしれない。台湾攻撃のために訓練していた水陸両用部隊は、肝臓ジストマにやられたのだと。*

あるいは北京首脳部の判断力がにぶり、北鮮の攻撃が自己の台湾進攻計画になんら支障をきたさない、と思っていたのかもしれない。それとも北京は、モスクワに北鮮の武力行動の延期を要請したのだろうか。いずれにせよ、スターリンと北鮮指導者は、攻撃開始後釜山まで四週間で到達できると信じていたであろう。かれらは、南北朝鮮の統一をはたしたのちひきつづいて日本に威圧を与えることができるという政治的意義と比べれば、北京の台湾進攻作戦などはるかに小さな問題だ、とみていたにちがいない。そしてスターリンは、ベルリン封鎖失敗の失点をおぎなうためには、台湾ごときではとうていおっつかないと思っていたであろう。

一九五〇年六月二十五日早朝、北鮮軍は六つの地点で三十八度線を突破し、なんの用意もない、貧弱な装備の韓国軍に機甲部隊をたたきつけた。二日のちにトルーマンは米海空軍に出動を命じ、つづく三日あと、地上軍の使用を承認し、北鮮軍の進撃をくいとめようとした。

ソ連製中型戦車の先頭部隊が米韓軍の抵抗線を突破し、あとにつづく歩兵部隊が鉄道と主要道路に沿って南下をつづけていたころ、中国の国内宣伝は、北鮮の人民はかれらの戦いを戦い、われわれはわれわれの戦いを戦うのだと強調していた。北京の目標はチベットと台湾だったのである。

北鮮軍が米韓軍を釜山周辺地区に追い詰めたかにみえたころ、実は防衛軍は戦線を収縮し、側面と側面をつなぎあわせることができたのだった。一方アメリカ空軍に痛めつ

＊　たとえばアメリカ人記者レーヴンホルト氏は五四年七月につぎのように述べている。「五〇年の台湾進攻を阻んだものはほかならぬ肝臓ジストマ虫だった。進攻作戦に参加予定の中共軍水陸両用部隊が華東の湖沼、河川で演習をしているうちに、同地一帯の水中にせい息するジストマにやられたのである」

けられた攻撃軍は、急速に戦闘力を失いつつあった。また、冷静に戦局を見守っていた北京首脳部は、それが短期間の局地戦で終わらないとみてとっていた。七月末、中国共産党機関紙『人民日報』は北鮮人民が持久戦に直面していると展望した。

そして、モスクワも安易な見通しが誤っていたことを認めざるをえなくなった。六月にはうまい具合に姿を消していたはずのソ連国連代表マリクが――それはアメリカにとっては一層よい機会となり、安保理事会の韓国援助の決議となった――七カ月ぶり、八月一日に国連へ戻り、外観は強硬態度をとりながら、裏では解決策を探し求めた。この工作に失敗したのでモスクワは北京を相手に、いささか気まずい秘密協議をしなければならなくなったのであろう。

八月二十日、周恩来は国連に電報を送り、二カ月前に北鮮の侵略行為を非難した国連決議に遅ればせの抗議をした。そしてその月四日のマリク提案につづいて、朝鮮問題の解決は安保理事会で討議すべきだと主張し、中国は関係国として参加すると述べた。モスクワは、北京と共同で、国連軍の反撃を三十八度線でくいとめた上で、会議のテーブルへ朝鮮問題を持ち込もうとしたのである。

この目的が達成できないとみるや、北京はさらに警告を重ねなければならなくなった。九月二十五日には代理総参謀長聶栄臻《ニエロンチエン》が、翌月一日には周恩来が、インド大使に向かい、アメリカが三十八度線を越えるなら、中国は戦争に介入せざるをえなくなると告げた。

十月四日、ワシントンからの至急電報がこの内容を東京に伝えた。仁川上陸の成功と北鮮軍の敗走が、マッカーサーに途方もない自信をいだかせ、この警告を口先だけの脅し文句と解釈させてしまった。十月七日、アメリカ軍は平穏のうちに三十八度線を越えた。それでも統合参謀本部は、アメリカ軍が中国国境まで進撃せず、半島のくびれのもっとも狭い部分で停止するように指令していた。

十月二十四日、ペンタゴンの高級軍人たちを頭から馬鹿にしていたマッカーサーは、独断でこの規制線を撤廃した。同月二十六日、韓国軍先鋒部隊を中国軍が襲った。翌二十七日、『人民日報』は「朝鮮に侵入しているアメリカ軍はわれわれの国境に迫っている」と大見出しで報道した。十一月一日、中国軍はアメリカ軍先遣部隊に打撃を与え、退却させた。翌二日、中国の新聞ははじめて「義勇軍」の存在に言及した。そして十一月七日、中国軍は自分のほうから国連軍との軍事的接触を断った。

北京のおよその行動方針はどこにあったのか。それはマッカーサーの軍隊がさらに北進し、輪縄へ深く首を突込む絶好の機会を待っていたということで、いわゆる「四快一慢」の「慢」だったのかもしれない。林彪の戦術原則は前進と攻撃準備、敵戦線の突破、追撃に「快」（迅速）を要求し、総攻撃の時機の選定に一切の準備と好機を待つ「慢」（緩慢）を認めていた。しかし、この段階の作戦行動はトリップワイヤーで国連軍をつまずかせ、ワシントンに北進の最終ゴールを再考慮せよと、翻意《ほんい》を迫った慎重な行動だったとみるのがより正しいのかもしれない。

ワシントンは中国国境を尊重し、鴨緑江沿いに緩衝地帯を置けば、中国軍の介入は防げると考えていた。ところが、マッカーサーは中国軍の全面的介入はないのだと誤信して、めんどうな緩衝地帯の画定《かくてい》など無益だとみた。こうしてかれは三十八度線での停止、朝鮮狭隘部《きょうあい》での停止、最後の緩衝地帯案と、いずれも無視し去った。こうしてかれの最終的攻撃が行なわれることになったのである。

恐らく、北京には、モスクワと北鮮の原計画を代わって行なうつもりはなく、三十八度線までを回復する意図もなかったものと思われる。北京出兵の直接的動機は、北鮮政権の最終的崩潰を阻止し、これを生き残らせることだったのであろう。そして、忍耐力を要求される持久戦の継続によって、南北統一の会議へ持ち込めるのではないかと、漠然とした目標を描いていたのであろう。

もちろん、この重大決断の背後にあった理由が、それだけだったとは思えない。北京の軍事介入を促した考慮に、東北の防衛があり、これが実はかれらの最終決断の根底を形づくっていたのであろう。ところで、その東北の防衛はなにに対してだったのか。

敵の攻撃が開始されるまで絶対に侵略はないと誤信し、攻撃されないときに極度の危険に直面していると錯覚する例は歴史上数多い。なるほどたしかに北京は、アメリカの中国侵略の直接的危機を内外に向けて強調していた。だが、かれらは実際に不安感をいだいていたのか。国共内戦の期間、アメリカの言動を注意深く観察してきたかれらが、そのときにアメリカの中国攻撃を予想していたと信じるのは難しい。アメリカに対する敵意を煽り抵抗を呼びかける国内宣伝は、中国人民を一つに結集することができ、一旦緩急あるときは国民に大きな犠牲を要求できる一方、外に対しては、軍事介入を領土保全の戦いとみせることができる、という計算が働いていたのではないか。

そして不安感についていうなら、むしろかれらは戦争へ介入しない方が、より自国が安全だと考えていたはずである。もし参戦すれば、東北の爆撃、あるいは華南への攻撃となるかもしれないという深刻な心配があったにちがいない。また、北上したマッカーサーの軍隊が崩壊してからは、さらに原爆投下をも真剣に恐れなければならなかったのである。

北京はアメリカの一貫した侵略政策を説いた。かれらはアメリカの侵略路線が朝鮮から東北へ向かいつつあり、それは、五十年来の日本のやり方の繰り返しに他ならないと指摘した。かりにそれがかれらの真の不安だったとしても、それだからといって別の心配がなかったことにはならないだろう。かつてポーツマス講和で東北から引きさがったソ連は四十年後、ヤルタ協定で再び極東へ支配を拡大しようとしていた。北京首脳部は、ロシア南進の執念を恐れていたはずである。

ここで四五年春以降の情勢をふりかえってみよう。米空母機動部隊と上陸用舟艇は中部太平洋の珊瑚環《さんごかん》島を襲ってまっすぐ西へ進み、マッカーサー部隊はニューギニアから北西方向へ攻め上った。この二つの進撃軸線はフィリピンで合流し、ここで大きく転回して沖縄へ向かい、戦略進路を日本へ向けた。

このことは主戦場を中国におくことを望み、アメリカ軍の力で自己の支配権を回復しようとした重慶の国民政府の期待を霧散させた。周辺戦略が一顧《こ》だにされず、中国の戦場がまったくおきざりにされることははっきりした。一方、延安首脳部は、日本降伏という事態に立ちいたれば、ただちに最大速度をもって、長らく待望していた最大の目的物、東北へとびかかり、そこに強大な根拠地を建設する構想をいよいよ強く固め、四月に開かれた七全大会はこれを正式に決定した。その魅力的な可能性は、延安の根拠地を大きく包囲している胡宗南《こそうなん》主力を陝西に釘付けにし、かれの軍隊の東進を山西から華北平原の大小都市に分散、足どめさせ、はるか西南にとどまる湯恩伯《とうおんぱく》軍と陳誠《ちんせい》軍の東北への長い移動を妨害することで足りると思われた。

だが、東北支配の成否は軍事問題だけではなく、外交問題も絡んでいて、ソ連が介在する問題だった。延安指導部が、この年二月のヤルタ協定の内容を知るはずはなかったが、七月にモスクワで国民政府の孫科が行なった外交折衝が、東北の権益を代償に国府支持の約束をスターリンに求めていたことは読みとっていたことであろう。東北がアメリカの黙認のもとにソ連の勢力圏となることも予測していたであろうし、重慶とワシントンが反対したとしても、スターリンはお構いなく東北へ出兵し、戦利品を獲得するにちがいないと想定していたにちがいない。

記憶を新たにするために八月の出来事を並べてみよう。八月六日、アメリカは広島に原爆を投下した。使用を急いだのは、ソ連の戦争介入の機先を制するためだったが、ソ連の参戦を促進することにもなった。三日あと、ソ連は東北へ全面攻撃を開始した。翌日、この有利な新局面を捉え、毛沢東は華北、東北の日本占領地域に攻撃開始を命令し、武器、物資の捕獲と解放区の拡大を呼びかけた。その翌日、朱徳《しゅとく》は四つの集団軍十五万に東北進撃を命令し、彭真《ほうしん》、高崗《カオカン》、林彪は東へ向った。

この二日あと、八月十三日、延安で毛は目標と手段をあきらかにし、信念と結集力を盛りあげる重要な演説をした。かれは、対日戦はすでに終わり、新しい仕事は蔣との闘争に備えることだと断言した。そしてソ連の東北進撃を「中国史未曾有の出来事」と歓迎し、ソ連の参戦が日本降伏の決定的要素だと語った。だが、かれは、今後の闘争はかれら自身の力に頼らねばならないのだと自力更生を力説し、国民党は自分の大黒柱とみなしている米帝国主義の援助に頼っているのだと述べた。

延安首脳部はつぎのように冷静に分析していたにちがいない。ソ連の真意と期待がどこにあろうと、国民党との秘密協定がなんであろうとも、東北をすばやく支配し、ソ連の側に無理矢理にでも立ち、地方行政権をしっかり握り、人民の支持さえ得ることができれば、国民党とソ連の取引は成立しない。国民党とソ連の間が最後通牒的な状況となれば、蔣は一層アメリカにすがることになり、モスクワは同盟者として延安を選ばざるをえなくなる加重《かじゆう》的効果をあげることができよう。

では、モスクワはなにを考えていたのだろうか。スターリンが、中国との国境の間に新たな衛星国を造る目標を追求していたのはまちがいなかろう。かれが中国辺疆《へんきよう》地域で欲していたのは、毛沢東でも蔣介石でもなく、一九三〇年代に新疆《しんきよう》に君臨していた盛世《チオンスー》才《ツアイ》のような人物だった。この専制者は左翼分子の支持の上に立ち、ソ連の支援を受け、中央政府の干渉をはねつけ、事実上かれとソ連の共同統治の独立王国を形成していた。

スターリンは、東北と新疆《しんきよう》で自分の手足になる共産党の勢力を強めながら、一方では国府と裏口取引を行ない、それら地域において一層の特殊利益を獲得し、自分の息のかかった地方政府に独自の外交政策を採らせていくつもりだったにちがいない。かれのこの政策の背景には、蔣介石の軍隊と政治能力に対する過大評価があり、毛沢東の勢力に対するみくびりがあった。そして、その過小評価の背後に延安指導者に対する不信と不満があった。かれは東欧の衛星国にウルブリヒトやラコシを据えたように、王明《おうめい》や李立《りりつ》三《さん》、張聞天《ちようぶんてん》が権力を握るのを望んでいたのかもしれないし、東北の新しい星、高崗に期待をかけていたのかもしれない。

東北を占領したマリノフスキーは、共産党を助け、国府軍隊の接収妨害を最初の政治行動とした。だが、その援助はとるに足りず、日本軍の接収武器を与えたのが唯一の援助であった。東北の支配を固めることができたのは共産党自身の力だった。

その年の末にスターリンは第二段階の行動にでた。国府と秘密交渉を行ない、東北接収の進駐に協力し、共産党の活動を認めないと約束し、東北工業の共同経営の代償を要求した。蔣介石はこの取引を思い悩んだ末に拒絶した。しかし、スターリンはソ連軍撤退の直前、四六年五月にもまだ蔣と交渉を望んでいた。

モスクワはワシントンと同様に、四六年の上半期を通じて、内戦の停止と連合政府の成立を期待していた。共産党は東北支配地の土地改革と軍隊の訓練に努力を払い、蔣介石は「全面攻勢」で一挙に勝利を収めることができると信じていた。そのあとの経過に驚いたのは、南京とワシントンだったが、モスクワもまた同じだったろう。

共産党は農村を完全に自己の手中においた。東北の大小都市を占領した国府軍は、林彪軍の大海のなかの小島となって孤立分散した。国府軍の最精鋭部隊が東北と西北で動きがとれなくなっている間に、四七年の秋季攻勢で、劉伯承《りゅうはくしょう》・鄧小平《とうしょうへい》と陳毅《ちんき》・粟裕《スーユー》の軍隊が黄河と揚子江の間の平原を共産党の支配地に変えてしまった。

四八年夏になると、国府東北総司令は瀋陽《しんよう》、錦州、長春《ちょうしゅん》の三つの都市を維持するだけとなった。華北総司令は北平《ペーピン》と天津《てんしん》、徐州総司令は徐州周辺だけを守備範囲とするようになった。蔣の「全面進攻」はすでに消え、「重点進攻」も見込みがなくなり、とうとう「重点防禦」と変わった。

蔣は東北派遣軍を撤退させ、華中の守備を強化しようと考えた。かれが迷いつづけていたとき、毛沢東は、かれの主張する「戦略的反攻」の段階とみてとった。四八年秋、かれは遼瀋（遼陽・瀋陽）、淮海（徐州周辺）、平津（北平・天津）の三つの作戦を一気呵成《いっきかせい》に行なうことになる。

この年の秋季攻勢は、華北と東北を結ぶ回廊の切断にはじまった。まず錦州を占領し、つづいて長春・瀋陽の国府軍五十万を殲滅した。つぎに共産軍は北平、天津を放置したまま、徐州を戦場に選んだ。

ここで共産軍は巧みな機動包囲戦を展開し、十一月はじめから翌四九年一月十日までの六十五日間に、三つの集団軍を三つのポケット地帯に包囲し、五十五万を殲滅した。最後に北平・天津作戦である。一月十五日には天津の国府軍十三万を撃滅した。二十一日、蔣介石は引退を余儀なくされた。

ソ連が複雑な感情で中国の戦局を見守っている間に、国民党政府は消えた。その年末のことである。ソ連にとっては新疆の分離工作にとりかかるには、すでにいささか手遅れであった。かれらは、自分たちが一度は確保した東北の有利な地位も、やがては失うことになるかもしれないと気づいたことであろう。それまでにたいした好意を持ったことがなく、自分たちの権力政治的な目標追求の単なる道具として扱おうとしただけの地方勢力が、今や中国の支配政権となってしまったのだ。かれらは前途の予測がつきかね、なんとも薄気味悪い思いだったであろう。

北京の指導者も、モスクワのとまどいを当然、察知していたにちがいない。そこで四九年七月一日の毛の有名な一辺倒宣言は、ソ連の同盟国となる決意を表明することによってモスクワの疑心を除くものであった。つづいて、上海、瀋陽でアメリカの外交官を監禁したのは、自分たちの態度が口先だけのものではないことを示す直接的な表現というわけであった。

のちにジョージ・ケナン氏は米中間の軋轢《あつれき》の起源について語る際に、この故意の挑発に対して心痛を示したことがあった。また大陸における最後のアメリカ大使となったレートン・スチュアート――共産軍が南京に入城したとき、かれはそのまま南京にとどまるようにワシントンの訓令を受けていた――は、回顧録のなかで、その事態を要約してつぎのように言っている。

「アメリカ政府はあきらかに進退きわまっていた。かれらは国府に好意を持たず、中共政府に好意を持っていたのだが、アメリカ官吏が中共側に辱められ、北京の米国資産が接収されたので米国内に普遍的な怒りが湧き、中国共産党に対する友好的、肯定的な政府の行動が妨げられることになった」

北京政府の仮借のない、だが狡猾なやり方は、毛沢東がその年の十二月にスターリンと直接折衝する上で不可欠な根まわしだったと思われる。かれは「勝利し、勝利を確保する」ために、四五年に蒋がソ連から押しつけられた条約を変えねばならなかった。そしてかれは、東北と新疆がソ連の特殊利益の地域からモンゴルのようにソ連の衛星国に変わるのを防ぎ、その辺疆地域の主権を確保する取り決めを結ばねばならなかった。

一方、当時のスターリンは、ソ連が戦争で消耗しつくしているのを虚勢と挑発でひた隠しにし、冷戦を激化させて孤立していた。かれは強力な軍事同盟国を欲してはいたが、北京が忠実な仲間となり得ないなら、毛とは別に呼んでいた東北、新疆の代表に肩入れしようと思っていたろう。ソ連の衛星国となる緩衝地帯を造るほうが、より確実な長期政策と考えていたにちがいない。

モスクワの会談は難航した。のちに『ニューヨーク・タイムズ』のソールズベリ記者が語るところによれば、五〇年一月に中ソ会談が行き詰まっていたころ、ワシントンはつぎのような情報を得ていたのだという。ソ連は、旅大《リユイター》はもちろん、秦皇島《しんこうとう》、青島《チントウ》、威海衛《いかいえい》等、七つの港の完全な支配権を求め、新疆の一部の割譲《かつじょう》を要求したのだと。

十二年あと、十中全会で毛はその会談について僅かにつぎのように語ったといわれる。「私はモスクワへ行き、中ソ同盟条約を結んだが、これも闘争の結果だった。スターリンは調印を望まず、二カ月にわたる交渉の末、やっと調印したのである」

結局、ソ連側が手に入れたのは、旅順港《りよじゆん》の共同使用と東北の鉄道の共同経営だけで、東北から搬出《はんしゅつ》した機械類の代償として、向こう五年間に三億ドルの借款が与えられることになった。しかし、ソールズベリ記者の語るところによれば、その条約には秘密の条文が補足されていて、毛はソ連に中国人労働者を送ることを約束し、戦争の場合には、七つの港をソ連の管理下におくことに同意し、党、軍、秘密警察の主要ポストにソ連人顧問をおくことを承認したのだという。

かりにこのような付属議定書があったとしても、その条約が毛沢東の勝利と呼べるものであったことはまちがいない。ところが、条約が二月半ばに締結されて僅か半年後、たちまち北鮮の崩壊がかれらの目前に迫った。ただちに条約の規定によって、両国が話し合うことになったことは疑いない。一方が日本またはその同盟国によって攻撃されたときには、他は直ちにそのとりうる一切の手段によって、軍事またはその他の援助を与える、というのが軍事条項である。表向きには日本を指してはいるが、実際にはアメリカを対象にしたものであることはいうまでもない。

そのとき中国首脳部の念頭にあったのは、なんだったであろうか。モスクワで収めた外交的勝利が、新たな局面の下で総崩れになるかもしれないとみたであろう。かれらは再び重大な態度決定に迫られたのである。

そこで中国の基本政策はなんだったのか。毛がモスクワでねばり強い外交交渉を行なっていたころ、すなわち五〇年一月五日にはトルーマンが、十二日にはアチソンが台湾の放棄を語った。ワシントンの声明に含まれていた構想は、米中両国間の和解の障害を取除くことによって、中ソ間の対立が東北、西北の領土問題でおきることを予想し、中国新政府を西側に歩み寄らせようとする長期政策があった。だが北京の身になってみれば、福建沖のとるに足りない小さな島が、新しい中国の産業的心臓となる東北や、豊富な資源を埋蔵する新疆と引替えにならない位は火を見るより明らかだった。

したがって北京が一辺倒政策をとり、公然とアメリカを不倶戴天《ふぐたいてん》の敵にまわし、ソ連側に立って新疆、東北の領土保全を図る政策決定をすることになんのためらいもあるはずはない。* しかも、かれらはこの選択が、決して二者択一とはならず、優先順位の問題となるだけだと考えた。つまり、東北、新疆をはっきり自分のものにした上で、つぎには台湾を自力で奪取できるという計算があった。そこでアメリカが中国をソ連から引離そうとする誘いの手は、一辺倒政策とともに毛のスターリンに対する切札となり、ソ連の大幅な譲歩をひきだし、毛の主要目的を達成せしめることになったのである。

しかし、北鮮の攻撃は台湾海峡にアメリカ海軍の出動を招き、台湾占領の目標をはるかに遠のかせてしまった。つづく北鮮の崩壊はさらに中国にとって悪い事態だった。というのは中国側がもし尻込みすれば、ソ連は主導権を握った上で条約を根拠にソ連軍隊の東北派遣を提案するだろうからである。北京は容認を迫られるだろうし、スターリンはソ連軍駐屯を新たな手段として、再度東北の特殊化を試みるか、北京政府に対して大きな発言権を確保しようとするかもしれなかった。**

モスクワが北京に派兵を要求したのかどうかはあきらかにされていない。だがその要請はあったとみるべきだろう。北京の朝鮮出兵の決定過程に大きな影響を及ぼしたのは、今見てきたようにアメリカ軍の東北侵略の不安ではなく、実はソ連の東北駐兵に口実を与えまいとするのが動機だったのでなかっただろうか。もちろんそれにしたところで、首脳部の多くは、出兵の成否には不確定要素がありすぎて、一切の結果は予想できない、

＊　さらにくわしくは結論、三月報告（三七〇ページ）を参照されたい。

＊＊　スターリンが東北の特殊化を望んだこと、および北京指導部内に自分の影響力を強化し、毛をかいらい指導者の地位に引き下げようと意図したことは、中国が二百万の軍隊を朝鮮へ派遣し、大部分の犠牲を負担したその戦争の間においても見られたことを思いだすべきであろう。

毛とスターリンの間の秘密の闘争に登場するのが高崗である。かれは四五年以来東北の実権者であり、ソ連と深いつながりを持っていた。だが五三年三月のスターリンの死後情勢は変わり、七月には国家計画委員会主席として東北から引き離され、そのあと追放され五四年に自殺したと伝えられる。事件の真相はいまなお謎に包まれているが、一筋の光を投げかけるのが、『プロレタリアート独裁の歴史経験について』（『人民日報』五六年四月五日）に、高崗一派が、「国内及び国外の反動勢力を代表」していたと述べた箇所である。

「国外」がソ連を指すのは疑問の余地がなく、その論文がフルシチョフのスターリン批判につづく中国側の最初の論文であることを考えあわせ、執筆者が鄧小平であり、かれが高崗事件の処理を出世の踏台にしたのを思いおこせば、高がスターリンの支持を得て、中央政府の支配を画策したのはほぼ間違いない事実であったと思える。

と反対したであろう。*　戦いを防衛的性格のものにすることで最終的決定をみたのでないか。

中国軍が鴨緑江を渡ったころの北京指導部は、蓋馬《ケーマ》高原から咸鏡《ハムキョン》山脈の北鮮山岳地帯で、機動性を持つ防衛的なゲリラ戦型の戦い——毛沢東が言うところの「積極的防御」——を展開する計画だったにちがいない。四七年三月に延安を撤退し、陝北の高原で胡宗南の精鋭大部隊を二年間にわたって翻弄した上、大掃討作戦をくぐり抜け、奇襲と待伏せで一個旅団ごとに痛打を加え、十万以上を殲滅したばかりか四九年五月には国府西北の権力中心、西安を占領した、あの彭徳懐の戦いを再現するつもりだったと思われる。だが、対抗措置としてマッカーサーを最初にたたいた攻撃が、北京指導部をも唖然とさせるほどの敵の潰走をひきおこした。こうして国家的な重大利害からやむをえず介入し、受け身の態度でたてた軍事作戦計画は、瞬時にして毛沢東の決定の正しさ、かれのイデオロギーの勝利と変わった。それは戦略構想の変更になり、介入の目標とゴールまでを変えることになった。浮き足だったワシントンは朝鮮からの撤退を考え、スターリンはかれの原計画に新たな希望を持つようになり、つづく段階で中国をしてアメリカと際限なく戦わせ、傷つけ合わせることに大きな政治的利益を見出すようになるのである。

3　春季攻勢の挫折から

米中両軍の戦場は三十八度線の南に移り、戦争の形態は一変した。中国軍はこれまでに経験したことのない戦いを迎えることになり、アメリカ軍は自分の戦いを取り戻し、線型戦を行なうことになった。この変わり目に双方の司令官が交代した。むこう一週間のうちに中国軍の攻撃がはじまると予想されていたとき、ウォーカー中将が自動車事故で死に、四日後の十二月二十七日、リッジウェイ中将が新しい司令官として到着した。中国軍の司令官も林彪から彭徳懐《ほうとくかい》に代わったといわれる。林彪は一月攻勢の間に負傷したのではないかと推定されているが、「人民義勇軍」の司令官だったと公式に認められたことはない。

十二月の敗戦は、指揮権が分離している第八軍司令官と第十軍団司令官の間で起こった、ボスへの愛顧を競うゲームを終わらせた。すなわちリッジウェイは全軍の司令官となり、将兵たちに自信を持たせ、動揺するすべての機関に活を入れた。中国軍の一月攻勢は線型戦を機動戦に変えることができず、国連軍を南鮮から追い出すことに失敗し、つづく二月攻勢も国連軍を退却から遁走へ追い込めないままに多大の犠牲をしいられた。

＊　真偽のほどは不明だが、広州で出版された『大批判通訊』(六八年一月号) には彭徳懐を非難したつぎのような記述がある。「抗米援朝開始のときに彭は出兵を主張しなかった。……五三年に彭はある人に向かって高崗を賞めあげ、高が実際には朝鮮出兵に反対だったにもかかわらず、『朝鮮戦争勃発のとき、高崗だけが毛主席を支持して一票を投じた』とでたらめを言った」

北京首脳部は大規模な兵力増強を決意し、第一野戦軍から三個軍、第二野戦軍から三個軍、第四野戦軍から一個軍を選び、二月末から四月はじめにかけて朝鮮へ送った。そのときマッカーサーは、「最大限十日間以内で勝つことのできる」作戦計画を統合参謀本部へ提出したといわれる。それは、東北の空軍、兵站基地に五十個の原爆を投下し、鴨緑江沿いに放射性コバルトの汚染地帯を造り、アメリカ海兵隊二個師団と五十万の国府軍を国境近くに上陸させ、半島内の中国軍を包囲殲滅する計画だった。

のちにこれを語ったマッカーサーによれば、ワシントンがソ連の介入を恐れて異議を唱えたのだということであった。かれは「トルーマン、アチソン、マーシャル、ブラッドレー、参謀本部グループの危惧を思いだすとおかしくなる」と語ったといわれているが、実際には、原爆はヨーロッパの戦争に備えるのが精一杯で、コバルトの貯蔵はなく、しかもその有効性も疑わしかった。また海兵隊は一個師団しかなく、国府軍五十万の利用は思いつきにしかすぎなかった。

四月十一日にマッカーサーは解任され、リッジウェイが後を継いだ。ワシントン首脳部が戦争の目的と範囲を限定し、三十八度線以南の回復と休戦を考えていたころ、マッカーサーはこの戦争を逆に拡大し、北京に対する威嚇で解決を図ろうとしたばかりでなく、全冷戦を片付けるのだと主張していた。これがいささか遅すぎた罷免《ひめん》の理由であった。

四月半ばには、中国軍が十九個軍、およそ五十七個師団、北鮮軍が十三個師団、あわせて約七十万の軍隊が大攻勢を敢行する用意を整えた。北京首脳部は、いかなる犠牲を払っても線型防衛を突破して、機動戦に持ち込み、アメリカ軍を釜山から追い落すつもりだった。新たに加えられた軍隊は、ソ連製の小銃、自動小銃、機関銃、大砲で装備されていた。一方、国連軍は地上軍が四十二万、他に空軍があった。

充分に予期されていた春季大攻勢は四月二十二日に開始された。午後七時、中国軍の大砲と臼砲が火蓋をきり、国連軍の砲火が反撃し、空軍が出撃し、第八軍は頑強に抵抗した。五日間で中国軍の攻撃はいったん中止され、防衛線突破はあきらめられたが、かれらは戦力の半分を予備兵力として温存していた。

攻撃の第二ラウンドは五月十六日の深夜にはじまった。中国軍は前年十一月、そして一月、二月と三度連続的にたたいた米第二師団にまたしても主力攻撃の狙いをつけた。隣接する火力の弱い、新規徴集の弱体な韓国軍二個師団をたたきつぶし、この突出個所から露出した米第二師の側面を襲ってこれを撃滅しようというのである。敵防衛線の中央を突破すれば、国連軍を撤退・崩潰へ導く包囲機動戦を行なえるだろう。

九万を超す中国軍は韓国軍の防衛線を一挙に打ち破り、その突破口から第二師の右側面を捲き込んだ。だが、アメリカ軍は旺盛な戦闘意欲を取り戻していた。大砲とナパーム弾、地雷、機関銃が、殺到する中国軍の包囲攻撃を打ち砕いた。アメリカ側の発表では、中国軍が三万七千以上の死傷者、アメリカ軍の死傷者は一千人だった。

全線にわたる血みどろな反覆攻撃は五日間つづいたが、二十一日には終わった。ひどい出血で疲れはてた攻撃軍は、着弾圏外へ退き、三十八度線へ撤退をはじめた。二十三日、第八軍司令部は追撃を命令し、空軍は共産軍の縦隊を襲い、機関砲、ロケット砲、ナパーム弾で打ちのめした。地上軍は北へ追撃し、中国軍の退路を切断し、二万余人を捕虜にした。

六月二日、国連軍総司令官は反撃停止を声明した。リッジウェイの後を継いでいたヴァン・フリートは、のちにこの六月こそ「失われた機会」だと語るのだが、追撃を抑えたのはワシントンの命令であり、その声明が休戦提案とみなされるものだった。

四月二十二日以来の共産軍の死傷者は推定二十万、攻撃兵力のおよそ三分の一を占めた。その半分が五月後半の損害だった。北京指導部は、予想を上まわる最初の勝利に驚いたのだが、つづく春季大攻勢の結末には大きな衝撃を受けた。* その結果、休戦交渉が決意された。軍の近代化が必要視され、ソ連に対して軍事援助の増大が要請されるようになったのである。

春季大攻勢の結果、米中双方の目標は現実の圧力の下で調整された。ワシントンが北進を断念すれば、北京もまたアメリカ軍を三カ月で朝鮮から追い払う希望を捨てた。六月二十三日、マリクが休戦提案を行ない、七月十日、両軍の接触点にある開城で休戦会議が開かれることになった。

春季攻勢で中国軍は比較的狭い戦場で側面と後衛を固めた敵軍に対し、機動戦の採用にふさわしい流動的な戦場を造ることができなかった。人力をつくしての死物狂いの肉迫攻撃は、強力な火力と空軍の掩護爆撃を浴び、過大な代償を支払う結果となり、将兵たちのそれまでの戦争教義に対する信念を失わせた。そして軍首脳部は近代戦を戦うためには近代兵器を必要とし、それにみあう組織と理論を採用しなければならないと痛感した。

北京最高指導部が内輪の争論を押し隠し、毛の軍事指導の正確さを唱っていたとき、実は北京内部でソ連に対する不平不満が高まっていたと思われる。五一年八月の建軍節に、中国指導者たちの演説はソ連についてなんの言及もせず、前年建軍節のソ連讃美ときわだった対照を示した。恐らく北京は、モスクワに軍事援助の増大を訴えつづけていたのが、とうとう春季大攻勢にまにあわなかったために怒りが爆発したのであろう。

＊ 四月二十一日から五月末までの「第五次戦役」は、のちに当時の司令官だった彭徳懐攻撃の材料とされているが、最高指導部内の争いをも暗示している。

毛沢東は「第五次戦役」の彭の責任を追及して言った。「言うことは大きい。戦いは及びもつかない。戦いをあせりすぎた」彭は激怒し、「毛沢東同志の問題処理の方法は、この可能性を論じ、あの可能性を論じる。そこでかれは永遠に誤りを犯すことがない。第六次戦役はだれでもやってみるがいい」と反駁したのだという。

まもなくソ連の軍事援助が増え、中ソ間の隠れた対立は収まった。戦線は膠着《こうちゃく》状態となったが、戦闘と会議は並行してつづけられ、この間に中国軍はソ連の援助で大隊、連隊、師団を再編成し、再装備し、防塞と洞穴をトンネルでつなげ、地下要塞を建設した。大砲は増強され、重火器が加えられ、戦車、対空兵器、トラック連隊が編成され、空軍が造られた。

だが、中ソ間に再び危険な摩擦が生じたようだ。フルシチョフはのちに、ポーランドで、スターリンがその晩年に中ソ間の危険な緊張をひきおこしたと非難したといわれる。五二年秋の周恩来の訪ソ、つづく劉少奇の三カ月にわたるソ連滞在が、遅延していた経済援助の催促だったのか、あるいは朝鮮戦争終結の交渉であったのかはあきらかでない。

恐らく、緊張の中心点は、スターリンがアメリカを朝鮮に釘付けにしておく利益のために、中国の休戦希望を抑え、その戦いをつづけさせたことにあったにちがいない。中国が戦争の終結を望んでいたことは、スターリンの突然の死であきらかとなった。

五三年三月のかれの死を契機に中国は主導権をとった。スターリンの後継者たちがソ連の外交政策の刷新を図ろうとしたのに乗じ、中国は休戦交渉の態度を変え、戦争終結の道を開いた。そしてモロトフ、マレンコフ、ベリア、フルシチョフがそれぞれ自分たちの側面を固めようとして中国、東欧、北鮮の指導者たちと手を握ろうとしたことが、中国の地位を一挙に高めることになった。

中国はこの年の七月に朝鮮の休戦を成立させたばかりでなく、九月にはソ連と新しい経済援助協定を結ぶのに成功した。こうしてスターリンの死がもたらした新情勢から毛沢東が大躍進を決意するまでの間は、中ソ友好連携の期間となり、中国の工業化にソ連が援助を与え、中国内ではソ連の先進経験の学習が強調されるようになった。

そしてこのような変化は、どこよりも早く中国軍に根をおろそうとしていた。三十カ月の限定戦争が終わったとき、中国はソ連の援助で近代的な軍隊を持つようになり、軍隊機構の再編とともに、これまでの指導原則の力は弱まりつつあった。

そもそも井崗山にはじまる毛沢東の軍隊は、土匪と農民の暴動分子、雑軍の寝返り分子を寄せ集めた雑多な構成だった。幹部と兵士たちの結合に関心が払われ、軍隊内の政治教育は重要な課題だった。つぎにかれの軍隊は奇襲と待ち伏せのゲリラ戦法が通常の手段だった。ゲリラ部隊は住民の間に潜伏し、情報収集するためにまず住民の協力を必要とし、戦闘に際してはかれらを動員しなければならない。したがって民衆に対する政治教育も軍の主要な任務だった。

またかれの軍隊は、支配地で行政機関の役割をはたさねばならず、また、食糧を自給するために生産も行なわねばならなかった。すなわちかれの軍隊は戦闘隊であり、政治工作隊であり、生産隊なのでもあった。

共産軍がゲリラ戦を戦い、敵の内部崩壊を狙い、民衆のあらゆる生活領域に対して機能をはたしていた時代には、政治委員の役割は非常に大きかった。指揮と統制は軍指揮官と政治委員の並行体系が中隊まで徹底されていたが、多くの点で政治委員の権力が強かった。

中隊つきの政治指導員は、独自の権限で政治工作の命令をだすことができ、中隊長の副署を必要としなかった。しかし、かれは作戦指揮には参画できた上、決定を見るためにはかれの同意と署名を必要とした。さらにかれは中隊長に関する定期報告を大隊つきの政治教導員に提出する義務を持ち、全中隊を掌握していた。

だが、戦争が政治行動そのものである内戦が終わり、新政体が発展しはじめると、党のすべての工作の軍による代行が減少していった。同時に軍の装備の高度化が進むにつれ、政治委員の二元統帥は小規模で劣悪な武器を持ったゲリラ部隊がやむをえず採用した形態にすぎず、先進科学と工学の成果を利用して多くの兵種が協力する複雑な軍隊では、時代遅れのものだとみなされるようになった。専門的な訓練を受けた指揮官と専門人員が必要だと信じられるようにもなった。ソ連軍の場合、政治委員が政治教育だけに従事し、軍の一元統帥が原則となっていることも、「先進経験」として受けいれられたにちがいない。

延安時代、軍の学校は抗日軍政大学（抗大）だけだった。その学校は軍の下級幹部や占領地から逃げてきた学生を対象とし、軍の幹部と行政幹部を養成した。延安政府が中国全土を支配する政権となってからというものは、抗大の軍政部門がはたす任務は数多くの大学がひきついだ。軍幹部の養成には専門別の数十の軍学校が設立され、新しい科学と技術を導入した軍の需要に応じることになった。

新しい兵器体系の創設とともに軍の内部に新しい勢力が成長し、古くさい教義に不満を持つ雰囲気がひろがった。党の思想工作は弱まり、政治イデオロギーの優先は棚上げにされ、軍隊内の政治委員の指導制度もおざなりになった。分隊内の党員はなにもしなくなり、小隊内の党細胞は形骸だけを残し、中隊の政治指導員も多くの部隊から姿を消した。新設の装甲兵では政治委員の組織が造られず、多くの新兵種で教材と訓練から政治委員の任務が消えた。

歩兵と小型火器だけの軍隊が、各種の兵器と各兵種が協力する近代的軍隊になるにつれ、期限の不明確な志願制の軍隊から、定められた義務年限の徴兵制の正規化された軍隊と変わった。かつてのゲリラ戦はゲリラの気風といった蔑称で後方へ押しやられた。そして近代的な正規軍の建設は、職業軍人の中核を造ることになった。

五五年二月には、職業軍人将校団の服務条例がきまり、階級のはっきりした統一的なシステム、秩序立った軍階級制、昇級の規定がきまった。この年の九月二十八日に、北京の懐仁堂で、十人の将軍に元帥の称号が与えられ、八百余人に勲章が授与された。同じ日に『人民日報』はつぎのように述べている。

「部隊が散在し、装備が簡単で、人々が志願者であるときの革命的ゲリラ戦の条件下では、軍の階級は必要がなかった。紀律は軍幹部と一般兵士の密接な長い結合を通じて維持された。しかし、情勢は変わった。徴兵制度と近代的軍隊の複雑な仕組みの導入は、厳格なシステムと紀律を必要とする。軍階級制の採用は効果的な組織と紀律のために必要であり、さらに軍階級の存在は将校の高い才能を保証し、自己改善の刺激となる」

軍が「近代化」と「正規化」を目標とし、ソ連のやり方を見習ったとき、中国の進むべきコースは軍が牽引車となって切り開いていくように思えた。強制の刺激を必要としない、とぎれのない継続的なこの推進力は大きな影響力を持ち、延安の軍隊の伝統維持を説く高級軍人の訓示はいかにもきまり文句と聞え、みせかけだけの愛着ともみられるようになった。そして多くの幹部は、この新路線を経済、教育各部門の指導、目標とも接続する全体との関連を予見して承認しているようであった。これが五三年から五七年の第一次五カ年計画の基本路線であり、この路線の中心人物の一人が国防部長彭徳懐である。

そこで、のちに毛沢東が再び軍事路線を延安へひき戻そうとし、林彪がもっとも重要な助手となり、軍を「毛沢東思想の学校」にしようとしたことを考えるなら、彭と林、この二人の朝鮮戦争におけるなまなましい体験の相違に焦点をあわせたい誘惑にとりつかれよう。

林彪と彭徳懐は長征に指揮官として参加し、十五年のちに二人はまた朝鮮戦争の総指揮をとった。参戦初めの戦いで、自己に有利な地形を選び、手榴弾と小銃だけの兵士たちが夜襲と肉迫戦で勝利を収めたのが、伝えられるように林彪が最高指揮官のときであったのなら、そのあとの春季攻勢において、外国の戦場で住民の積極的支持を得ることができず、国内戦争で成功を収めてきた敵軍瓦解の心理作戦が通用しないばかりか、強力な砲兵活動と空軍力に対抗するためには、政治訓練と小銃操作を知るだけの兵士たちではとうてい役立たないことを知ったのが彭徳懐であった。

第Ⅱ章

台湾海峡の戦い

1 「とき放し」でなにがおきたか

一九五〇年六月二十七日、北鮮の攻撃が開始された翌々日、トルーマンの命令で、第七艦隊の二隻の巡洋艦と数隻の駆逐艦が台湾海峡へ向かった。そして米海軍はその水域で遮蔽物の役割をはたすことになった。ワシントンの声明は、中国大陸から台湾への攻撃を撃退し、台湾から中国大陸への攻撃をやめさせるためだ、と唱っていたが、これは事実をおおい隠す煙幕にすぎなかった。

蔣介石は実際に大陸へ再上陸できる攻撃力を持っていなかったのである。第一にジェット機を欠いていた。手持ちのムスタングF51は五十機が使用できるだけで、部品と燃料を買う余裕がなかった。アメリカが与えた海軍艦艇は殆んどが寝返るか捕えられるかしていて、六隻の老朽駆逐艦の他には小艦艇と海南島《かいなん》、舟山《しゅうざん》列島から最後の兵士たちを高雄《たかお》、基隆《キールン》へ運んできたおんぼろの上陸用舟艇が三十隻ほどあるだけだった。

蔣介石の唯一の資産は五十万の歩兵であった。台湾では大きすぎる兵力だったが、大陸の戦場で使うには小さすぎた。延安を封鎖していた胡宗南《こそうなん》軍、東北占領に投じ、ハエとり紙をとらえようとしたハエの運命になった米式装備の精鋭部隊、徐州大野戦の国府軍など、かつてはそれぞれが五十万を超す兵力を擁していた。

しかも公称五十万の蔣の歩兵のうち、戦闘力を持つのは二十万程度であり、このうち二個師団が軽装備を持つにすぎなかった。大砲は四百門、旧式戦車は五百台ほどあったが、戦車はかれの次男に任せ、大砲も各師団に分配しなかった。戦車と大砲はかれの部下の裏切りや民衆の蜂起に備えねばならないので台湾内で必要だった。わずか二個師団では上陸作戦は不可能であり、まして戦車と大砲を大陸沿岸へ揚陸《ようりく》する冒険はできかねた。

中国軍が朝鮮の戦争に介入した時点で、蔣が華南沿岸へ攻撃を行なうと主張して、アメリカの兵站支持を要請したのはそのためだったし、再び翌五一年に大陸攻撃のために米海空軍の支援を求めたのもそういう内情のためである。しかし、戦争の拡大を望むマッカーサーはべつとして、ペンタゴンと国務省の関心をひくことはできなかった。

というわけで第七艦隊の役割はつまるところ大陸から台湾への攻撃を阻止することにつきた。艦隊の派遣は、南鮮への攻撃が惹きおこした大きなショックの結果である。このショックが国務長官アチソンの台湾政策を変えてしまい、台湾の保護を叫んでいた議員たちの主張と妥協させることになったのである。つづいて国務省は公使を台湾へ派遣した。国務省はマッカーサーが独断で台北を訪問し、蔣と会談したことに神経をとがらせていた。公使派遣はマッカーサーが送った台湾駐在連絡人員の行動を規制する措置であった。

台北の領事館員は一年あまりの期間を引揚げ命令に備え、トランクに坐って仕事をしていた。領事館の庭は難民のバラックで占領されていた。半月後、新公使ランキンは国務省につぎのような報告書を送った。

「第七艦隊はどのような時点で戦闘行為に入るのか。共産海軍が三マイルの大陸領海を越えたときか。空軍が台湾を爆撃したときか。どのようなときに大陸の海軍基地を爆撃できるのか。国府空軍が行なうのか。第七艦隊が協力するのか。国府海軍の使命はなにか。第七艦隊はどのように協力するのか」

ランキンの懸念は、北京が台湾進攻を断念したために直ちに現実の問題とはならなかった。正確に言えば今日までなにもおきていない。たしかにアイゼンハワーは「フォスター（ダレス）と私は一日二十四時間寝てもさめてもこの問題と暮らしてきた」と五四年から五五年の台湾海峡の危機について語っているし、五八年にもかれは再び同じ問題で悩むことになる。だが、五〇年にランキンが台湾、澎湖《ぼうこ》諸島でとりあげた問題は、いつか大陸沿岸諸島の問題に変わっていた。では、どのようにして金門《きんもん》、馬祖《まそ》、大陳《だいちん》の諸島が戦闘正面となり、北京、ワシントン、台北の戦略計画のなかに入り込むことになったかを検討しなければならない。

第七艦隊の出動が、北京に朝鮮戦争の介入を決意させる動機のひとつとなったといえるのなら、ワシントンにおいては、この「新しい戦争」は、あるいは暫定的であったかもしれない曖昧な台湾海峡中立化の措置を、台湾防衛政策へと容易に変化させる役割をはたした、ともいえよう。

五一年には取消されていた軍事援助が復活した。四月には二年ぶりで米軍顧問団の派遣が決まった。五一年と五二年の会計年度には軍事援助三億ドル、経済援助一億八千万ドルが注ぎ込まれた。それ以降も四十億ドルの援助が与えられている。しかし、これらの援助によっても、国府に大陸攻撃の力は生まれなかったのである。

国府の精一杯の作戦といえば、海峡中立化宣言のかげに隠れ、米駆逐艦がたまたま付近を回遊しているといった筋書で、国府小部隊が大陸沿岸の小島を占領する位だった。*それすらも朝鮮戦争の末期になると北京側に奪い返されるという事態となり、また沿岸諸島の一つでは強襲に失敗し、アメリカが訓練装備した虎の子の降下部隊一個大隊を失なうという始末で、国府はこのような試みにも自信を失っていった。

アメリカの新大統領が蔣を「とき放し《アンリーシング》」てみせたのは、このようなときだった。「とき放し」という言葉はよく知られているが、実際にはアイゼンハワーが語ったものではない。かれは五三年二月二日、就任最初の一般教書のなかで、つぎのような難しい怪しげな言い回しをして、民主党前政権の台湾海峡中立化政策を放棄した。「中国共産軍の代わりに（中国大陸の）防衛責任をとるために、アメリカ海軍を必要とする事態は、も

＊　たとえば大陳島の南にある南麂山島は五二年八月に国府軍が占領した。五五年二月、アメリカは防衛支援を行なわないと通告し、国府は四千の守備軍を撤収した。

はや存在の理由も妥当性もなくなった」

「とき放し」はのちにダレスが説明し、多くの人々が認めたように、北京をおどかし、朝鮮の休戦を促すための圧力だったといわれている。この「とき放し」がヨーロッパからアジアの国々の首都をおびやかしたというのなら、それはたしかに事実だった。これら諸国の政治家や論説執筆者たちは、台湾に大陸攻撃能力があるとはみていなかったが、アメリカ国内で白熱する無責任な強硬論に新政府の「とき放し」を重ねあわせてふるえあがったのである。

北京も恐れたのだろうか。実際に「とき放し」は議会の過激な反共主義者を心理的に満足させる言葉だけの約束だった。アイゼンハワーがカンザス州で民主党の「中国失陥」を非難した第一声をあげて以来の選挙運動に、つじつまをあわせただけの宣言だった。そして、その言葉が飾り物にすぎないことをいちばん最初に知ったのは、だれよりもそれを喜んだ蔣介石である。

アイゼンハワー声明のあと、ランキンは蔣と会談し、顧問団長チェースとの相談なしに大陸を攻撃することを禁じたが、とくに空軍と大砲を使用しない約束をさせた。こうしてとき放された蔣はたちまちつながれたのだが、抵抗はなかった。大陸攻撃はアメリカ軍をあてにしなければならず、ワシントンと前もって交渉するのは不可欠の前提だったからである。

蒋が「とき放し」の嘘に気づいたのはべつの問題だった。それは五〇年に雲南からビルマ領内に逃げ込んだ国府残存部隊の処理問題である。蒋にとっては、その国境からひろがる中国西南こそ、抗戦中のかれの根拠地であり、当時なおも北京からの背反を期待する地域である。四三年末、かれはカイロでルーズベルトとチャーチルに向い、ビルマ・ルートの再開作戦を説いた。それは、この兵站路を確保して西南から華北に進撃し、東北での最終決戦に持ちこむことが対日戦を終結させるただ一つの戦略だという構想である。だが、米英首脳はこの訴えをいい加減にあしらった。やっとビルマ・ルートが再開したのは戦争末期であり、すでに大勢に影響はなかった。

　四九年夏に至り、蒋は再び西南を最後の根拠地と考えた。東北への要衝、錦州を失い、それから半年後に南京、上海を奪われ、かれの手に残るのは台湾、華南、西南だけとなった。かれは四川《しせん》を中心とする西南の保持に希望をかけた。だが西安から秦嶺山脈を越して四川北部へ撤退した胡宗南と湖北から四川東部に移動した宋希濂《スオンシーレン》は、手薄な兵力で四川盆地全体を守ることはできないと考え、主力を四川南部から西康《せいこう》、雲南、ビルマ国境地帯へ移し、国際情勢の変化を待つ持久戦を考えた。

　しかし、その年の十二月、蒋は督戦《とくせん》のために台湾から四川へ飛び、成都《せいと》死守を命じた。だが共産側が再び先手を打ち、第二野戦軍の政治工作で地方軍閥が寝返り、蒋の最後の五十万の軍隊もたちまち消えた。そして雲南守備部隊と敗残兵、およそ五万がビルマ領内へ逃げ込んだ。

五一年になって、CIAの援助の下に、台北から参謀将校が飛び、ビルマ領内に潜む一万の兵力を結集し、昆明《こんめい》進攻を試みることになった。が、西南に作る第二戦線の計画は脆くも崩れ、さんざんな目にあったあげく再びビルマ領へ逃げ帰る結果となった。

この年の末、北京放送は、米第七艦隊が中緬国境で紛争を起こす準備として国府軍六万をタイ経由でビルマに送り込んでいると非難し、国際問題として浮かびあがらせた。その結果ビルマとアメリカの関係が悪化し、インド、英国からの批判も高まった。

こうして共和党新政府と蔣政権の最初の外交交渉は、ビルマ残存国府軍の撤退問題となった。残存国府軍を撤収せよ、というアメリカの要請に対して蔣は非常に怒った。ランキンもこの第二戦線を有効だと信じていたのだが、国務次官ベデル・スミスは蔣の説得をランキンに命じた。結局、「とき放し」からわずか五十余日にして、蔣はこの残存部隊の台湾撤収を承認する羽目となった。もっともこのとき台湾へ収容したのは家族を含め七千人にすぎない。*

「とき放し」のお粗末な一幕はこれで終わったわけではない。一般教書のなかから、「とき放し」が新聞の全段抜き見出しとなって派手にとりあげられていたころ、国務省は新政府の新たな政策の展開に備え、在外公館に質問を発していたが、その回答が、台北からも送られてきていた。

駐台公館が提出した具体案はつぎの一点である。「台湾と澎湖諸島にある五十万の国府軍の訓練と装備は米顧問団が責任を負っている。この責任を金門、馬祖、大陳までの六個師団の守備軍にも拡大すべきだ。これら沿岸諸島の反共ゲリラ隊を正規軍に替え、米顧問団の監督下に置くべきである」

ワシントンは深く考えもしないまま、これにとびついた。共和党政府の外交政策をきわだたせ、その積極性を示すジェスチャーとなった「とき放し」は、実際になにをするあてもなかったのだが、そのスローガンを掲げてしまっては沿岸諸島を奪われるわけにもいかなかったのである。蔣は反対だった。かれは、それらの小島が防衛不可能だと説いた。もし沿岸諸島に公然と力を注ぎ、その防衛に失敗したなら、かれの威信は地に墜ちると主張した。だが、ランキンとチェースは無理押しして、これらの島に正規軍を送

＊　ビルマ領に残った国府軍についてはその後しばらく消息が聞かれなかったが、一九六〇年十月に北京で中国・ビルマ国境条約が調印され、同時に両国軍の共同作戦の秘密取決めができたようだった。まもなく中国・タイ・ラオスに接する国境地帯で、大規模な統合作戦が行なわれた。この作戦には四個師団、約五万の中国軍が参加した、と国府軍一大佐は語っている。

この攻撃で、「台湾の二倍の支配地を持っていた」といわれる国府残存軍は簡単に掃蕩され、一部将兵がラオスへ逃げ込んだ。このときアメリカ側は、ラオスの中立化構想に中国が反対するのを恐れ、六一年三月、これら軍隊の台湾送還に援助の用意がある、と関係各国に通告し、四月に四千の将兵と家族を台湾へ引揚げさせた。

らせ、ウエスタン・エンタープライズ（西方企業）*から米軍顧問団に指揮権を移し、正式にアメリカが責任を負うことにした。

まもなく蔣の幹部たちは沿岸諸島の価値をディエンビエンフーから学ぶことになる。ディエンビエンフーはフランス軍が五三年十一月に落下傘部隊を降下させ、滑走路を造り、一万二千の兵隊を空輸して築いた空挺堡《くうていほ》である。インドシナ派遣軍総司令官ナヴァールの構想では、ベトミン軍主力をおびき寄せ、潰滅させることを狙い、包囲されるのははじめから計画のうちにあった。そしてベトミン軍総司令官ボー・グエン・ザップはその通りにした。フランス軍の作戦計画者が無視しようとしたのは、ベトミンが大砲を運んでくることだった。だが、実際にかれらは三カ月をかけてすり鉢周辺の山に大砲をひきずりあげた。

翌五四年三月十二日、ベトミンの一〇五ミリ砲弾がすり鉢の底の塹壕陣地を襲いはじめた。平凡な常識と素人の不安が的中したのである。二十二日、参謀本部議長エリーはハノイを視察して情勢の悪化に驚き、ワシントンへ回り、アイゼンハワーに会って援助を求めた。

統合参謀本部議長ラドフォードは、空から介入しようと約束した。かねて東北爆撃と中国沿岸封鎖を唱え、空軍万能を信じてきたこの元海軍提督にとって、当然な回答であった。かれはフィリピンからのB29六十機、第七艦隊からの百五十機の艦上機を使い、包囲するベトミン軍を崩潰させようと計画した。原爆使用の決意である。トンキン湾に二隻の空母が出動し、禿鷹作戦がそのコードネームとなった。

国務長官ダレスはロンドンとパリを往復し、禿鷹作戦がひきおこす恐れのある北京の戦争介入を阻止しようと協議を重ねた。のちに評論家アレグザンダー・ワース氏はつぎのように言っている、「第三次大戦が勃発する危険は、（この時期の方が）四八年から四九年にかけてのベルリン封鎖のときよりも、五〇年十一月のマッカーサーの鴨緑江《おうりょくこう》攻撃の

＊　ＣＩＡの仮装機関、台北を本拠に、大陳島を前進基地にした。「西方企業公司大陳分公司」は、華東地域の情報収集と破壊工作の指揮をとった。

「西方企業」が消えた後も、台湾におけるＣＩＡの力は依然強かったようである。アメリカ側とすれば、米台条約を逸脱する対中国工作は、ＣＩＡの隠れみのを利用するのが便利であったし、六二年には、国府の「反攻」の主張をそらすために、より多くの大陸情報を集めるのが先決だといい、内外の特務工作を握る蔣経国とＣＩＡの関係が密接になったことにも原因がある。また国府側は米国務省と対立したとき、意識的にＣＩＡ出先機関と親密な関係を保ったのでもある。

六二年に国務省情報調査局長だったロジャー・ヒルズマンが語るつぎの挿話は、国務省とＣＩＡの対照的な態度を、鮮やかに示したものであろう。「六二年三月からしばらく経ったころ、『秘密の』しかし、大規模な大陸上陸の考えを持ちだしたものがあった。そして台湾に駐在していたＣＩＡの上級職員がワシントンに飛んで帰り、この案を売り込もうとしたのである。会議の席でラスクが感情をむきだしにして話したのを見たのは、このときだけだった。大規模な上陸を、あたかも大陸の大衆の自発的な蜂起にみせかけようとしているこの案は全くナンセンスだ、その上、アメリカが責任を免れうると考えているとすれば、まさに愚の骨頂《こつちょう》であると、かれは言った」

ときよりも大きかった」

舞台の脇で手に汗を握って見守っていたのが台北の国民党幹部だった。かれらは四八年秋にも「大局」を展望し、「変」を待ち望んでいた。そのとき南京の首脳陣はデューイの当選を確信し、新共和党政府がマッカーサーを中国へ派遣すれば、東北、華北、西北の三年来の敗戦をアメリカの原爆が一挙に解決してくれると夢想していた。かれらは「外戦を以て内戦を救う」のだと陽気に語っていた。また五〇年末にもなおかれらは、東北爆撃から大陸の海上封鎖、そして華南への第二戦線の設置となる未来図を夢見ていた。

燃えあがる希望はいずれも胸につもる灰となった。ディエンビエンフーもまた、英国の反対、統合参謀本部内の意見の対立、議会指導者の尻込みが理由で見捨てられ、かれらの期待を打ち砕いた。しかし、かれらの間に新しい希望が生じた。それはこういうことである。

四八年に張群《ちょうぐん》は東京で、マッカーサーから上海《シャンハイ》、杭州《こうしゅう》の三角地帯を半年維持すれば「大局」は変わる、と示唆《しさ》されていた。が、かれらは、アメリカ軍を戦争にひきずり込むのには中国最大の都市は必要ではなく、山あいの小さな無人の盆地の戦いで充分だと気づいたのである。「トンキンのダンケルク」「極東のミュンヘン」「クレムリンの勝利」といった煽情的な言葉を繰り返してアメリカの一般感情をたかぶらせ、緊張を持続すればよいのだ。

金門島に対する評価は一変し、大きな負債を抱え込んでいるといった暗い気持は消えた。四九年十月二十五日、共産軍がその島に強行上陸したとき、浮足立つ湯恩伯《とうおんぱく》守備軍をふるいたたせ、二万の上陸部隊を殲滅《せんめつ》したのは、旧日本軍将校の指揮だった。国民党の手に残った金門は、こうして蔣介石の最大の政治資本となったのである。

2　なぜ「台湾解放」を叫んだのか

台北が金門の価値に気づいたとき、北京はなにを考えていただろうか。北京が長い沈黙を破り、「台湾解放」を叫びだしたのは、ディエンビエンフーの勝利をジュネーブの会議場につなぐことができ、中国の外交的勝利が決まった五四年七月中旬である。『人民日報』はこの月の十六日、二十二日、二十六日の社説で台湾の解放を説き、八月一日の建軍紀念日には、総司令朱徳、副参謀長粟裕《スーユー》が全軍に台湾解放の布告をだし、各軍区、各部隊がその宣言を擁護した。そして二十二日には「各民主党派、各人民団体」の連合宣言が出、台湾は中国領であり、中国人民は必ず台湾を解放すると強調した。

では北京最高指導部はいよいよ台湾政略の決意を固めたのだろうか。しかし、情勢は大きく変っていた。五〇年六月以前であれば、まず表からは旧国府軍艦、ジャンク、サンパンなどを動員し、裏からは国府軍の寝返り工作をすすめ、台湾住民を煽動すればその島を奪取できたであろう。それから四年後となってはそうはいかなかった。目的達成のためには、充分な攻撃用艦船と兵員輸送船を用意しなければならず、上陸用舟艇を含めた上陸作戦部隊を必要とした。また、沿岸制空権と、海上輸送路を安全にするための台湾海峡の制海権と制空権を握らねばならず、さらに上陸拠点の地上戦闘を支援するためには台湾全島の制空権が必要だった。*

北京が大きな空軍力を持つようになっていたにせよ、台湾の防衛にはアメリカ海空軍の支援があり、進攻作戦は不可能だった。それはヒトラーがダンケルクのあと、直ちにイギリス進攻を目標としなかったので、イギリスを生きのびさせたのと似ていた。あるいは北京はとき放された蔣の大陸反攻を警戒したので叫びたてたのか。だが、国府が上陸作戦を行なうためには、大陸沿岸の空軍基地、主要補給源、交通線を破壊しなければならない。アメリカは台北政府に爆撃機を与えなかった。ジェット戦闘機は朝鮮向けから台湾へふりむけることができるようになっていたが、F86は七十五機だけだった。一度に使えるのはその三分の一、敵戦略空軍と防空砲火で損害をうければ、たちまち消えてしまう。海軍と空軍の掩護《えんご》なしに防衛軍より少ない軍隊を上陸させてどうなるか。

それでは北京は、蔣の攻撃にアメリカ軍の支援があると恐れていたのだろうか。騒々しく叫びたてるアメリカの右派政治家、職業的政論家の演説、論説は、明日にでも引き金をひくようなことを主張していた。しかし、宣伝とブラッフの背後には、国内舞台での党略の争いがあり、大衆の多様な不平不満の感情を結集しようとして、対外政策の弱い個所を狙う、という戦術があったにすぎなかった。

ダレスはこれら過激派に歩調をあわせねばならなかった。かれはアチソンの封じ込め政策を激しく非難し、「巻き返し」を叫び、ソ連に支配されている国々の「解放」を唱えていた。しかし、かれの「声明された政策」と「行なわれた政策」は大きく違っていた。「声明された政策」は議会内の過激派を満足させるだけのものであり、「行なわれた政策」はアチソン、ケナンの基本政策の忠実な踏襲《とうしゅう》だった。「とき放し」は「声明された政策」にすぎず、かれは台湾と中国本土の兵力引き離しを秘かに望んでいた。

ダレスの強硬な言葉の背後にケナン・ドクトリンがあることは、北京指導部も次第に分かってきていたにちがいない。もちろん、アメリカには朝鮮戦争からディエンビエンフーの結末にいらだち、復讐心に燃えた軍人たちがいたし、ダレスが「声明された政

＊　中国の海軍は現在でも大国の基準からすればとるに足りない。その主力は魚雷艇からモーターつきのジャンクまでを含めた沿岸警備の艦船であり、他にディーゼル・エンジンの潜水艦が三十隻から五十隻ほどである。六七年十二月二十五日付けの『人民日報』社説は、毛の軍事路線を守るなら世界最強の海軍が建設できると説いているが、これは海軍が政治工作を無視し、政治委員制度を廃止したことに対する非難が主題であろう。

策」を行なう羽目になることも充分にありえた。北京は不安におびえてはいなかったが、警戒心を強めながら慎重な行動をとっていたのである。

では、中国がせきを切った激しさで台湾解放運動を開始した真の理由は、なんだったろうか。まずなによりも北京が恐れたのは、台湾がアメリカの庇護《ひご》を受けるだけの存在でなくなり、集団防衛体制のなかに組み入れられてしまうことであったろう。台湾がその防塁《ぼうるい》のなかへ滑り込んでしまえば、地域同盟の集団圧力によって台湾の地位が変質するだろう。そうすれば台湾は中国領だという主張が、北京だけの一方的な叫びとなってしまう。

たしかに五四年はじめになると、西太平洋諸国のアメリカ大使館の電報に「太平洋条約」という名詞が現われるようになった。いわゆる「東北アジア条約機構」の最初の着想であり、条約参加予定国は日本、韓国、台湾、フィリピン、そしてアメリカだった。だが、大使たちはいずれもこの条約ができる見込みについては、悲観的だった。日本と韓国の間に国交がない上、日本に参加の見込みはなかった。台湾駐在大使はワシントンに報告書を送り、つぎのように言った。「ヨーロッパに比べて三年は遅れよう。太平洋条約構想はいまなお未熟である」

集団防衛体制の建設はダレス外交政策の根底にあった。このような条約の存在で、アメリカは迅速な行動をとれることを敵側に誇示し、「睨《にら》みをきかす」ことができるわけだった。かれは西ヨーロッパに欧州防衛共同条約を造ろうとしていたが、朝鮮休戦後の東アジアにも同じ防衛線を築こうとしたのである。

これが思うようにならないでいるうちに、かれはディエンビエンフーを救出しなければならなくなった。中国軍の介入を阻止するために、英、仏、オーストラリア、ニュージーランド、タイ、フィリピンの六カ国に、統一行動の計画案を提示した。その案は大量報復のおどかしから、国府軍の使用、東南アジア防衛機構の創設までも含んでいた。この提案は大部分の政府をたじろがせ、ディエンビエンフーを直接助けることにならない集団防衛機構だけが受け入れられた。

そしてラドフォードの禿鷹作戦にも強い反対があった。クラークフィールドから出撃させる原爆搭載のB29でベトミン軍をたたこう、もし中国軍が介入するなら今度こそ中国を爆撃するのだ、という計画には、陸軍首脳部が反駁した。陸軍参謀総長リッジウェイと作戦計画部長ジェイムズ・ギャビンはハノイとハイフォンの確保に八個師団を上陸させねばならず、紅河《こうが》デルタの維持には三十五個師団が必要となるので州兵を召集しなければならなくなると説き、その地域にそれだけの利益はないと結んだ。だれもが朝鮮戦争の苦い教訓を思いださねばならず、リッジウェイの判断に敬意を表さねばならなかった。

こうしてディエンビエンフーはアメリカ軍の介入がないままに陥落した。ダレスはそった。

台北政府はアメリカが「太平洋条約」を棚上げにしたことで失望し、新たに造られる東南アジアの防衛機構に加えられないことで落胆した。かれらは、国府の加入に反対した英国とフランスに腹を立て、隣国フィリピンが新機構に加わることで怒った。国府の念願は、台湾がフィリピンと結び、韓国と組み、最終的には日本をも加えた――日本参加のときまでは、米軍の極東出動を認めた日本における軍事基地の存在で充分だった――集団防衛機構を造ることだった。

だが、フィリピンが東南アジア防衛機構に組み入れられたなら、マニラは「太平洋条約」の設立に関心を失う。そうなれば国府は、フィリピンの助けを借りて防衛機構を造る手がかりを失うことになるのだった。

いらだつ国府首脳部は、東アジアに造る条約が東南アジアの不統一な地域に造る条約よりずっとよいとワシントンに申し入れた。数日後、国防長官ウイルソンが台北へ向った。ディエンビエンフーが陥ちて二週間たっていた。蔣介石はウイルソンと三回折衝し、相互防衛条約の締結を要望した。

蔣は、この条約がないためにアメリカが北京を承認しようと考えていると解釈されるのだ、と説き、とくに日本はそう信じているのだと言った。そして日本、韓国、フィリピン、国府の集団安保体制の前提となるのが米華条約の保証だと訴えた。国防長官のあとに大統領特使ヴァン・フリートが訪台し、蔣はかれにも二国間条約の締結を懇請した。

では、アメリカはどのような理由から国府との条約をひきのばしていたのか。まず第一に「とき放し」が沿岸諸島と台湾を結びつけてしまったために、金門、馬祖を条約の適用地域に入れるかどうかという問題が生じていた。つぎに、国府が大陸に対して攻撃を行なった場合に、アメリカがその戦争に巻き込まれるかもしれないという面倒な問題があった。さらにその条約は、台湾と澎湖諸島を中国領と認めることになり、中国の内政にアメリカが干渉しているといった北京の主張に根拠を与えることになりはしないかという国際法上の問題があった。

同じ問題が国府側のジレンマでもあった。条約の代償は国府の公式政策を拘束する第一歩となり、台湾内で専制支配権を失う事態になりはしないかという心配があった。蔣政権は大陸を含めての合法正統政府だという擬制《ぎせい》によって、台湾の独裁体制を維持してきたからである。

しかし、同じときに台湾だけが取り残されるという孤立感から脱がれ、安全に保護されたいというもっともな願望があった。アメリカのはっきりした支持を得なければ、日本との政治取引に必要な力がなく、日本をはじめ多くの国が北京へ顔を向けはしないかという不安があった。

蔣介石は庇護を求めて重大な犠牲を受けいれることを決めた。六月二十八日、外交部長葉公超《ようこうちょう》はランキンに向かい、二国間条約が結ばれるなら、蔣は軍事行動の前にアメリカの同意を求めることを承認すると告げた。台湾駐在大使は国務省につぎのように書き送った。「蔣総統は条約とひきかえにアメリカが反対する中共攻撃の行動をやめにすると述べた」

はたして北京政府は、ワシントンと台北の裏面交渉をどこまで見抜いていたのだろうか。ひとまずは、作業を進めている東南アジアの軍事同盟に台湾が加えられるのを阻止しようとして、台湾解放運動を発動したのであろう。この警告は、ワシントン、ロンドン、パリ、マニラ、バンコクにはっきり聞えるように叫ぶ必要があった。

そして九月三日、中国軍は金門島を砲撃した。それは、七月からの示威宣伝を一層はっきりさせる軍事行動である。すなわち、七月から八月にかけてのSEATO加盟予定国の協議、九月一日から四日までマニラで開かれた予備会議、つづいて八カ国代表の九月八日までの正式会談に照準をあわせた行動だった。

この威嚇は成功を収めた。参加各国は条約地域に台湾を加えるほんの僅かな関心をも失い、アメリカもこれを持ちだすことを断念した。そして条約適用地域以外の国が中国の攻撃を受けた場合の軍事義務を加盟国に求めようとしたダレスの譲歩案も葬られた。条約適用地域は、加盟国の全領土と北緯二十一度二十分以南と定められ、バシー海峡でたち切られた。北京政府は、その第一目標を達成した。

ところでこのとき、金門を利用したのは北京だけではなかった。台北は金門を第二のディエンビエンフーとする絶好な機会と睨んだ。その島ではじまる戦いが中国本土への爆撃となり、その報復軍事行動が相互に拡大するとき、否応なしにアメリカを中国との全面戦争へひきずり込むことができるという期待がふくらんだ。たとえそれに失敗しようとも、かれらにはアメリカを軍事同盟締結へひっぱりだせるという次善の目標があった。

トーマス・フィリプス代将は、五八年の台湾海峡危機の際、四年前をふり返り、かれ自身の経験をつぎのように述べた。「国府の手で二隻の上陸用舟艇が共産軍の鼻の先、厦門《アモイ》から肉眼で見える位置にT字型に据えられた。輸送船が接岸できる埠頭となったのである。当然のことながら中共はそれを砲撃した。国府はこの砲撃が中共によってひきおこされたものだといい、切迫した侵略の証拠だと示した。国府空軍と大砲は行動した。空軍は無害な漁船を掃射し、砲は応射した」

3　なぜ緊張を強めたのか

九月にはじまった金門砲撃から数えて翌五五年四月まで、八カ月つづいた沿岸諸島をめぐる緊張について、のちにアイゼンハワーは、自分の選択をつぎのように自讃している。「名誉ある平和へ通じる一つの水路と、何百という不名誉な戦争へ通じる水路とがあるあぶなっかしい流れのなかを通っていたのだった」

ダレスも華々しく飾りたてた。「実際に戦争へ入らずに瀬戸際まで持ち込む手腕は必要な技術だ。この技術を会得《えとく》しないと、不可避的に戦争へ持ち込まれる。逃げだそうとしたり、瀬戸際までいくのを恐れたりすると負けである」

アイゼンハワーが「名誉ある平和」を求めたのは本当だった。「瀬戸際の技術」にも、「何百の水路」にも、それぞれ真実があった。そして金門は国府の手にとどまったのだから、「退却を拒否した」と語り、「睨みをきかした」というのも事実となるのかもしれない。

だが、二人は本気でこのように信じていたわけでは決してない。アイゼンハワーが「危険な水路を突破した」と言ったのは、「とき放し」の空宣伝の収拾に悩んだだけのことであり、ダレスの「大胆さと強腰の外交」は、せいぜいがほら吹きの武勇伝にすぎなかった。二人は北京の意図を思い違いし、議会と蔣政権の圧力を側面から受けて、決定をつぎからつぎへと変えていただけのことだった。

九月三日の金門砲撃開始後、統合参謀本部議長ラドフォード、海軍作戦部長カーニー、空軍参謀総長トワイニングという、インドシナで軍事介入を主張した面々が、もし金門に全面的な攻撃が行なわれるなら、アメリカは大陸を爆撃すべきだという勧告案をだした。

反対者は再びリッジウェイ一人だったが、これも前に陸軍軍人だった国務次官ベデル・スミスの支持を得た。スミスは昔の長官であるアイクの休暇先に電話をかけ、多数派の主張を軽々しくとりあげるなと助言し、国家安全保障会議の即時召集を要請した。九月十二日、デンヴァーで開かれた会議で、大統領は多数派の勧告案を斥けた。

この会議の内容をスクープしたのがチャルマーズ・ロバーツ記者であり、かれは「地獄のふちの戦い、大統領対タカ派」と題をつけた。タカ派の将軍たちは中国との戦いが早晩《そうばん》おきると信じ、どうせやるなら早い方がいいと考えていた。これを抑えたのがアイゼンハワーであり、「大統領みずから危機を救った」のだとかれは説明した。

だが、結果論的に判断するなら、北京は金門に全面攻撃をかけるつもりはなかったのだから、かりに大統領がタカ派の勧告を受け入れたところで、全面戦争とはならなかったにちがいない。翌五五年一月がそのような例であった。東アジアを視察したラドフォードは、かれが聞きたがっている見解を山ほど聞き、自分の正しさを一層強く確信し、捲き返しにでた。沿岸諸島の防衛にも米地上軍が必要になると説くリッジウェイをつんぼ桟敷におき、決断を先き延しにしていたダレスを味方にひき入れ、大統領を口説きおとした。金門、馬祖の防衛に必要なら、中国本土を爆撃することが正式に決まった。しかし、CIA長官アレン・ダレス、海軍作戦部長カーニーが中国の金門攻撃接近を警告したにもかかわらず、あいにくながら戦いはおきなかった。

アイゼンハワーは、はたして危機の最初にどのような解決策を考えていたのだろうか。かれは国連を通じて停戦を求めようとした。それは、安保理事会にニュージーランドが提出しようとする案で、その背後に英外相イーデンの構想が隠されていた。北京に台湾進攻の計画はないまでも、沿岸諸島奪取の意図はあるとみて、これらの島と引替えに停戦は可能だという考えだった。

軍事的にみるなら、金門、馬祖を防衛しようとするのは、「敵の住んでいる家のドアマットを守ろうとする」愚劣な行動だった。また、立入り禁止線の設定が侵略を阻止する事前警告になると説いていたのは、ほかならぬダレスである。朝鮮戦争の失敗例をあげてアチソンを非難したかれとすれば、台湾海峡に一線をひこうとせず、相手の判断に任せるというのは、矛盾もはなはだしかった。ダレス個人の自家撞着《じかどうちゃく》はともかく、緊張がおきて対策を考えるというのは、そのときどきの圧力に漠然と身を任せる無思慮なやり方だった。

そこで、停戦の代償に沿岸諸島を引渡すという構想は、それが暫定的な停戦であろうとも、台湾海峡をはさんでの隔離となり、実質的な休戦に持ち込めるという長所があった。さらにこの案が利益となるのは、ウォルター・リップマン氏の用語を使うなら、「戦略線」から「法的管轄線《かんかつせん》」へ引き下がることができる点にあった。もっとも「戦略線」は戦略的に無意味なのだから、中印国境紛争で中国側が使用した用語を借用するのが適切であろう。すなわち「実際的な支配線」から「伝統的な慣習線」へ引き下ることである。

だが、リップマン氏も説いた通り、これを北京との取引で進めるのは決して威信のある政策ではなく、自発的に引き下るのが正しい解決策だった。まして中国側が実際には金門の奪取に関心を持たなかったことを考えれば、金門に利用価値があるのだと自分を欺いただけの政策ということになり、「とき放し」の失敗にごまかしの上塗りをしただけのことであった。

では、台北はこの緊張期間、なにを考え、どのように行動したのか。九月三日に誘いだした共産軍の砲撃で米軍顧問団の二人の少佐が爆死したという報告は、国民党中央常務委員会を舌なめずりさせる吉報だった。統合参謀本部の大胆な武力介入の勧告がでたときには、かれらは、いよいよ待ちに待った瞬間が切迫したと思ったにちがいない。だが、米大統領がこの勧告を却下《きやつか》し、中国側も軍事行動を拡大しないことが、かれらを失望させた。つづいてかれらを落胆させたのは、ワシントンが国連を通じて台湾海峡の停戦を確立させようとしたことだった。

米国務省はニュージーランド決議案について、秘かに台北駐在大使の意見を求めた。十月五日、駐在大使からの返事がおくられてきた。かれは、期待できるものはせいぜい国府の激しい不満の回答位だろう、と答え、つぎのように説いた。「国府はこの案を英国への宥和策《ゆうわさく》とみよう。沿岸諸島に対する責任回避と国府は解釈するだろうし、中共もそのようにみるであろう。これを弱さのあらわれとみて、台湾征服にのりだす可能性もある。そして、国府はアメリカに相互防衛条約締結の意思がないものとみるだろう」

それでもなお大統領は極東担当の国務次官補ロバートソンと中国局長マコノギーを台北へ派遣し、蔣にこの案の賛成を求めた。蔣はこれに反対し、軍事条約だけが必要なのだと言った。国府首脳部とすれば、この危機が拡大しないのなら、危機の間に軍事同盟を獲得しなければならなかった。

ワシントンが軍事条約締結をためらい、ダレスがこれに乗り気でなかったのは明瞭だった。九月九日にマニラ条約（SEATO）に調印したダレスはその足で台北へ向い、蔣と五時間の会談をしている。蔣は条約を求めたが、ダレスは公式の取決めは必要ない、第七艦隊の存在が安全保障になると素気《そつけ》なく答えた。恐らくこのあと、九月二十三日のデンヴァー会議で、国府との条約問題も討議されたであろう。台湾海峡で停戦を成立させ、双方の兵力引離しができた上で、台湾に条約を与えようというのが、アイゼンハワーとダレスの考えだったにちがいない。

しかし、この停戦案に対して国府が反対し、中国が相手にしないことが分かってくると、ワシントンの計画は立往生してしまった。そして親蔣派の圧力は一層強まり、条約

の締結を進めざるをえなくなった。こうして十二月二日、大陸攻撃を断念させるととも

に、条約適用地域から沿岸諸島を除外した相互防衛条約が調印となるわけだが、兵力引離しをしないで与えた条約は、たちまち奇妙に歪められることになる。

では、北京はなにを考え、どのように行動したのだろうか。かれらはアメリカが蔣に集団防衛条約の代案として二国間条約を与えざるをえなくなるのは予測していたし、これを恫喝《どうかつ》で阻止することはできないことも分かっていた。だが、北京は新聞、放送で非難を浴びせたほどには、その条約に警戒心を持たなかったであろうし、不快視してもいなかったようである。この条約に関しては蔣の側にまず激しい不満があり、アメリカ側にとっても決して望ましいものではないので、かれらは米蔣間の矛盾対立がさらに深まるだろうと考え、分化工作が行なえると読んでいたにちがいない。

そして北京はその条約を実地に検証するために、またさらに、国内宣伝の需要にも応じるため、沿岸諸島のなかでは台湾から一番遠い、浙江《せっこう》南部の沖にある大陳島グループに注目、そのなかでアメリカ軍の管轄からはずされている一江山島《いちこうざんとう》に用心深く狙いをつけた。五五年一月二十八日、二時間の戦闘でその島は陥落した。一千人の守備兵は潰滅し、五百余人が捕虜となった。

ひきつづいての争いはワシントンと台北の間でおきた。停戦案*を北京が相手にしない以上、アメリカは自分の行動で休戦状態を造るほかはなかった。一江山島のあっけない

陥落は、大陳島の放棄を促すことになった。この水域では国府の駆逐艦が撃沈され、制海権、制空権を中国側に握られていた。三百キロの補給線を国府は維持できず、アメリカが代わらなければならなかった。このような事態がアメリカの放棄の決断を早めた。

大陳島の撤退案は対中国強硬派の米上院議員、軍人を憤慨させたが、蔣の怒りはさらに激しく、同盟国が圧力をかけるごとに撤退がつづくのかといきまいた。そして蔣の部下たちは、軍の士気は低下し、政権は動揺し、なにがおきるか分からないとアメリカ側をおどかした。

蔣をなだめるとともに議会の口喧《くちやか》ましい攻撃を避けるために、ダレスは条約義務にない金門、馬祖にも保証を与える羽目におちいった。一月二十四日、大統領は、台湾と澎湖諸島、そして「関連地域」の防衛のための軍事力利用の権限を議会に要請する特別教書を提出した。これが中国との戦争のために大統領に白紙委任状を与えたと騒がれた決議案だが、実際には大陳島放棄を蔣に呑ませるための苦しまぎれの約束だった。

国府側はアメリカの保証範囲をはっきりとさせることをのぞみ、「関連地域」に金門、馬祖の名前を明記して欲しいと要望した。一度はダレスが国府外交部長に同意を伝えたが、そのあと大統領が二つの名前を削った。一月二十六日、議会はたいした質問、討議もなく、これを可決した。

こうして蔣介石は、やっと大陳島の放棄を受け入れた。二月上旬、一万四千人の将兵と一万六千人の住民の撤退作戦は、六隻の空母を中心に百隻近い艦船を大陳沖に展開させて一週間にわたって行なわれることになった。その際、中国海空軍の攻撃があるのではないかという不安があったが、中国側は付近の水域に飛行機を飛ばすことはなかったし、海軍艦艇もまた引揚げさせていた。

そして五四年九月にはじまった海峡危機はおかしな結末を迎えることになる。四月二十日、アイゼンハワーは蔣介石にもっとも信任の厚い軍と国務省の二人の人物を台北への特使とした。すなわち一人は、大陳島撤退の命令に米海軍をフェリーボートに使うのかと怒鳴ったラドフォードであり、もう一人はダレスのお目付け役として上院の強硬派が指名した極東担当の国務次官補、ロバートソンだった。

のちにアイゼンハワーは回顧録のなかで、ダレス宛てのメモ抜粋までとりだし、自分は金門と馬祖の住民の大部分と軍隊の一部を撤退させ、前哨基地に変えるように蔣に説得したのだと言い、放棄を要請したのではないと強調している。だが、結局のところ中

＊　ニュージーランドが安保理事会に台湾海峡決議案をだしたのは、五五年一月二十八日である。すでにこの案に熱意と期待はなく、惰性だけの手続きだった。理事会は審議に中国の参加を招請することを可決したが、二月三日、中国側はこれを拒絶した。周恩来はソ連決議案――台湾と沿岸諸島からアメリカ軍撤退と国共双方の軍事行動禁止の勧告――の討議にのみ参加すると述べ、安保理事会の議席回復と国府放逐の条件を示した。

国の攻撃に備えて放棄が容易にできるように荷物を軽くする段階的撤退計画だったのである。

対中国強硬派の二人は、台北の飛行場で「われわれは新聞記者に喋りにきたんじゃない」と胸中の不快さをそのままにぶつけた。だが、そのときさっぱり気のすすまない二人の任務を簡単に終りにし、蔣を窮状から救いだしてくれる人物が現われた。

それは中国首相周恩来である。五五年四月二十三日、バンドンで開かれていたアジア・アフリカ二十三カ国会議で、この達見の政略家は中国がアメリカと戦うつもりはなく、台湾の問題で直接アメリカと交渉の用意があると述べた。かれの軍事・外交戦略は、インドシナの勝利からバンドン会議まで一本の直線でつながっていたのであり、かれはまた台北とワシントンの関係を精細に追っていたのである。

かれは前の年の六月、ジュネーブでインドシナの休戦の成立のためにめざましい外交手腕をふるい、大国の地位を確立したが、その帰途、インドとビルマを訪問して友情と平和を説き、アメリカが造ろうとしていた東南アジア軍事機構に打撃を与えた。十月にはネールを中国へ招き、熱烈な歓迎で「平和と親善」「共存と協力」を合唱した。そして翌年四月、一週間にわたるバンドン会議で、かれは平和を望む柔軟な態度を示し、米中関係の是正を説いた。そこで北京が狙っていたのは、海峡緊張の第二の目標の実現である。すなわち、アメリカと国府とを引離し、アメリカと中国による二国間会談のテーブルにアメリカをつれこむために、圧力をかけるということであった。

恐らく北京首脳部は、アメリカとの外交交渉で自分に都合のよい取決めができ、台湾とその周辺水域からアメリカ軍の撤退をかちとることができるとは思っていなかったにちがいない。かれらはまた、台湾の平和解決を唱っていたが、住民投票や自治の承認を語っていたわけでもなかった。かれらの目標はまたべつにあったのである。

大陸から逃げた人々、大陸から連れて行かれた兵士たちの夢は、「反攻」を否定したアメリカとの条約によって打ち砕かれたと、北京はみた。つづく北京とワシントンの話し合いはかれらの不安と猜疑心を深め、士気を低下させ、不満を増大させよう。これらのことは政権の分裂と弱体化を導き、台北の指導者は政権維持のために北京と取引せざるをえなくなろう。

もうひとつ、北京はワシントンの神経過敏さを利用できた。この心理作戦は少しばかり複雑である。アイゼンハワーからケネディ、ダレスからラスクまでの政策決定者は、中共政権が過渡的なものだとか、ある日突然崩壊するだろうとか語ってきた。だが、このような発言の裏面には、台北政府が瓦解しはしないか、あるいは北京と合作しはしまいかというたえざる気づかいや不安が潜在していた。

蔣が大陸から連れてきた年老いた兵士たちの不満、あらゆる権力部門を掌中に収めようとしている気心のしれない蔣の長男の野心、大部分の大陸系人に根強い望郷心、その政権に対する台湾人の嫌悪感、これらはいずれもその政権を小さな衝撃でゆさぶっているものだった。また国民党に代わる政治勢力をその芽生えのうちに根こそぎにつぶす蔣のやり方は、必然的にアメリカにかれとともに泳ぐか沈むかという運命を押しつけることになった。これもアメリカにとってはより大きな不安となっていた。*

ワシントンがいだくこのような不安をしっかりと握ったのが国民党幹部だった。かれらは、「自分の弱みそのものを外交的強みに変える」戦術に熟達していた。もし金門、馬祖の放棄あるいは失陥ということになれば、国府の士気は崩壊し、北京への降伏につながるだろうというのが、かれらがワシントンと台北でアメリカ人にささやく本当らしい話となった。

多くのアメリカ人は、もしアメリカが敵に弱味をみせたり、アメリカの威信が打撃を受けたりするようなことがあれば、アジアにおけるアメリカへの信頼感は根本から失われ、全アジアは一挙に共産主義へ呑み込まれてしまうといった強迫観念にとりつかれていた。そこで、かれらは国府高官の説明をもっともなうちあけ話として聞いた。

こうして台湾防衛の正式保証と引替えにとりつけた反攻放棄の約束は、ないも同然となった。もともと「反攻」は国府の独力でできる見込みはなかったのだから、そのような約束にそれほどの意味はなかったのである。ただ台湾の政治的ムードに変化をおこさせ、新しい出発点とすることが、その約束から望まれる展望となるはずだった。

だが、沿岸諸島の放棄が国府軍の「心臓を切りとってしまう」ことになると思い、「一切がたちまちのうちに崩壊してしまう」と信じたアメリカ人は相手ペースにのせられてしまった。国府は変わらず「反攻」を叫び、自分たちが「中国」だと主張した。そして沿岸諸島を利用する権謀術数から、やがては全面戦争へ火をつけることができ、大陸へ帰れるのだといった幻想をふりまいたが、アメリカ人はそれを黙認することになってしまった。そして当然のことながら金門放棄計画も消えてしまった。**

* たとえば五五年六月におきた事件は、アメリカ政府の不安を裏づける具体例だった。リッジウェイの後を継ぎ、極東軍最高司令官から陸軍参謀総長に昇格したマックスエル・テーラーは、ワシントンへ着任の途中、台湾へ立ち寄った。かれは、蔣ら首脳部と演習を査閲する予定だったが、この機会を狙った青年将校の一団は、かれらを捕え、「兵諫」計画——張学良が蔣介石を西安で監禁し、政策転換を迫ったのが一例——を行なおうとしたのである。だが、この計画は蔣経国配下の手で未然に摘発された。数百の将校が捕えられ、かれらが支持する前陸軍総司令で参軍長の孫立人の解任・軟禁となった。蔣経国の機関は中共の工作と発表したが、これは事実ではなかった。孫立人の擁任と蔣経国の軍政治部の廃止が目的だった。

** 周恩来は蔣介石ばかりかラドフォード、ロバートソンの親蔣派までを助けてやったわけだが、それからいくらもたっていない五月三日、ランキンはダレスから「沿岸諸島の問題に関して蔣の立場を理解した」と告げるように命じられた。夕刻、ランキンは蔣を訪ね、電文を説明した。蔣は肝腎な答えを聞こうとして、「大統領は金門、馬祖の防衛に米軍の援助を約束したことになるのか」と尋ねた。アイゼンハワーやダレスに答えられないことが、ランキンに答えられるはずはなかった。蔣は重ねてそれらの島と台湾の士気の関連を力説したのだった。

そこでもう一度、北京の沿岸諸島に対する考えをみなければならない。沿岸諸島を失なえば台湾を失なうことになるのだとアメリカ人に信じ込ませた国府の話がもし本当にその通りに実現するものなら、北京は金門・馬祖の奪取に犠牲を惜しまなかったことはまちがいない。たとえ厦門《アモイ》と福建《ふっけん》の第一線基地、さらには兵站線が爆撃されることになったとしても、金門上陸作戦を無力化することは不可能だったにちがいない。そしてアメリカ軍の介入もその島を奪取する短い戦いがつづく間だけで終わらざるをえなかったであろう。そうなった場合、はたしてアメリカは第七艦隊を直接掩護に出動させた上で三個師団を強襲上陸させる、というような金門奪回の作戦を行なったであろうか。恐らくやらなかったにちがいあるまい。

しかし、北京は金門の未来に台湾全体の未来がかかっているのではなく、国民党の未来だけがかかっているのをはっきり知っていた。金門を失えば蔣の威信は崩れ落ち、大陸系人を抑えるかれの指導権は弱まろう。内外の圧力は強まり、立法院その他の改選はやらざるをえなくなる。四九年以来、中国大陸の選挙区と選挙民を失ったまま、永久議席についている大陸系議員に再選の見込みはなく、台湾人多数派の中央議会に変わってしまうであろう。そして台湾に築かれた中国の擬制は放り出されることになろう。

ここに北京指導部が金門をとらない本当の理由があった。国民党を大揺れに揺らす圧力はかけねばならなかったが、その圧力は国民党が倒れない程度に抑えねばならなかった。国民党の独裁の維持を図りながら、国民党とアメリカの間に楔を打ち込み、やがて国民党のスローガンを「反攻」から「最終的統一」に変えさせ、「親米」を「抗米」へ変えさせようとしたのである。

バンドンの周声明をこの年八月の米中大使級会談へ結びつけ、ワシントンとの直接交渉を国民党に対する圧力として、統一交渉への路に追い込む北京の自信満々の長期構想＊は、台湾の大陸系人へじりじりと影響力を強めることになった。しかし、五八年の金門戦争、というよりは大躍進運動がこの政治作戦を追求途中で断ち切ったのである。

そこでひとつの疑問が浮かんでくる。はたして毛沢東の第二の戦いは本当にかれの戦いだったのだろうか。それを検討しておかねばならないだろう。中国は五四年九月に憲法を採択していた。北京政府を擁護する者であれば、ここで憲法起草に億を数える人が

＊　北京が台北へ正式に呼びかけたのは米中会談の開催にあわせ、五五年七月三十日が最初である。全国人民代表大会で周恩来が演説し、台湾を平和的に解放する具体的な段取りについて台湾の責任ある当局者と話合いたいと説き、和平会談を提唱した。二度目は五六年一月二十日に人民政治協商会議で周恩来が政治報告を行ない、台湾へ平和解放を呼びかけ、大陸系人の大陸帰還を歓迎した。同年六月二十八日には、周は人民代表大会で、国共合作の正式会談を提案している。

北京指導部の狙いは中央政治局員だった譚震林のつぎのような言い方によく現われていると思われる。「蔣介石はやがてアメリカと闘争することになる。そうなれば主人を探さねばならない。主人はわれわれだ。ある日、かれはわれわれと合作しよう。第一回の合作は一九二四年だった。二度目は三七年、三度目はかれらが決める。かれらは手柄をたてることになる」

参加し、討議、修正したのだと語るところだが、現実はどうだったろうか。たとえば全国人民代表大会の第二回会議が五五年七月はじめから三十日まで開かれ、漸進的な経済路線を確立しながら、翌三十一日、毛が非公式の会議でそれをくつがえし、真に決定をくだす者がだれであるかをあきらかにしている。

だが、第二の戦いの時期においては、それでも中国唯一の立法機関である人代会（人民代表大会）とその代行機関である人代会常務委員会の権力が認められ、独裁権力の帰属がいずれの機関にあるのかは曖昧でありながらも、党最高幹部の集団指導が行なわれていたと考えられる。そして第二の戦いで主役を演じたのは首相兼外相の周恩来だと認めてよいのかもしれない。

第Ⅲ章

金門島の戦い

1　四十日間の封鎖砲撃

一九五八年に至り、再び金門島は戦場となってクローズアップされた。この四十四日間の戦いは四年前と比べればはるかに激しかったが、主力武器は敵も味方も依然として宣伝と脅迫であり、力の示威行動だった。このゲームが狙う目標は一見金門島の争奪のようにみえ、この島を焦点に中国、アメリカ、国府、ソ連が参加することになった。四人の競技者のうち、ワシントンとモスクワはあきらかに守勢であり、消極的だった。北京はその冒険に充分な用意をしていたが、全面戦争を望んでいなかった。そして台北だけが全面戦争を期待していたのだが、その実力を持たなかった。

北京の準備は七月に入っていよいよはっきりした。その月の十四日、イラク王国が転覆し、米英両国は革命が隣接諸国へ連鎖反応をおこすのを恐れてレバノン、ヨルダンへ出兵した。北京は機敏に反応した。「米英の中東侵略に反対」し、「アラブ人民の解放闘争を支持」する抗議大集会と示威行進が、北京から広州に至る大都市で開始され、つづいて地方都市、農村へ拡げられ、一億五千万人を動員したと伝えられた。

まもなく国府の偵察機は、台湾対岸、福建の飛行場にミグ17、19が配置されたのを確認した。七月末には台湾海峡でミグと国府空軍のＦ84が遭遇した。三十一日、フルシチョフは国防相マリノフスキーを伴い、秘かに北京を訪問し、四日間にわたる首脳会談を開いた。会議の目的について、いくつかの臆説が語られている間に、ミグが金門の偵察をはじめた。

そして中共党中央政治局拡大会議が八月十七日から北戴河《ほくたいが》で開始された。翌日、北京放送は河南省で一県すべての合作社が合同して人民公社を設立した、と報道し、二十日には河北省一県の合作社が人民公社として発足したと告げた。二十三日午後六時半、金門島を三方から囲む砲兵陣地が一斉に火をふいた。五四年九月三日からその前日まで四年間の全砲撃量を上回る砲弾が、一晩のうちにその島を襲った。

北戴河会議が三十日に終わり、人民公社の方針を示す決議が発表されると、舞台は北京へ移り、九月五日からの最高国務会議*につなげられた。休暇先のニューポートにいたアイゼンハワーと協議した上で四日に発表されたダレスの声明に北京は六日に答え、周

＊　最高国務会議は憲法第二十四条に規定がある。召集権は国家主席が持ち、参加者を指名できる。その意見は人代会、人代会常務委員会、国務院に提出されるが、会議自体になんの権力もない。しかし毛沢東は、国家の最高権力機関であるはずの人代会常務委員会（劉少奇、彭真が支配する）を無視し、五七年の鳴放運動からこの諮問会議を政策決定機関に変えてしまい、かれが国家主席を辞任したあとは中央工作会議を利用するようになる。

結局のところ、中国の政治体制においても、毛の一言一句が絶対の支配力を持たず、すべての機関が毛に集中する一枚岩となっていないがために、かれは既成事実を作るまで、票決を必要とする正式機関を避け、毛個人の権威を行使して、さまざまな機関を利用してきたのである。

恩来は、アメリカの軍事挑発と戦争の威嚇に応じると述べた。会議は全国人民に動員令を発した。その夜から大集会と示威行進が中国全土に拡がり、愛国的な熱狂が湧きたった。

台北ではどうだったのか。はたしてアメリカは大陸を爆撃してくれるのだろうか、それとも逆に金門撤退への圧力をかけてくるのではないだろうかと期待と不安が交錯し、やがては宿命論的な気分が支配する毎日となった。国府総統も同じ感情のなかにあったに相違あるまい。

最初の二〇三ミリの榴霰弾《りゅうさんだん》による攻撃で安全地帯と信じられていた将校クラブにいた三人の副司令官が爆死した。三週間で二十五万発がその島をひっかきまわし、道路をめったぎりに分断し、道路脇の琉球松を吹きとばした。農民は畑にでることができず、サツマイモの収穫もできない。兵士たちは穴の中にひそんだままとなった。小さな滑走路は輸送機の着陸時を狙われ、輸送船が近づいたときに、荷揚げ場の東海岸が攻撃目標となった。砲撃の穴で月の谷間のようになった砂浜には、アメリカ人の操縦するC46から投下した赤、白、青の落下傘が奇怪な色どりをそえていた。海上輸送は沖合いのＬＳＴから降された水陸両用の小さなＬＶＴが、砲撃のあいまをくぐり、僅かな物資を陸揚げしていた。

蔣はかれを訪ねる米大使、台湾防衛司令官、太平洋統合軍司令官、第七艦隊司令官らに督促を繰り返した。「金門守備軍――五万あまりの軍隊はいつか九万五千にふくれていた――はより大きな輸送船団で補給しなければ維持できない。共産軍の砲火でさえぎられているかぎりそれは不可能だ。ただひとつの解決方法は敵砲兵陣地と兵站線を爆撃することだ」

アメリカ側は蔣をなだめ、九月十五日からはじまるワルシャワ会談の結果を、もうしばらく待つように説得した。蔣は、それが成功か失敗か、はっきりするのを待とうと答えた。かれは、アメリカの世論を自分の側にひきよせるためには、無法な侵略に耐え忍ぶよい子とみせかける必要があることを理解していた。

戦闘はやがて五週目に入ったが、ワルシャワではなんの進展もなかった。金門守備軍の大砲は砲弾供給のめやすがつかないまま反撃できない状態となり、四万余の住民の日用品は不足するようになった。蔣介石はもはや忍耐できないと叫んだ。そしていよいよ烈しく爆撃を促すようになった。封鎖突破のためには自分の空軍だけで充分だと断言した。

これがかれの罠だった。国府空軍には山の横穴に据えつけられた七百門を超す大砲を破壊できる見込みはなかった。フランス空軍の場合もディエンビエンフーを囲んだベトミン砲兵陣地を破壊できなかった。アメリカ空軍に出動を求めねばならなくなるのはディエンビエンフーと同様だった。そしてアメリカのジェット爆撃機が爆撃するとなれば、核爆弾を使用することになるのもあきらかだった。共和党政府の財政緊縮政策は防衛計画に「ニュールック」を持ち込み、核兵器に頼る安価な計画をたてていたので、局地戦争にも核兵器を使用せざるをえないことになっていた。

海軍と空軍の高級軍人の間には、この小型戦争に戦術核兵器を使用し、その効果を見届けたい誘惑にかられた者もいたにちがいない。だが、軍事的観点から主張する核兵器の使用は、その戦いを予測できない事態に追い込むことになるかもしれず、大統領が最終的決断を下さねばならない問題だった。

国府空軍に任せ、中途半端な対抗策をとってみたところで、北京が金門と台湾を報復爆撃する可能性はあった。米空軍は海峡をパトロールしていたし、ナイキ・ハーキュリーズの発射台は突貫工事で造られ、テキサスからミサイル部隊が空輸されてきていた。F104や地対空ミサイルがもしも中国機を撃墜し、米中間の直接的な軍事接触となれば、新たな危険な局面となるのもあきらかだった。

アメリカ側は蔣に答え、金門補給にアメリカ軍を使用する意図を持っていることを北京へ警告しようと提案した。だが、北京側が砲撃による封鎖をやめなければ、結果は同じだった。

ではワシントンはなにを考えていたのだろうか。九月三日にアイゼンハワーが記者団の質問に答え、「四年前に存在した状態のほとんど正確な反復だ」と顔をしかめて語ったとき、かれの不快さのなかには再び武力に訴えようとする北京に対する怒りがあった。だが、この小さな島に相変わらず足をとられ、その場しのぎのごまかしを繰り返さねばならない語るに語れない苛立たしさもまたあったことはまちがいなかった。

金門が戦争を賭ける価値のない小さな岩山であることはアイゼンハワーも承知していた。だからこそ、その島をみかけよりはるかに大きくみせねばならない。そしてそれがまたかれを身動きできなくさせるのだった。こうしてその島はダレスの「大胆な政策」の飾り窓から、蔣のディエンビエンフーと変わり、「西太平洋のミュンヘン」へと発展した。前回の海峡危機よりもより強くミュンヘンのアナロジーが用いられることになった。

力の脅迫に屈服して平和を求めない、宥和《ゆうわ》政策が第二次大戦を導いたのだという教訓が強硬派の主張となった。チェンバレンがチェコスロバキア問題で「はるかな遠い国の争い」と語った言葉や、チェコに対してズデーテン地方をドイツへ割譲するよう提案し、これがチェコをもっとまとまりのよい国にすると主張した『ロンドン・タイムズ』の社説が埃のなかからとりだされた。そして一つの対決を避ければ、のちに新しい対決とぶつかることになり、最後には全面戦争の犠牲を払わねばならなくなるのだと説かれた。

ダレスはつぎのように言った。その島を共産軍の奪取に任せるなら、アメリカの同盟国を落胆させ、あらゆる非共産国に恐るべきショックを与え、敵には脅迫すればなんでも入手できるという誤った考えと過剰な自信を持たせることになるという主張だった。ダレスの言葉を借りれば、鉄砲をつきつけられて奪われるのを見過したなら、アジアは三階の窓から落とした熟れたメロンのように粉々に飛び散るというのである。金門のテストはつぎには香港で、そしてベルリンで行なわれ、トルコが、台湾自体が、ヨーロッパ全体がおびやかされることになるのだと警告するのだった。

だが、どのように扮装をこらしても、その小島の「地獄のふちの戦い」に筋を通し、世論を啓発し、その支持を獲得するのは難しいことだった。そのころ副大統領ニクソンは役所へ向かう車の中で拡げた『ニューヨーク・タイムズ』の一面を見て憤激した。それは過去一カ月、国務者へ舞い込んだ郵便の八十パーセントが政府の金門政策に批判的だという記事だった。かれが怒ったのは、これを漏《も》らした国務省の役人に対してであった。国務省の中堅幹部以下はダレスの沿岸諸島に対する政策と蔣に対する態度に批判的だった。

原則の尊重、自由世界の防衛、宥和政策への非難といったたてまえ論議はあったが、もはや蔣の戦争を支持する親蔣派の主張は力が衰えていた。野党からは、スチブンソン、ケネディ、ジョンソン、フルブライト、レイボーン、ハンフリー、アチソンがダレスの政策を非難した。親蔣的な社主をいただいた『ライフ』の社説が腹立たしげにこれら反対の声を二つに分類し、「恐怖」と「罪」に大別した。

すなわちフルシチョフに対しての「恐怖」がまずあり、力の使用に対する、瀬戸際戦争というかけごえに対する「恐怖」がある。また、アメリカが国際的に孤立するのは「罪」であって、単独で介入するのは誤りであり、金門は中国本土に近く、中国領であり、蔣は戦争気違いであり、かれにはわれわれの防衛的立場を突き崩そうとする「罪」があるのだと挙げていった。

では、『ライフ』社説執筆者自身の主張のポイントはなんだったのか。それは、平和のために金門で降伏せよと圧力をかけることは、実際に蔣介石体制の士気を低下させ、内部崩壊へと導くことによって中共征服に道をあけることになるのだという、五五年はじめの危機ですでにおなじみの理屈だった。「極東のミュンヘン」とか「アメリカの威信」といったスローガンによる上塗りをはがし、金門をその島だけの大きさに戻すと、その論拠はみすぼらしいものになり、つまるところ「とき放し」のみせかけではじめた対台湾政策の失敗を示すだけのことになった。

金門の危機が六週目に入り、いよいよ最終決断を迫られる時点が来ても、アメリカ内部の意見は一致するどころではなかった。政府首脳部が戦争の拡大を恐れていたことは疑いもなかったが、かれらの恐れはもう一つあった。それはアメリカの煮えきらぬ態度にいらいらし、怒りをかくそうともしない蔣が、独断で北京と平和交渉に入りはしないかという不安である。

だが、これもまたアメリカ人におどしをかける国民党おなじみの策略だった。それはかつて、かれらが太平洋戦争中には戦線から離脱して対日講和を結ぶぞとおどかし、また内戦中にはもっと大規模な援助を与えないならソ連から援助を求めるぞと圧力をかけたあのやり方だった。

九月三十日、ダレスは記者会見でミュンヘンのアナロジーをそっとひっこめた。北京が譲歩をすれば、アメリカ政府の政策も重要な転換がおこると言い、砲撃を停止するなら、金門撤退もおこりうるのだと仄めかした。十月六日、中国側は「人道的考慮」を前面に押したてて停戦宣言を発表した。

十月十三日、国防長官マケルロイは蔣と会談した。国防長官は三年前にロバートソン、ラドフォードが説いた主張を繰り返し、「軍隊の効果的な再配分」を要請し、沿岸諸島の軍隊削減を勧告した。蔣は憤慨した。「協力できるすべてのことはしたが、あなた方の意図はさっぱり分からない」

一週間のち、ダレスは台北へ行った。三日間の会談のあと、かれは専用機に乗りこむ際に「私は非常に満足だ」と語った。かれを見送った外交部長黄少谷《こうしょうこく》は疲れきった表情で記者たちに答えた。「君たちは私がぶつかった困難を知らない。将来君たちが外交史を読むときに分かるだろう」

だが、ダレスと蔣の交渉のあと、実際には変化はなにもおきなかった。鉄砲をつきつけられては撤退はできないということを、ダレスとアイゼンハワーは最後の保証としていた。だが、砲撃がとだえたとき、アメリカはその島からの撤退を蔣に迫ることはできなかった。ダレスが蔣に、反攻の事実上の放棄と金門からの兵力削減を約束させたが、実行を促すことはしなかった。不安に明け暮れした二カ月の記憶が薄らぐと、やがて台北政府は「台湾海峡第一次の勝利の戦い」と宣伝するようになり、いつかそれが信じられるようになった。

2　奪取に失敗したのか

ではたして、北京政府は金門を占領しようと考えていたのだろうか。時日がすぎるにつれ、多くの見方は中国はその時にその島を奪うつもりだったのが、アメリカの決意にたじろいでひき下ったのだと解釈するようになっている。

たとえば英国の『チャイナ・クォータリー』の主筆だったロデリック・マクファーカー氏はその危機から七年のちにつぎのように簡潔に述べる。「アメリカが国府の金門防衛を助けることがあきらかになったとき、中国人は面子《メンツ》を失うことを選んだ」

力点をソ連においた見方もある。六二年、ランド研究所にいたアリス・シェ女史が発表した論文が代表例であろう（高田市太郎訳『原爆と毛沢東の兵法』毎日新聞社、六五年）。それによれば——

㈠　北京は大きな危険さえなければ金門をとるつもりだった。

(二) ソ連は中国のために核戦争を行なうつもりはなかった。

(三) 北京の軍事作戦は、国府を金門から撤退させるほどに強く、アメリカをして核戦争を決意させない程度に弱くなければならなかった。

結局、北京は、モスクワの公然たる後押しなしには、金門をとることさえできないことを証明したのだとシェ女史は結論した。

同じ年にエドガー・スノー氏も似たような推論をくだしている（松岡洋子訳『今日の中国』筑摩書房、六三年）。六〇年、かれは周恩来と会見しているが、思うにかれはその真相を聞きだせなかったのであろう。それは——

(一) 海峡危機において、アメリカ軍にどのように対処するかで中ソの見解が異なっていた。

(二) フルシチョフは中国が金門奪取のために攻撃しても原水爆による支援はしないと言明した。

(三) このあと北京は真剣に核兵器製造の決意をした。

さて、これらの見解に従えば、北京は金門砲撃戦を開始するにあたって、漠然とした願望に基礎を置いていたことになる。もちろん、大砲を射ってみなければ、ワシントンの抵抗はどの辺で硬化するのか、またモスクワの信頼性を測ることもできないのだという反駁があるかもしれない。なるほど、それも一理はあろう。

たとえば、蔣介石と幕僚たちは沿岸諸島が全面戦争の発火点とならないのなら、アメリカを戦争へひきずり込むためには、自力で大陸へとりつくことが先決ではないかという秘密討議を、決断のつかないまま繰り返してきた。国府には、この冒険が蜜蜂の自殺攻撃となる不安がつきまとっていて踏みきれないのだが、一方北京の場合なら、アメリカとソ連の反応を実地に試してみることは容易である。だから、北京の指導部にとっては、フルシチョフの信頼性を測り、中ソ共同戦略計画に明確な回答を得ることがとくに必要だったという解釈がでてくることも考えられるだろう。

そして多くの観察者は、北京が砲撃と封鎖だけで金門守備軍を絞め殺そうとしたのだとみた。それは、そのとき金門へ飛んだジョセフ・オルソップ氏の意見でもあるが、シェ女史も同意見だったし、ワシントンの関係者も砲撃がはじまって二週間たったときには同じ推断をくだしていた。

なるほど、たしかに海峡ごしの砲撃だけで降伏した軍隊の例もあるだろう。が、逆の例を挙げることの方がはるかに易しいことである。

しかし、かりに、ここでこんな事態を想定してみよう。もし、アメリカが沿岸諸島に米式装備の正規軍、すなわち台湾人常備兵の駐屯《ちゆうとん》を禁じていたとしよう。ならば国府は「反共ゲリラ隊」――自前で装備した大陸系人の特殊部隊、もっともＣＩＡの援助があるようだ――を置いていたであろう。

もしそうであれば、絶え間のない大陸からの宣伝工作は、いつか沿岸諸島を一九三六年の西安のようにしてしまい、金門守備軍は張学良の旧東北軍と同じような心理状態となったであろう。そして突然の大砲撃は将校たちの士気沮喪《そそう》を招き、台湾に血縁者を持たない下士官、兵士たちの「起義」の機会を提供したとしても不思議ではなかったかもしれない。

だが、現実には「とき放し」以来、守備軍の大部分は台湾人だったのである。そのとき、北京ははたしてそのような主観的な判断をくだしていたのだろうか。なるほど、激しい砲撃のなかで、政治部下士官が将校の命令をきかないようになり、兵士たちの間に不満がひろがり、司令官胡璉《ホウレエン》の更迭となったことはたしかに事実だった。だが、台湾人兵士たちの寝返りがおきるはずはなく、金門降伏はありえなかった。台湾人に対する宣伝工作の歯ぎれの悪さは、だれよりも北京政府が一番よく知っていたと思われるのである。

シェ女史にはじまりオルソップ氏に至る推定は、北京が金門奪取の意図を持っていたという前提の上にたてられている。だが、北京側がもしそのとき真剣に金門の占領を考えていたとしたら、砲撃だけで国府軍を降伏させようなどと甘いことは一切考えずに、かれらは核のおどしをかけるアメリカの鼻をあかし、ソ連のリップ・サービスなどは鼻であしらうやりかたで、その島をたやすくとろうと考えたにちがいない。

そのためには金門へ向けて僅か八キロの海底トンネルを掘ればよかったのだし、それは充分に間にあった。アルプスをくぐるモンブラン・トンネルはこれよりも長いのであり、木曾山系を抜けて長野県と岐阜県を結ぶトンネルはこれと同じ長さだ。海底トンネルの場合なら、たとえば試掘をはじめたばかりだった青函トンネルは、海底部分だけで二十三キロもあり、しかも百四十メートルの水深下なのである。

このトンネルは最新鋭のトンネル掘進機《くつしんき》を使えば半年から一年で完成するであろう。工費は護衛艦一隻分か旧型ジェット機数機分でこと足りる。こうして水道をくぐり抜け、金門をモグラの巣にすれば恐怖にかられた守備軍はたちまち降伏するであろう。すでに見た通り金門占領のマイナスは大きい。だが、守備軍撤収に時間を与えないで全員を捕虜にすることができれば充分に埋合せはつくのである。台湾人青年に思想教育をほどこして送り帰せば、これは台北と高雄に原爆を投下した以上の効果となるであろう。

ではたして北京は金門奪取の決意を持っていたのか。「打《だ》」と「談《だん》」、すなわち武力の使用を交渉のテーブルにつなげるのに巧みな中共党指導部のことである。もし金門奪取を目標に砲撃したのなら、かれらは「打」をやめてアメリカ側の主張する「談」の原則を穏やかに受け入れた上、「談」でアメリカの面子をそこねないようにして、黙契《もくけい》の形で取引を図ればいい。そうすれば一度にといわないまでも段階的にその島を「解放」できたはずである。それには「打」を「談」に変えようとワルシャワでアメリカ代表に秘かに申し入れればそれでよかったのだし、そこで金門守備軍の漸次削減の回答を獲得しておき、その上で金門放棄を望むアメリカの本心につけいる手だてを講じればよかったのである。しかし、現実には北京は、そんな具合にことを運ぶ気配をみじんもみせなかった。

北京はなにを考えていたのだろうか。ところで、その砲撃戦から四年たったあと、北京中央はつぎのような非公開の指示をだし、米中関係は手詰り状態にしておき、解決が期待されるならすべての問題を同時に解決すべきであると説いた。

「中米関係は凍結状態であり、対峙《たいじ》状態はここ数年ややよくなっている。これを解決するにはアメリカが台湾から撤兵し、正式に新中国を承認すればよいのである。そうすれば記者交換など数多くの問題も解決する。……

われわれはここしばらく台湾をとり返さないでアメリカをして長期にわたって批判を受けさせる地位に立たせておいてもいいが、しかし決してその武力占領を承認することはできない。『一つ半の中国』も事実上は『二つの中国』の陰謀の具体化であって、このような毒酒は、かりにいくらうまいとしても、毒は一層激しいのだから、われわれとしては断じて飲むことはできない」

これは六一年の主張だから、*北京は五八年に金門占領に失敗したとみる人々は、のちに政策を変えたと主張するであろう。とくにケネディ政権がとるであろう「一つの中国、一つの台湾」政策を警戒して選択された政策だと語るにちがいない。だが、これを、五四年以来の一貫したコースだとみる人もいよう。北京の主張を代弁する評論家A・ストロング女史がその一人だ。賛否はともかく、だれもが必ず引用する意見である。「台湾をとらずに現在の時点で金門だけをとることは、台湾を孤立させ、ダレスの二つの中国をつくる政策を助けることになる。これは台湾にいる中国人から本土に帰る希望を奪いとることになる。またそれは台湾をワシントンの意のままに任すことになる。か

＊『工作通訊』第十七号に載った「学習資料」、ケネディ登場以後の『当面の国際情勢に関する主要問題』の一節である。『工作通訊』が秘密保持の非常に厳しい刊行物であるにもかかわらず、とくにこの論文は連隊以上の幹部の学習参考であると規定し、公開、引用、転載を禁じている。文章の運びやその言い回しからみれば、毛沢東の講話であるように思われる。

その論文はアフリカの情勢に最大の関心を示していて、これを「世界問題の中心」であると言い、東アジアに慎重な行動を説き、アフリカ工作に第一の優先順位を置いている。論文はつぎのように言う。

「現在アフリカには六十年前の中国の義和団の時期と似たものもあり、辛亥革命の時期や五四の時期に似たものもあるが、まだ北伐や抗日戦時代の中国の状況に入っているものはなく、中国を建設した四九年にはまだほど遠い。……

われわれはかれらに中国革命の経験を話し聞かせねばならない。太平天国、義和団、孫中山、及びわれわれ共産党の革命経験をかれらの参考に供してやらねばならない。重要なことはかれら自身による経験に頼ることであり、外国の援助はその次である。かすかな水も長く流れる。急速な効果は要求しないでよい」

くて北京は金門を強化してこれを台湾に堅く付属させる。後日、そのどちらも一括取引でとることを望みながら」

たしかにその砲撃戦のあと、国府はその島を「強化」した。道路を完全舗装し、花崗《かこう》岩《がん》の山の下にトラックの通るトンネル網を造り、ひとつひとつのトンネルに発電設備を備えつけた。そしてなによりも一層多くの外国人の無料招待に努力を払い、東のベルリンと宣伝するために、金門の農業改良に米援資金を投じ、台湾で行なわれていなかった九年制の義務教育を実施した。

こうして年間一万を超す招待客を運び込む公園と変わったその島について、皮肉屋のアメリカ人はつぎのように語るようになった。「アフリカへ狩猟へ行くこと、アイルランドのブラニー城の石に接吻すること、バリ島の美人に色目をつかうこと、マッターホーンによじのぼること、それらすべてと同じ人気のある場所に金門はなった」

ストロング女史はこの年の十月末に正確に今日を予測したわけだが、それは彼女の早すぎた人民公社讃美論と同様、見込みちがいとなることもありえた。ワシントンはこの機会に乗じ、蔣に金門兵力の削減を実施させ、その島から容易に撤退できる態勢に持ち込むこともできたからである。それ故、この解説で北京の砲撃の理由を説明しつくしているかといえばそれは疑問であろう。

厦門《アモイ》沖の小さな島が北京にとっていかに価値があるかは、ストロング女史が語っていないところをみなければなるまい。たとえばつぎのようなエピソードはひどく示唆的であるように思われる。それは六一年夏のことだが、ウィーンでフルシチョフははじめて会ったケネディに向かって「われわれがあなたを大統領にしたんだ」ときりだした。「ニクソンはわれわれにU2の操縦士パワースを釈放してくれと要請した。もし私がそうしていれば、かれはそれで五十万票を稼いだろう。かれはソ連とよい関係を造ることができたという理由でね。しかし、かれの計画を察知して、われわれは回答を与えなかった。そしてあなたがホワイトハウスに入ったときにあなたに回答を与えたんだ」

失意の老人はこの挿話を楽しんでいたが、この時期の毛沢東だったらもっと確実にケネディではなく、ニクソンを大統領にすることができたにちがいない。ケネディとニクソンがテレビ討論で沿岸諸島の問題をとりあげたのを知ったとき、かれは日に二、三万発、二週間ほど金門にぶち込めと命令すればそれでよかったのだ。

二人の得票差は僅か十一万二千票にすぎず、ケネディは「運命の別れ目をきめたのは、なによりもテレビだった」と認め、かれの得票中二百万票は、テレビ討議が選挙民の心に与えた影響によって得られたのだと述懐した。もし十月七日、ケネディが金門、馬祖からの撤兵を示唆したあと、北京が沿岸諸島を砲撃したら事態はどのように変わっていたか。

ケネディが選挙民に与えていた新しさ、率直さ、進取的なイメージは、金門砲撃の魔法の杖の一振りで一挙にくつがえり、かれの主張の当否がかえりみられることはないままに、未経験、青二才、思いつき屋というレッテルに変わってしまったにちがいない。それにひきかえ、ニクソンの方は自信と円熟、信頼感のイメージを売り込むことに成功したであろう。はたして残る一カ月でケネディはその頽勢《たいせい》を捲き返すことができたであろうか。

あるいは北京の幹部たちは、雑談に興じてこんなことを語り合っていたかもしれない。かれらは金門が重宝な押しボタンであることを知っており、指をのばしさえすれば、アメリカをおびやかし、世界を不安におとしいれることができることを充分承知していた。五九年三月、鄭州《ていしゅう》に近い京広線の快適な専用車のなかで、毛沢東はコスタリカの共産党幹部を引見したが、そのとき毛はつぎのように自慢したといわれている。

「私はダレス長官から多くの教訓を得た。ダレスはわれわれに瀬戸際政策などを教えてくれた先生だ。われわれはおかげで瀬戸際政策を覚え、金門島で応用している」

またコスタリカの党中央委員会総会の決議はつぎのように言った。

「国際政策の諸問題に関する話し合いのなかで、中国指導者はわが同志たちに、冷戦はよいものであり、緊張情勢は革命闘争の発展に役立つ情勢であると述べた」

毛は五カ月前の金門戦争を語っていたのである。もちろん、これもまたその島の占領失敗につじつまをあわせた言葉だと片付ける人がいるかもしれない。だが、すくなくとも金門が貴重な押しボタンである、という事実は確かであろう。解釈の多様さはともかくとして毛は押しボタンを押した。毛がなぜ押しボタンを押したのか、その理由はどこにあったのかを、もう少し従来の解釈とはちがう場所で探ってみねばなるまいと思う。

3　自主核武装か共同防衛体制か

金門戦争の動機を探るためには、その前にこの戦いが毛沢東をして自主核戦力の創設へ踏みきらせたのだと解釈する多くの人々の見解をまず検討しておかねばならない。

たとえばこの問題に関してエドガー・スノー氏は次のように言う。「五八年の台湾危機のさい、アメリカ軍との衝突をもたらすかもしれぬ中国軍の台湾進攻に対し、フルシチョフ首相は核兵器の支持を約束しなかった。中国が真剣に核兵器製造の開始を考慮しだしたのはそれ以降だと思われる」（前掲書）

はたして北京指導部は、金門砲撃戦に際してモスクワが核兵器使用のおどしをかけてくれることを心待ちしていたのだろうか。フルシチョフもまた中国側のこのような要望をひしひしと感じていたのだろうか。そして中国が金門・馬祖奪取のために攻撃したならば、原水爆による支援はしないというフルシチョフの示唆に、毛沢東は「驚き、失望したのか」。そんなことはあるまい。

七月三十一日から四日間にわたる中ソ首脳会談で、中国側はソ連の考えを見誤ることなく確認していたはずである。フルシチョフの突然の北京訪問は、第一に中東問題の処理についての両国の意見の調整を求めるためであった。つぎに、緊張の高まりをみせていた台湾海峡の状況について、北京側の真意を打診し、その自重を要望したこともまちがいない。共同コミュニケに台湾問題を載せていないことが双方の意見の不一致を暗示していた。

その意見の不一致については現在さらにはっきりしている。ソ連はのちに中国が金門でアメリカを故意に挑発したと非難し、ソ連と事前協議をしなかったのは中ソ条約の違反であると主張している。

これはフルシチョフが北京を訪問したとき、毛は三週間後にはじまる金門砲撃についてなにも言わなかったことを示しているのか。中国は、五四年に台湾解放宣言をだして以来、ソ連が台湾問題に対して曖昧な態度をとり、しごく控え目な支持しか与えてこなかったことを知っていた。そこで毛はこのような相手と事前協議をする必要など全くないと思っていたにちがいない。そして自国の国内問題の解決を、台湾の蔣はアメリカにつながれて自由にならず*、自分は自分でロシアにつながれて好き勝手にできないといった、ふざけた事態をかれが我慢できるはずはなかった。それ故に毛が金門戦でソ連の核脅迫の後押しをあてにするなどといったことは、その砲撃から蔣の降伏をひきだす可能性以上にありえないことだったのである。

さらに毛・フルシチョフ会談の前に、中国の新しい軍事政策がすでに決まっていたということを考えるなら、その戦いが中ソの軍事同盟の信頼性とその限界性を測るテスト・ケースになったという見方も正しいとは思えない。

その年の五月末から七月中旬にかけて党中央軍事委員会拡大会議が開催された。一千人にのぼる党・軍幹部の八週間にわたる会議は、その内容が不明であるにもかかわらず、だれもが注目している。

この会議についてあきらかにされていることは、毛が『合成軍隊（編合部隊）戦闘条例概則』『歩兵戦闘条令』『飛行教令』を新たに編纂《へんさん》するように命じたことである。それまで軍の訓練教程と作戦指揮はすべてソ連教科書の翻訳であり、「ソ連軍の先進経験に学ぶ」という基本方針だった。それを自主的なものにしようとした決意については、のちにつぎのような説明がある。

「全国解放後の一時期、教条主義思想の影響で、外国を盲信し、機械的に外国の経験をとりいれた。しかし毛主席は奴隷思想の打破を持ち出し、自主性の重視と迷信の排除を

＊　五四年十二月に調印された米華相互防衛条約は、その第六条で条約の適用地域を台湾と澎湖諸島に限定し、付属の交換公文はつぎのように述べている。「力の行使はあきらかに自己防衛という固有の権利の行使として緊急の性格を持つ行動であることを条件として、共同の合意の問題とすることが合意された」

提唱、さらにわれわれ自身の条令の編集を指示するに及んで、ようやくわが軍の第一次条令と教令ができあがったのである」（六一年七月一日の軍事委員会の指示、『工作通訊』第二十九期）

だが、その会議ではさらにべつの重大な問題が討議されたにちがいない。それはソ連側が提出した共同防衛条約案を拒否し、独自の核戦力を持とうとする決定である。この過程を探るためには、金門砲撃戦から検討するのではなく、五七年十月の国防新技術協定に戻らねばなるまい。

この協定の存在は六年のち、ソ連が核停条約に調印したことに憤激した北京が暴露するまで完全に秘密が保たれ、西側は全く気づかなかった。そして二十カ月の短命な協定の存在があきらかにされてもなお、その締結から破棄までの理由はうまく解釈のできない始末のわるいものとなっている。

なぜフルシチョフはそのときに「原爆サンプルと原爆生産の技術資料を提供する」約束をしたのだろうか。それは社会主義国の間には、「偉大な、全面的、長期、かつ無私の援助」があるからだ、と説くような人は現在いまい。五五年に中ソ原子力平和利用協定が結ばれ、ソ連は中国の原子力開発を援助していはしたが、さらにすすんで核兵器製造に援助を与え、核兵器保有国の拡大に手を貸したのは異常なことであった。

長い特殊な関係を自他ともに認める米英両国の間でさえ、トルーマンはアトリーの要求をはねつけ、英国に原子爆弾の製造方法を教えず、英国は独力で自家製の核爆弾を開発しなければならなかった。二度の大戦にその防衛をアメリカに依存したフランスにしても、安価な核製造方法を教えてくれとアメリカに要請したことはなく、その好意を求めたこともなかった。

ところが五七年になると情勢は変わった。八月のICBMと十月のスプートニクの成功は、ソ連の立場を本質的に強化はしなかったものの、各国に微妙な反応をひきおこした。このショックでアイゼンハワーは英首相マクミランに核兵器開発の援助を与えようと原子力の情報交換を禁止したマクマホン法の改正を約束した。同じショックで、中国が「最終」兵器を入手したソ連に向かい、すでに陳腐となった原爆情報の提供を求めたという可能性は充分に考えられよう。

つぎにアメリカが英国に与えた特恵措置《とくけい》は、フランスを駆りたて、核戦力創設の決定へと踏みきらせた。ドゴールの登場はそれから七週間のあとだが、首相となったかれはアイゼンハワーへ書簡を送った。かれは全世界の安全にかかわる問題に対等の発言権を望んで大国の地位を要求し、核兵器の使用で共同決定権を求め、これらを認めないならNATOを脱退すると仄めかした。かれは核戦力保有の宣言をしたのであり、原水爆の所有を政治的な梃子《てこ》として大国の地位へのしあがろうとしたのである。

毛沢東もまたドゴールと同じ計画を持っていた、と考えるのが素直な見方であろう。かれもフルシチョフに同じような要求をだす意図があったにちがいない。

だが、これらの要求があったとしても、それはあくまで中国側の要求であり、ソ連が中国に核製造方法を教える理由ではない。第一にソ連の世界戦略は新しい戦略環境のなかで形成されていたが、実際には中国と核枢軸《すうじく》を結成することで追加的な利益を持たなかった。フルシチョフは五六年の第二十回党大会で、レーニンの命題を修正し、以前に罵倒したマレンコフの考えを自分のものにして、社会主義国もまた核戦争を行なうことはできないという見解を正式に打ちだした。世界はかれのスターリン攻撃に気をとられ、この発言に注意を払わなかったが、ソ連の基本政策の重大な転回点であった。

　かれの戦略構想がはっきりと固まったのは、五七年半ばに大陸間弾道弾を得てからであろう。かれは世界最初の人工衛星によってこれを劇的に全世界に実証したが、これはかれのとっておきの政治資本となった。かれはこの資本を充分に利用し、おどかしと微笑の巧妙な使い分けで大きな獲物を捉えようとした。目標はヨーロッパにおいて自国に都合のよい安定を得ることだった。すなわちベルリンとドイツ問題の解決、ラパツキー・プランと全面軍縮の長期構想である。

　このような計画のなかでは中国に核兵器を与える約束はどう考えてみても収まりがわるい。なぜフルシチョフは毛に世界政策の自主決定権を与えようとしたのか。考えられる解釈は一つしかない。* フルシチョフの方から問題に照明をあててみよう。

フルシチョフはその年の十一月に世界共産党会議を召集しようとしていた。スターリン批判がひきおこした東欧の混乱を収拾し、共産圏の再編成を図るために、その大会を成功させることがまた、かれの地位を守ることでもあった。そこでかれの心配は中国がどのような態度にでるかということだった。

かれは五六年十月のポーランド政変とハンガリーの反乱に際し、はじめはチトーの支援を求めて失敗し、つぎに中国の支持を得ることでかれを追い落そうとする保守派の陰謀を未然に防いだ。そのあと政敵たちは、ポーランド、ハンガリー問題の責任を問い、経済部門における中央集権的統制の緩和策に反対し、五七年二月総会と六月総会でかれの追放を試みた。かれはこれらの危機を危うく乗り越えはしたが、党第一書記の地位は決して安泰ではなかった。毛沢東がソ連へ来て、前の態度を変え、「反党グループ」を支持するのではないかとかれは恐れた。

かれの心配はそれだけではなかった。ゴムルカに代表される東欧の新指導者は、前年

＊　ハロルド・ヒントン教授は、たとえば六六年三月二十一日の米上院外交委聴聞会でつぎのように述べているのだが、事実であろうか。

「当初、中共はこの目的――自力による核兵器の保有――のためにはソ連の核実験禁止協定実現への努力を黙認する、という条件をだし、それと引き換えに、かなりの程度のソ連の技術援助と設備提供をひきだすのに成功したが、……

……そののちソ連が核兵器開発に関連する中共への援助を停止するにいたって、中共も核実験禁止協定への支持をとりやめたのである」

に中国が自分たちを救ってくれたのだと信じ、毛がかれらの味方と思い込んでいた。そしてスターリン的な統制の復活を恐れ、中国の支援を求めていた。一方、フルシチョフとしてはライバルから自分の側面を守るために、東欧諸国が勝手な行動にでるのをくいとめ、モスクワの統制力を復活しなければならなかった。

ところで毛沢東は、再びフルシチョフを助けた。かれはワルシャワやベオグラードの希望を冷淡にあしらい、モスクワ入りの前に東欧諸国を訪問せず、フルシチョフの反対派、モロトフ、カガノヴィッチ、マレンコフを助けようともしなかった。かれはその会議で最初に演説し、国際共産主義運動とその陣営が一人の指導者を持たねばならないと説き、ソ連の指導的役割を承認した。

かれは中国がソ連と対等な位置にあがるもっとも摩擦の少ない方法を選んだのかもしれない。しかし、かれがスターリン主義の擁護者とならず、東欧諸国のパトロンとならなかったのは、すでにフルシチョフと取引を済ませていたからではなかったろうか。大会開催のきっかり一月前に秘密裡に与えられたのが例の国防新技術協定であった。

独断でことを運び、いささか軽はずみなフルシチョフだったのかもしれない。だが、かれが毛に与えてしまったのは「ソ連邦英雄」の勲章などというものではなかった。かれは与えた代償の大きさに後悔し、まもなく新しい提案を中国側へ持ち込んだように思われる。あるいはかれのはじめからの筋書だったのかもしれない。

すべては闇に包まれているのだが、五八年から五九年にかけての中ソ幹部の断片的な演説、のちに中国側があきらかにしたいくつかの論文と言明を寄せ集め、*はめ絵パズルを試みるなら、恐らくつぎのような輪郭が浮かび上らざるをえまい。

フルシチョフは核爆弾の製造方法を教えると約束しながら、五八年四月に、ヨーロッパのラパツキー・プランをアジアへ適用し、新しい、だが実際には前から用意されていた計画を北京へ提案したのではないか。すなわちアジアと西太平洋地域に非核武装地帯の創設を呼びかける案である。この計画はそれだけではたいした力を持たないから、ア

---

* はめ絵の主な断片は共同防衛条約案と非核武装地帯案である。まず第一に「ソ連共産党指導部とわれわれの食い違いの由来と発展」（六三年九月六日）のなかに有名な一節がある。「五八年、ソ連共産党指導部は軍事面から中国を押えようとする道理のない要求をだしたが、中国政府の正当な断固たる拒否にあった」

「道理のない要求」の内容については、十中全会で毛沢東が語ったといわれる「中ソ共同艦隊案」から、中国全土にソ連管理下のレーダー基地の設置を要求したという報道がある。のちに六七年八月十七日付けの『解放軍報』、同月二十八日の新華社電、その他の報道から推定するなら、中国内にソ連管理下のミサイル基地設置までを含めたワルシャワ条約型の共同防衛条約案であったにちがいない。

またこの「要求」の時期については、六四年に趙安博が東京で語ったと伝えられる五八年四月が正しいようである。

東アジアにおける非核武装地帯案については、五八年はじめから四月まで中国要人の活発な賛成意見がある。

メリカ側に相手にされないことをソビエトは承知していたであろう。そこでこんなことも考えられよう。つまりもし、アメリカがこれを拒否するなら、中ソ両国は中国領内に核ミサイル基地を置かざるをえないといった重大な条項が、後半に掲げてあったかもしれないということである。

ソ連にとって魅力あふれるこの平和攻勢は、日本から韓国、東南アジア諸国、インドの首都に深刻な衝撃を与え、スプートニクにつづく二度目の打撃をアメリカに与えることになったにちがいない。だが、ソ連構想の本当の狙いを推測するのは容易であろう。アメリカがアジアのラパッキー・プランを拒否せざるをえないのは分かっていた。アメリカを追い込みもするが、実はその主目標は中ソ共同防衛機構を造ることであり、中国の決意と行動に足枷《あしかせ》をかけることにあったろう。さらには中国に与えたはじめの約束を反古にしようということもあったのではないか。

多分、ソ連側は中国首脳部につぎのような熱弁をふるったことであろう。中国が必死の努力で核爆弾を製造したところで、第二撃の能力を持たない核武装は本質的に役にたたない。息つくまのない核競争に加われば、中国の個人消費と工業建設に必要な資源は核兵器庫に消えてしまい、それでいて戦争抑止力となりはしない。だからソ連の核の傘に入ることが中国の安全保障を図るもっとも賢明な道である、と。

ソ連提案の検討をめぐり、中国最高指導部内で意見の分裂がおきたようだ。たとえばつぎのような報道がその対立をあきらかにしている。「毛主席の原水爆製造の決定は五八年になされ、林彪《りんぴょう》国防部長、周恩来総理に支持された。劉少奇は国防を核爆弾製造ではなく、ソ連の核貯蔵に依存させるべきだとの立場をとった」（新華社通信が伝えた国防部、国防科学技術委の報告、六七年十月五日ＡＦＰ）当時国防部長だった彭徳懐《ほうとくかい》もソ連案を支持したようだ。のちにかれは中国軍の装備改善と最新の科学技術の発展を完全にフルシチョフ修正主義集団に依存し、軍をこの集団の付属物にしようと図り、祖国の安全を全く無視したと非難されている（『解放軍報』六七年八月十七日付け）。

一大陸を支配し、世界の人口の四分の一を占める潜在的な超大国として、われわれは自分の核兵器を持つべきだ、とする願望は、最高指導部に共通するものだったにちがいない。そこで争点を構成したのは、ソ連の支援を求めながら自己の核計画を系統的に発展させるべきだと説く穏健派の主張と、空文化されようとしている協定に依存せず、また共同防衛条約のトロイの馬も受けいれることなく、一日も早く核兵器開発を決意すべきだと説く急進派の意見であったと思われる。

フランスが原爆製造を決定したのは五八年四月十一日である。恐らくこれも刺激となって五月から六月の間に毛は共同防衛条約案の拒否を決め、自主核戦力創設を決定*したのであろう。そして五月末から二カ月つづく軍委拡大会議は、かれの要求を実行に移すための具体的な計画立案の会議だったのではあるまいか。

カリフォルニア工科大学や英仏の大学にいたロケット学者や原子力学者をはじめ、ソ連留学の科学者・技術者などを総動員することになるが、とすれば、はたして核爆弾はいつまでにできるのだろうか。運搬手段はなにを選ぶのか。核計画に割当てる開発資金と資源を重要視し核兵器製造を優先するとき、そのしわよせを必然的にうける他の兵器と装備はどうするのか。そしてさらにこの計画は、関連する一層重大な問題である対ソ、対米政治戦略と全般的な戦略防衛計画を再検討させることになるだろう。そしてより根本的な問題、軍の構造そのものの討議にまで立ちいたらせることになったと思われるのである。

4　なぜ金門を砲撃したのか

フルシチョフに対する不信感、世界戦略に対する視野の相違、防衛の自主権を持とうとする志向、これらのもっともな理由を根拠として、毛は自力による核開発を決意したのであろう。しかし、理由はただそれだけではなかった。かれは壮大な構想をいだいていた。かれの核保有の決意はかれの計画表のなかでは、いわば小項目にすぎなかったのである。

かれが自分の予定表を真剣に検討しはじめたのは五七年後半であろう。そこでことの順序からいうならばこの年六月の百花斉放《ひゃっかせいほう》運動の失敗と十一月のモスクワ会議がかれの考えにどのような影響を与えたかに注目し検討しなければならないが、論の都合上、これらはあとでみることにしたい。

かれの計画表には二つの大きな項目があったと思われる。その一つは農業集団化の計画である。五五年七月に行なった演説で、かれは農業の社会主義改造を三段階に分け、第一段階を互助組、第二段階を半社会主義的な農業協同組合、第三段階として、これを連合し、「大型の、完全に社会主義的性格をもった農業協同組織」にすべきだと述べた。かれは第一段階から第二段階への移行を直ちに行なうべきだと説き、集団化計画を第二次、第三次五カ年計画にあわせるべきだと主張した党指導部多数派を、「ヨチヨチ歩きの纏足女《てんそく》」と叱責し、「社会改革が主体的なものであり、技術的改革は補助的なものだ」と説いた。

そしてかれは第二段階の過程を五八年春までに農村人口の半分、残りを六〇年までに完了し、六〇年以後は「一歩一歩と回を分け、時期を分け、半社会主義から完全な社会

＊ 六七年六月十七日、中国は六回目の核実験を新疆省ロプノールで行なった。米上下両院合同原子力委員会は、この装置が数メガトンの爆発力を持ち、水爆開発途上の実験と報告している。この実験に関する中国政府のコミュニケは「毛主席は、いち早く五八年六月に〈私のみるところでは原爆、水爆を造るぐらいは十年もあれば全く可能である〉と述べた」と伝えている。

また六七年十月七日の新華社電は「毛主席の原爆製造決定の僅か一年後、ソ連修正主義一味は中ソ新技術協定を破棄した」と言っている。協定破棄が五九年六月二十日であることから、五八年六月が自主核戦力創設決定の正式時期とみてよいように思われる。

主義に向かう」という目標予定を語った。ところがかれは実際には予定よりはるかに早い速度で集団化をすすめた。五五年中には全国農家の七十パーセントを合作化し、五六年には九十パーセントを高級合作社へ組み入れてしまった。

かれは集団化を一挙に完成したことですべては加速度的な成功を収めたと信じたのかもしれない。だが、地方党書記が功をいそぎ、行政的施策の成功ぶりを競っただけの集団化は強制の産物にすぎなかった。食糧生産は五六年、五七年と停滞し、党幹部が恐れた通りの事態となった。*

かれは前進を解決策と考えていたようだ。農民をより徹底的に集団化することが、かれらに集団的な利害関係を持たせ、ひいては集団農場の強化につながると思ったのであろう。かれはまたマルクスの経済仮説を信奉していて、工業と同様に農業においても大規模経営の優越性と必然性を疑わなかったのである。そしてかれは五七年秋の収穫後に農民を大量動員して建設したダムと灌漑設備のみかけの上の成果に満足し、「小社」を「大社」にすべきだという信念をいっそう強めていたのであろう。

かれの予定表には、その第二項目に軍の問題があった。いまふりかえってみるなら、五五年七月末の農業集団化命令の背後にあったかれの基本的な考えと、九月末の十人の高級軍人に元帥の称号を授与したことに象徴される軍の正規化、近代化計画との間には大きな断絶があった。

軍は安全保障を大義名分として、イデオロギーの束縛をゆるめ、近代科学技術に土台をおこうとした。軍幹部のこのような考えは地方党書記に波及した。そしてこの軍近代化の方向は農業、工業の経済活動作業に大きな影響を与えた。合理的な経済指導、現実的な経済目標が求められるようになり、そのことは工業管理者や技術者の発言権の増大という結果になっていったように思われるのである。

毛が農業集団化を農業機械の導入や電化などの技術革新のテンポにあわせようとせず、自分の政治哲学に依存しようとしたことを思えば、軍から浸透しはじめたこの機能重視、経済重視の考えをかれが座視できないのは当然だった。

そしてかれは自分がはじめた百花斉放運動の失敗の原因もそのような考えがわざわいした結果だとみていたのであろう。五八年からはじめた徹底的な農業集団化運動の失敗

＊　高級合作社は決して成功を収めていなかった。工業発展と資本蓄積のためには農民の犠牲において計画をすすめる以外に方法はなかった。その上、急がせただけの農業集団化は農民の反感と消極的な抵抗を招き、農村の混乱と抑圧だけを増した。六八年二月四日付けの『人民日報』は、「(人民公社は勿論のこと）高級合作社のときでさえ、社会主義の優越性を発揮できなかった」と鄧小平が述べたと非難しているのだが、たしかにそれが事実であり、大部分の幹部も鄧と同じ意見だったのである。五七年七月に北京大学の校長馬寅初が「新人口論」を発表して警告を発した通り、この年の食糧生産高は政府の発表数字でも前年比一・三パーセントの伸びにすぎず、人口増加は食糧増加を上回るようになっていた。

を、のちに運動それ自体の誤りとしなかったかれとすれば、百花斉放運動の誤りをも同様にそれ自体の誤りであるとは認めず、第一次五カ年計画の根底にある命題や教義の「修正主義的流れ」が中国国民の道徳的、政治的統一を切り崩していたとみたのであろう。

かれはすべてを変えるつもりだったのだが、モスクワ訪問中におけるかれの態度はいかにも収まりがわるい。多くの観察者は、毛がモスクワ大学で中国人留学生に語った有名な言葉、「東風は西風を圧倒する」を手がかりにしてさまざまな仮説を組み立てている。

たとえばアリス・シェ女史に代表される主張は、毛がソ連の軍事的優勢を過大に評価していたと見る。毛はソ連の対米抑止力が中国の軍事的野心を満足させてくれると判断し、沿岸諸島から台湾へとむかっていく攻撃に対するソ連の支援を期待した。それが五八年の金門攻撃になったのだというのである（前掲書）。

あるいはまた、「東風が西風を圧倒する」情勢下で、「中共の軍事指導者内の職業軍人グループは敗退せざるをえなかった」（岡部達味「中共の戦略思想」『外務省調査月報』六七年三月）という見解もある。ソ連の核抑止力に依存するなら、軍の近代化、正規化の必要はないということになり、五八年五月末からの軍委拡大会議で「ブルジョア軍事教条主義」は粉砕されたのだという解釈である。

たしかにソ連の二つの軍事的成果に、中国人は「張子の虎」や「武器より人」のスローガンを忘れ、興奮しすぎたようであった。中国の急進派は自分の攻撃的路線にソ連の軍事的リードを利用した、と結論づけたドナルド・ザコリア氏のすでに古典化した論旨ももっともなように思われるほどである。

だが、いつもながら毛の考えは部下たちのそれとは違っていたのではないか。かれがソ連の人工衛星の打ち上げを「新しい転機」と説いたのは、ソ連第二十回党大会が確定した路線をくつがえそうとする下心を隠していたとみるべきであろう。かれは戦争不可避の命題の復活を図り、「平和競争」「平和移行」を含めた平和共存政策を修正させ、個人崇拝反対を打ち壊そうとしたのである。

そして目前のかれの狙いは、ソ連第二十回党大会をひきうつした中共党の八全大会が決めた穏健な内政・外交路線をたたきつぶすことにあったにちがいない。個人崇拝に反対するものとしての集団指導の確認、ソ連との団結・親善路線の持続、「孤立して自力でやる気持」への非難、「冒険主義的誤り」や「盲目的な先走りの傾向」に対して繰り返された警告、これらこそ毛の構想と行動の障害となるものだったからである。

かれは「新しい転機」を強調することで二十回党大会の路線をくつがえし、西側との対決姿勢を強化することで八全大会の路線をくつがえそうとしたのである。恐らくかれはモスクワではっきりとスターリン主義を提唱し、スターリンの名誉回復を説き、スターリン主義者を支持すべきだったのであろう。

しかし、かれがフルシチョフと対決するよりも、むしろかれの態度を変えさせるように行動したのは、その背後に取引があったためであり、それはすでに見てきた通りである。たしかにかれが核兵器を欲したのは事実だし、急進路線の採用に新兵器の登場を利用しようと考えもした。だからといってかれがソ連の一、二の新兵器を頼みにして中国の安全保障計画から金門島砲撃の作戦計画までをたてたとみるのは正しくはあるまい。かれがソ連のICBMに依存して軍事戦略を組立てたと想像するくらいなら、テーラー大将の『さだかならぬラッパの響き』をひろげ、米陸軍がだしたゲリラ対策の戦術指導書までを読んだというかれが、アメリカの核戦場理論を読み、あふれる自信を回復したと想像する方がはるかに適切のように思える。

原爆戦では、大部隊、大砲、補給品の集積所、飛行場、補給港は核兵器の願ってもない攻撃目標となる。兵員と兵器は集結を避けて分散し、補給も小さく分け、独立自給の戦いができる小人数の部隊としなければならない。重装備を捨て、隠密、迅速な絶え間のない移動が肝要だ。敵の兵力と行動についての情報は通常戦争以上に必要とされる。そして戦闘は短期決戦、しかも敵の核兵器を避けるために素早い肉迫戦、抱き込み戦術となる。

これこそ毛沢東が戦ってきた戦争であり、かれが説いてきたゲリラ戦である。かれの軍事原則は核兵器を使用する戦場においてもそのまま適用できる。中国軍がソ連軍の「先進経験」を学び、軍編成から装備、戦略を真似る必要はなかった。広大な、中国領内を戦場として戦うかぎり、かれのアミーバー的な生命力を持つ人民戦争が役立つ。そして明日もまた延安の軍隊でいいのだ。

こうして「大社」の創設と軍の延安回帰の二つの目標は相互にわかちがたく結びつけられることになった。「小社」を集めて大型化するとき、「大社」を支える骨格となるのが民兵だった。民兵こそ「大社」の中核となり、前進のための推進母体となるはずだった。そしてかれの構想では、民兵はまた軍の基幹でもあった。やがて人民公社はそれぞれが鉄を造り、小型火器を自給し、自分の県で戦うゲリラ戦の主力となるのである。

毛はつづけてつぎのように考えたのであろう。中国が核ゲリラ戦を戦い抜く力をいずれ持ち得るならば、ソ連に頭を下げてなにやらの政治取引をする必要はない。十年かかろうとも自分で核開発を行なえばよい。たしかに、核開発は容易なことではない——稠《ちゅう》密《みつ》な防空レーダー網、迎撃ミサイル発射台、複数の独立した誘導核弾頭、核ミサイル搭載の潜水艦、そこへの無線電話、さらには衛星カメラといった厖大な軍事資産を持たなければ、みせかけだけの核抑止力に終わるだろう。

だが、中国の安全保障はおどかしの核と核ゲリラ戦の主役となる民兵で充分なのだ。そこで中国は公然とモスクワの支配する共産陣営から抜けでることができるだろう。そしてさらに陳伯達《ちんはくたつ》によってイデオロギー的な色あげをしたかれの構想により、自力による工業化と共産主義へ移行のための最善の機構を造ることでモスクワの指導権に挑戦でき、第三世界のリーダーになることができると考えたのであろう。

では、党指導部の責任ある地位にいる人々はかれのその構想をどのようにみていたのか。かれらは農業の停滞に悩んでいただけではなかった。工業化と集団化のための投資の増大からインフレ傾向となり、五七年には投資計画を全般的に削らねばならなくなっていた。都市と農村に過剰人口はあふれ、ソ連借款の残高は底をつき、借款返済は輸出のかなりの部分を占めるようになっていた。経済悪化の歴然たる兆候のなかでかれらは頭を痛め、毛の計画を聞いていたのである。

それは政府の資本投下なしに厖大な遊休労働力を有益に雇用する動員方式をはじめ、大工業計画、鉄の自家生産、行政、教育を一任した人民公社、民兵と核戦力創設まで、いかにも毛らしい構想だった。大部分の幹部はその構想の積みあげられた石垣の基底部分に危惧を感じたにちがいない。地盤が弱ければ石垣は沈下し、やがて倒壊しよう。「大社」はすべての圧力を支えることができるか。はたしてこの冒険の代償は「苦戦三年」だけですむのだろうか。

もちろん、毛も党幹部の反対を承知していた。かれは五七年末から杭州《こうしゅう》、南寧《なんねい》、成都《せいと》で会議を開いたが、その際もっぱら地方党書記を説得、懐柔したようである。いわば五五年七月の集団化命令と同じ方法を採用したのである。

つづいてかれは五八年五月の八全二次会議で、かれの計画を支持する地方党書記を中央委員候補とし、「風向きを知れ」と説いた。遅疑逡巡するな、決断を延期するのは臆病者だ、時の勢いを最大限に生かせという意味だった。だが、この会議において党幹部はのちに非難されるように、毛の計画を支持するようにみせかけてはいたものの、実は抑制的な態度をとっていたのである。

ところで毛の直面するもっとも大きな問題は、部下たちの消極的な態度ではなかった。事実、幹部たちは疑惑をいだき、いらいらし、うんざりし、最後には黙ってしまい、主席の決定に任せる気分になっていたのである。毛の問題は、「大社」の創設にあたって農民の土地愛着心を利用できず、利益を強調できず、経済自体の指揮がなく、政治的独裁に依存しなければならないことであった。

かれが対外政策で強硬態度を望む理由がここにあった。五月に長崎国旗事件がおき、二月に周恩来のあとを継いで外交部長となった陳毅《ちんき》は日本を激しく攻撃し、日中貿易を全面的に停止した。そして八全二次会議ではユーゴを非難した。六月一日には陳伯達を編集長とする中共党理論誌『紅旗』を創刊、チトーをつづけて攻撃した。六月十八日には『人民日報』が「ハンガリー反革命の首謀者にくだされた死刑判決は朗報である」と述べ、控え目な態度をとるモスクワをひきずる構えをみせた。そして七月に中東の米英出兵に北京は激しい宣伝攻勢を開始した。

国内では毛は地方単位の党書記に「小権を分散」した。命令達成の能力だけが成績となる下級幹部に責任を負わせ、上級幹部の口出しを予防した。毛は、大がかりな感情的スローガンをふりかざし、輝かしい未来をもたらすことができるのだと大衆の情熱と興奮を駆りたて、舞台の準備を整えた。

そして金門島への砲撃がこの冒険事業を開始する号砲となった。最初の一週間に放たれた十五万発の砲撃はアメリカになにかを言わせるのが目的であり、アメリカの出方を待った。そしてダレスの八百語にのぼる声明をひきだすと直ちに周恩来は反駁し、「米帝国主義の軍事挑発と戦争の威嚇」を国内に訴え、総動員を号令した。総動員はまず抗議集会とデモの形をとった。七月の一億五千万の動員はリハーサルであり、これが本番だった。

九月六日夜から北京天安門に数十万の市民が動員された。翌日、北京市長彭真《ほうしん》は抗議大会で演説した。「人民解放軍は一切の努力をつくし、わが国の主権と郷土を守るために戦う。後方の都市と農村の人民は大躍進を推進し、鋼鉄、機械、食糧を増産し、人民公社を建設、発展させ、全民武装を急速に実行しよう」

上海では陳毅と柯慶施《コーチンシー》――党中央華東局第一書記、上海市長、六五年死去――が似たような演説をした。十日間にわたって北京で百万、全国で三億三千万の動員となり、各地で地方指導者がアメリカによる戦争の威嚇を叫び、国民がはたすべき目標を説いた。金門砲撃を対米憎悪から愛国心をあおりたてる起爆剤とし、デモと集会の熱気から民兵の組織化へ進ませ、民兵を人民公社建設の原動力にしようとしたのである。

金門の「瀬戸際戦争」が国内の「緊張状態」を造出することに目的があったのなら、その島の戦いが大陸へ波及しない有効な手段をとることが必要だった。九月六日、周恩来は公式声明で、アメリカの台湾侵略の不法をつき、沿岸諸島に必要な軍事行動をとる権利があると主張した。だが、かれは同時に沿岸諸島の大陸に対する直接の脅威を強調することも忘れなかった。

この主張を、たとえば若泉敬氏は「中共政府は両島の存在が自己の安全保障に対する脅威であり」（若泉敬『中華人民共和国の外交政策決定過程における安全保障上の考慮』アジア経済研究所、六八年一月）とそのまま受けとっているが、事実は北京の行動をアメリカが誤解するのを防いだ慎重な措置とみるべきであり、台湾決議（第Ⅱ章第三節参照）に縛られたアイゼンハワーが、不本意な戦争に踏み込むのをくいとめ、アメリカの神経をやわらげる手だてとして持ちだしたと解釈すべきであろう。*

また周恩来は同じ声明で米中大使級会談の再開を提案して、その戦いに安全装置をつけようとした。つづいて八日には、米中会談は「成果があるだろう」と語った毛沢東の言葉を意識的に西側の伝達機関へ流した。米中会談はすでに六月三十日に中国側から再開が促され、アメリカ側も七月末にポーランド駐在大使を代表に任命していた。

そして再開された会談では、はじめに王炳南《ワンピンナン》は沿岸諸島から蔣の軍隊が撤退するならある期間それで満足だと述べ、台湾の解放は平和手段で追求すると言い、アメリカ側をして暫定的平和成立の見込みがあるのだと希望をもたせる手を打った。もっともつづく会談で、中国側は最初の提案からかけ離れ、蔣の軍隊を無視し、いわゆる原則問題を持ちだすことになる。

また北京は、その戦いで砲撃以外のもの、たとえば当然予想される空軍と高速水雷艇を金門島封鎖に使用しなかった。この意図はあきらかであろう。北京はアメリカ側を追い詰めたくなかったのである。そして相手方の対抗手段の引上げを阻止し、過剰報復を予防したのである。

スノー氏をはじめとする多くの人々は、十月五日にフルシチョフが、中国軍と国府軍の衝突は一種の内戦だから、ソ連は干渉しないと語ったのをとりあげ、北京はソ連の後楯を失って停戦せざるをえなくなったのだと解釈している。

実際に毛沢東は九月一杯で海峡の緊張状態を終わりにし、恩恵を与える口調で台湾の「軍民同胞」に語りかけ、封鎖を解いてもよかったのである。なぜなら四月に河南省の一県ではじまった人民公社の建設は、八月末までに全国農家の三十パーセントを組織化し、ついで九月上旬に十八パーセント、中旬に十七パーセント、下旬に三十三パーセント、と着々と増大させ、総計九十八パーセントを公社に組み入れていた。

これこそまさしく毛の一カ月余の砲撃戦の直接の目標だった。この狙いは事後にかれによって仄めかされはしたが、北京が正式に認めたことはない。それ故に中国に好意を寄せる外国人であれば、その戦いが国内目標を遂行するための瀬戸際政策だと想像したりするのは不謹慎きわまることであろう。史上最強の核装備の米艦隊が中国沿岸に近づいて核の脅迫にでたといえばそれで片づく戦いだった。

アメリカ側にしてもその辺は同じようなものだった。この戦いが毛の国内政策の挺子操作にすぎず、そのために金門島が巧みに利用されたこと、アメリカの忍耐力の限界をはっきりと計測されたことを認めるのは、これまた面白いことではなかったであろう。したがってアメリカは、ミュンヘン二十周年を叫んだり、中国のミグ17が国府のF86よ

＊　逆の見解もある。アレン・ホワイティング氏は「アメリカをして金門の前哨地点を台湾の防衛の一環とさせ、切りはなして考えることを望まないようにさせてしまえば、これは『二つの中国』にとっては大きな障害となる」と中国側は考えたのかもしれないと説いた。そして五八年八月に北京は「台湾解放」のワン・ステップとして金門を奪取すると公然と言明し、ワシントンと台北をして台湾決議を利用せざるをえない所へ追いこみ、「その放棄を事実上不可能にした」のだろうとみた。(Allen S. Whiting. The Logic of Communist China's Policy: The First Decade. *The Yale Review*, Sep. 1960.)
　しかし、台湾と沿岸諸島を結びつけておくためには、なにもわざわざ台湾決議を利用させる必要はないだろう。北京は実際にはその決議を発動させないように慎重な注意を払ったとみるのが正しいと思う。

り性能が優れているにもかかわらず、パイロットのチームワークと射撃の腕の悪さから撃墜されたことをとりあげたりして、これをアメリカの決意の前に挫折した侵略と呼んでおけばよかったのである。

だが、実は毛は確固とした自分の目的のためにその戦いをしたのだった。そしてかれがその目的達成にかけた費用は、一六〇ミリから二〇三ミリの砲弾四十四万発にすぎなかったのである。もっとも最初の計算にはおよそ三十機のジェット戦闘機や数隻の魚雷艇の損害は入っていなかったであろうが、共産主義へ移行する「最善の機構形態」である人民公社の創設運動にかけたこの出費の安さは、党の強固な支配と社会主義化への土台を築いた「三反、五反」運動の費用と比較すれば一層明白となろう。

「三反、五反」運動は大規模な粛清運動であったが、これは朝鮮戦争がなかったなら、誕生したばかりの新政権をもってしてはとてもできなかったに相違ない。アメリカとの戦争を利用した非常事態の鼓吹《こすい》と愛国心の高揚によって、いとも容易に国民を動員し、その運動を徹底的に遂行できたのである。そして戦争自体は六十万の死傷者をだしたのだが、運動はそれと同数以上の人々を犠牲としたのである。*

かれの戦いは金門奪取を目的とはしていなかった。だが、その本当の目的をまず認めた上でなら、かれの計画表に金門入手が載せてあったと考えてもよいかもしれない。工業生産を五年間に六・五倍に、農業生産を二・五倍に高める大躍進運動を開始したとき、かれはもはや金門を蔣に任せておくことが台湾の解放に役立つといった小細工に、たいした関心を持っていなかったと想像してもおかしいことはない。

しかし、よし金門占領がかれの計画表に加えてあったとしても、それは決して筆頭でなく、二番目でもない。かれの目標に支障をきたさないことが条件とされた上での末尾に近いあたりだったことはまずまちがいないところだろう。

＊　朝鮮戦争の中国側の死傷者については、九十万人という五三年十月二十三日の国連軍司令部の発表がある。しかし、この数字は過大にすぎるとみられ、六十万程度であろうと見積られている。「三反、五反」運動の犠牲者については、六十万の数字は少なすぎるかもしれない。一千万から一千五百万人という数字は反対派の宣伝であろうが、百万から三百万が妥当だという説がある。

第Ⅳ章

ヒマラヤの戦い

1　三十日間の戦い

一九六二年に北京が選んだ戦場は世界で一番の高所だった。戦場となったのは三千五百キロに及ぶ中印国境の東と西、いずれも海抜四千メートル級の山岳地帯である。

　西の紛争地域はカシミール州一部のラダクである。カシミールはインドとパキスタンの係争地だが、ラダクの大部分はインド支配下にある。カシミールの州都スリナガルからラダクの行政中心地、海抜三千八百メートルのレーまでは飛行機で一時間、ジープだと数日かかる。三トン・トラックが走る道路が六〇年の夏に開通したが、土砂崩れがたえずおこる難路であり、しかも冬の間は利用不可能である。軍司令部が設置されているレーから前線の軍事拠点まではさらに日数がかかる。

　ラダクはアラビア海から運ばれる湿気がヒマラヤ山脈にさえぎられるあたりに位置し、激しい風と熱で痛めつけられた砂漠のような谷と砂山だけのグロテスクな高原である。それでも西の部分は耕作ができるため、谷底には僅かなチベット系の住民が生活しているが、チベットと新疆《しんきょう》省の間に突出した東の部分は全く乾燥し、人は住むことができない。中国が自国領土だと主張するのはこの地域である。そこは九州の面積にほぼ等しく、事実上、中国が支配している。

　ラダクの主権が曖昧で、中印間の紛争地となっているのは無人地帯なのが理由である。

一九五〇年十一月、北京政府は朝鮮戦争介入のため東北の軍隊に鴨緑江渡河を命じたが、同じ時期に西康省《せいこう》と青海省《せいかい》に駐屯していた軍隊をチベットへ派遣した。新疆省からも軍隊が送られたが、それはラダクの隊商路をぬけてチベット西部へ向った。この交通路の重要性を認識した北京は、五六年三月に新疆南部の葉城《ようじょう》からチベットを結ぶ新蔵公路を造りはじめた。

最初は中印国境の未画定地域を避け、自国領域のカラコラム山脈を測量していたが、この地域は建設不能だった。そこでやむなく東ラダクを選ばざるを得なくなったのである。こうして重火器の輸送可能な千二百キロの道路が五七年十月に完成した。うかつなことにはインド側はその存在を全く知らず、インド軍巡察隊がこの道路を発見したのは開道してからなんと二年のちのことである。

紛争地帯のもうひとつはインド内務省の管轄下にある東北辺境区である。ここは中国側が自国領だと主張する東西に細長い地域で、西端がブータン国境、東端がビルマ国境で区切られ、面積は北海道よりも広い。南のブラマプトラ河谷からは亜熱帯の森林がひろがってやがて岩だらけのヒマラヤ山脈となる地勢である。ここにはおよそ九十万の地方種族が住んでいる。中国軍が東の戦線で主戦場としたのは、ダライ・ラマが脱出したブータン寄りの路である。*

五九年二月にチベット全域にひろがっていた反乱は、ダライ・ラマのインド亡命をきっかけにして一層激しくなった。これを鎮圧した中国軍は、インドとの国境、より正確に表現するならば中印両国の行政力が及ばない空白地へ進出した。中印両軍の接触から小ぜりあいがおこり**、双方がそれぞれの国境線を主張するようになった。そしてインド側も国境への軍用道路の建設にのりだした。テズプールからボンディラまでの自動車道路はやがてセラ峠をへてタワンまでのばされ、その結果テズプールからタワンまでの約三百キロはジープで一日半の行程となった。

　ヒマラヤ山脈に造られたこの軍用道路は起伏がはげしくジェット・コースターさながらである。ジープと四輪駆動《くどう》のトラックだけがファースト・ギヤーを入れっぱなしで進むことができる。凹凸《おうとつ》の激しい道の片側は数百メートルの断崖で、眼のくらむ谷底にはオークと松の大密林がひろがっている。道路は一車線であり、したがって一台が故障すれば動きがとれなくなる。土砂崩れがたえずおこり、白い砂はたちまち道を埋め、放置しておけば一週間で使いものにならなくなる。突然天候は激変し、雪と雨になったりすれば、たちまち道はぬかるみと変り、滑り易く危険はこの上ない。

　数千の兵士たちは地元の種族とネパールの労働者を労働力に使い、全道路の維持に努めねばならない。この高度では、立往生したジープを数メートル押すだけで、たちまちマラソンをやったのと同じ位の肉体疲労を覚えるし、高地に馴れない者は高山病にかかりやすい。冬になれば積雪のために道路は閉鎖されてしまう。

西部国境でもインド側は遅れを取り戻そうとした。六二年に入ると、インド軍はラダクの中国軍前哨拠点の背後に新しい拠点を造りはじめた。七月ごろからは小さな遭遇戦

＊　ダライ・ラマ一行のラサ脱出は五九年三月十七日のことだ。かれらは中国軍捜索部隊と索敵機の眼を巧みにくぐり抜け、山あいの村落とラマ寺に泊まりながら、山道と渓谷を通って南へ向い、二十一日夜、インド国境監視所にたどりついた。四月五日には海抜四千メートルのタグラ峠を越えた。やがて一行はインドでもっとも大きなラマ寺のあるタワンに着き、八日には百キロ南にあるこの地域の行政中心地ボンディラに向った。ラバに乗り、標高四千百二十五メートルの霧に包まれたセラ峠を越え、ジグザグの小道をくだり、十二日に海抜千五百メートルのボンディラに着いた。

そこからアッサム平原まではジープの通る百キロの道路が造られていた。かれらは再び険しい山道をのぼり、三千メートルの頂上にでた。今度はヒマラヤの南麓をくだる曲りくねった道をジープで揺られた。そしてかれらはフットヒルでリムジーンに乗りかえ、それから約二時間後アッサムの中心テズプールに到着したのである。

＊＊　最初は五八年九月。つぎの衝突は五九年七月と十月に発生した。インドの巡察隊はそのたびに中国守備部隊に捕えられ、三度目には死傷者まででた。このあと周恩来はネールに書簡を送り、国境の現状維持と交渉のためのよい雰囲気を造るために双方の軍隊がそれぞれ二十キロ後退することを提案した上で境界問題の解決のための会談を申し入れた。

対インド交渉の失敗にもかかわらず、中国側が国境紛争の回避に留意していたことは、中央軍事委員会が定めた六一年度国防建設工作要綱のつぎの命令によってもあきらかである（『工作通訊』、第七期）。

「国境隣接地区（中印国境、中国・ネパール国境、中国・シッキム国境）で、反乱鎮圧作戦を行なう時は、国境から自国領の二十キロ以内で作戦をしてはならないという規定を厳重に遵守せよ」

があいついでおこりだした。双方が相手方の侵入を非難する抗議の応酬をつづけていたが、やがて東部国境でも小ぜりあいがおきた。双方がそれぞれ相手の先制攻撃と侵略を非難している間に、十月二十日未明がやってきた。すなわち東西国境全線にわたる師団規模の本格的な戦いの始まりである。

この日、タグラ峠の南斜面に布陣していた中国軍が攻撃を開始し、前進のために展開していた五千のインド軍を敗走させた。二十五日には、中国軍三個師団の攻撃でタワンが陥落し、一千人が捕虜となった。あわてたインド政府は非常事態の宣言をだしたのだが、まだ戦局を楽観していた。インド軍はセラ峠に撤退し、その有利な地形の防衛力に希望をよせた。

はるかにタワン河を見下すセラ峠に内外記者団を招いたインド軍首脳は、ガソリンから小麦粉までの空中補給と山砲の砲列をみせ、ここを守り抜く決意を示した。将校たちは最悪の事態を脱したのだと考えた。パトロールの衝突とか散発的な砲撃位はあるとしても、タワン河北岸の中国軍が動くことはあるまいし、春までは戦闘はおきないと信じこんだ。その間には西側諸国からの援助で軍事力が強化できるだろうと考えたのである。

三週間後、東北地域の軍団司令官ブリシ・カウルは、ビルマ寄りのワロンでさぐり攻撃を試みた。十一月十六日、臼砲《きゅうほう》で中国軍をたたき、千人のインド軍がワロン近くの丘陵斜面から中国軍を撃退した。戦いがはじまって以来のはじめてのインド軍による中国軍陣地の占領だった。ところが翌十七日、計画的に後退をした中国軍は大規模な反撃に転じた。かれらは誘い込んだインド軍に痛打を与え、ブラマプトラ河の支流ルヒト渓谷まで一挙に進撃した。

一方セラ峠では中国軍の勝利は一層劇的だった。十八日から二日間にわたる激戦で、中国は一二〇ミリの臼砲をぶち込み、肉迫攻撃でセラ峠を占領した。そして迂回行動、包囲、殲滅戦の毛兵法も忘れなかった。中国軍の二縦隊は谷底の森林を抜け、セラ峠を迂回して、ボンディラの北数キロのところに現われ、道路を遮断し、インド軍主力を袋の鼠とした。これではたまったものではない。インド軍第四師団は混乱におちいって潰滅し、十九日には補給基地ボンディラも陥落した。勝ちに乗じた中国軍はフットヒルの手前まで進出した。

インド軍敗北の知らせはテズプールの司令部と市民を恐慌状態に陥らせた。アッサムの茶園経営者である約六百の米英人は飛行機でカルカッタへ避難した。市役所の役人が逃げ、電話交換台にも郵便局にも人がいなくなり、病院では患者をおきざりにして医者が逃げる始末だったが、さらには二百四十人の警官までが住民を残してトラックで逃亡してしまったのである。ブラマプトラ河の渡し場はフェリーボートで南岸へ逃げようとする人々で渦まき、大混乱となった。

インド政府は驚愕した。かれらは西部はともかく東部のインド軍は、中国軍より強力であり、優秀だと外へむかって強調していたし、自分たちもまたそう信じこんでいたのである。だがいまやインド軍は崩壊してしまった。中国軍はアッサム平原へ進出するだろうか。アッサムはインドで数少ない米の余剰州《よじようしゆう》であり、デクボイには油田がある。

それともかれらは天然の防衛線、プラマプトラ河北岸に陣地を築き、自国領だと主張するヒマラヤ南麓を確保するつもりなのか。あるいはまた新手の中国軍をシッキムから南下させ、ガンジス河谷を席捲《せつけん》し、インドの心臓部、アサンソール、ドルガプール、ジャムシェドプールの鉄鋼地帯を制圧するつもりではないのか。

そのころ西部国境、ラダクの三百キロに近い戦線では、軽戦車を先頭にした中国軍が、インド軍前哨拠点四十数カ所を片端から占領し、自己の領土と主張する地域を手中に収めていた。そして中国軍一個師団がインド軍の前線拠点への空輸補給基地であるチュスールに迫っていたのである。

十一月二十一日、苦悩のなかのインド政府は再度衝撃を受けることになった。午前零時に北京政府が声明を発表した。それによると北京は二十二日午前零時に停戦し、十二月一日までに撤退すると言明した。すなわち東部国境ではプラマプトラ河北岸の「伝統的な慣習線」からマクマホンラインの北側二十キロへ撤退する、一方、西部国境では現在線から二十キロ後退し、「伝統的な慣習線」までひき下がると言ったのである。そしてインド軍が現在線から進出しないことを要求したのだった。

この提案を知ったニューデリーの一スポークスマンが「悪魔的な駆けひき」と叫んだのは、鉄砲をつきつけた上での最後通牒と感じたための怒りであった。だが、かれは北京側の申し出に半信半疑ながらも、ほっと息をついたのが本心であったにちがいない。

事実上、これが中印両軍の停戦となった。十二月二十六日、北京放送は、中国・モンゴル国境条約の調印を発表し、二十八日には中国・パキスタン両国の国境合意の声明を出し、見事にその戦いをしめくくった。これは国境問題の平和解決を望んでいるのは中国であり、インドの拡張主義が戦争をひきおこしたという雄弁な宣伝となった。*

2　ネールがはじめたのか

中国側の勝利は、毛沢東の著作を探すまでもなく、一般兵法通りのものだった。まず、

＊　当時国務省にいたロジャー・ヒルズマンはのちにその著書のなかでその戦いの「教訓」を語り、つぎのようにつけ加えた（ロジャー・ヒルズマン、浅野輔訳『ケネディ外交』サイマル出版会、六八年）。「ケネディの補佐官の一人は、この恐るべき敵に対し、無念の賞賛をこめていった。『中国で誰が支配権を握っているか、疑いの余地がない。あれほどの死傷者を出して獲得した土地から、たとえどのような政治目的のためとはいえ、軍隊を撤退させ、その土地を放棄するとなれば、われわれがペンタゴンとどんなにやり合わなければならないか、想像がつくかね』疑いもなく、中国は単に強大な軍事国家であるばかりでなく、政治的に熟達した国家になりつつあった。そしてこのことがいちばんおそるべきことであった」

かれらには攻撃に先立つ充分な用意と慎重な偵察行動があり、兵力、装備、士気、指揮官の作戦指導などいずれをとってみてもインド軍に比べてはるかにすぐれていた。

中印国境に中国軍は十一万を集結していた。指揮をとったのは張国華《ちょうこつか》で戦闘経験は豊富だった。兵士たちは三年兵だったが、将校と下士官は朝鮮戦争のベテランだった。かれらは射程距離の長い国産の迫撃砲や威力を発揮した軽機関銃と自動小銃で武装していた。そして戦闘中には数日分の食糧を携行《けいこう》した。各大隊は機動性の高い輸送隊を編成し、前線のすぐ背後までトラックで補給物資を運ぶことができた。また森林地帯を突破するためには機械鋸を使用した。

一方、北部国境を守るインド軍は中国軍と対抗できる臼砲、山砲を持たなかった。しかも補給部隊は迅速な行動がとれず、野戦砲の敏速な移動ができず、兵士たちは訓練が足りず、士気は低かった。若手将校たちは、将軍たちが中国軍の戦術、準備になんの注意も払わないまま、敵の罠にはまるだけの前進を命じたのだと非難した。また兵士たちは兵士たちで、将校たちが後方の司令部で架空の会議を開くことを考えだし、前線を離脱したのだと怒った。国防相メノンが信頼していたカウル中将は高山病で倒れる始末だった。

あらゆる点でインド軍は劣っていた。だがなによりも悪かったのは、ニューデリーの指導者が国民感情に押し流されてことを運んだことである。世論形成機関をはじめ、野党は無論のこと、与党会議派内の右派、そしてネール内閣に至るまで、だれにも、この力と既成事実によって作られた現状を容認できないという強い感情があった。そして譲歩によって緊張状態を抜けだそうなどという主張はとうてい口にできないような社会的雰囲気となっていたのである。

それ故に中国の立場を支持する人々は、容易にインドの反中国の感情にその戦争の原因を求めることができた。たとえばその時期に北京に滞在していた宇都宮徳馬代議士はつぎのように語っている。

「中印戦争は、北京において見る限りにおいては決して北京が仕組んだものじゃないですね。むしろゴアに対するインドの進出、それを返す刀で中印国境に出てきたわけですけれども、そういう軍事的なイニシアティブはむしろインドのほうが積極的であって、中国のほうはもちろん準備はしたろうけれども、対応の仕方は自分の国境に対する主張を守るという以上にでていない」（座談会「二十世紀後半の支配者は何か」＝『展望』六五年一月号）

同じようにインドの戦争熱に不快を感じた人にバートランド・ラッセル氏がいる。十一月八日、かれは中印両国首脳に電報を打ち、戦闘の停止と話し合いの開始を訴えた。自国の有利な立場を知っている中国首相は、宣伝効果を充分に計算した鄭重な返事を送り、当然のことながらラッセル氏の自尊心を満足させた。

一方、インド首相の方はラッセル氏の善意を汲む余裕など全くなかった。この日、かれは臨時議会で、中国側の提案がインドの後退を要求するだけで、中国軍はインド領内を戻るだけだと言い、「インドはこれまで一インチといえども中国領内に入ったことはない」と怒りをぶちまけていた。ネールの回答はラッセル氏を「おどろかせ、悲しませた」が、さらに「戦争気分をみなぎらせたヒステリーのような手紙と文書」がかれのところへ「殺到」して、かれをひどく失望させた。

たしかに、中国の静けさとインドの興奮とに見られるあきらかな相違は、外国人を驚かせた。だが、その外観を強調しすぎることは、両国政体の相違を無視した御都合主義の解釈を呼びだすことになり、その戦争のすべての原因を、インドの戦争熱に求めて満足することで終わるであろう。

中印友好の短い時期からふりかえってみよう。チベットに関する中印間の条約が結ばれたのは五四年四月のことである。これによってインドは、チベットに対する中国の宗主権でなく、主権を承認することになり、インド政府はチベットで運営していた郵便、電信、電話の諸権益《けんえき》を放棄することになって、名目的な駐屯軍も引揚げた。かわりにインドは両国間の国境線の尊重を求め、中・印・チベット間の協定の前文に、平和五原則を掲げることになった。

ネールはチベットを代償として得た共存の約束と、天然の要害であるヒマラヤの壁が、インドの領土保全と安全保障に役立つだろうと信じた。そしてかれは与党と世論をかれのイメージ――「平和地域」の考え――に沿わせる説得の努力をつづけた。

やがてチベットで反乱がおきた。つづいてダライ・ラマの亡命とチベット住民の逃亡がつづくという事態となったことがインドの国民感情を硬化させた。チベットに対する親密感情、それから発している中国に対する不信と敵意は、インド領だと信じている地域に中国軍が進出したことで一層激しくなった。

ヒマラヤ山脈まで拡大した中国の圧力は、それぞれ中国と国境を接するネパール、ブータン、シッキム政府に危惧《きぐ》を与えた。だが同時にこれら諸国の非インド化の機会を誘いもした。すなわち親インド政策を変え、インドの影響から離脱しようとする動きをも呼んだのである。これがインド政界の不快感を強めた。そして北京がブータンとシッキムに「中国の庇護《ひご》のもとにヒマラヤ国家連邦を結成する勧告」をしたという情報も、ニューデリーの不安を深めた。

また過去十五年間にわたってインドと敵対関係にあるパキスタンが中印間の対立を利用して中国に接近したが、北京もまたこれをむかえ、共通の敵意を土台にカラチと友好を結んだことが、インドにとっては不快きわまりないことであった。ニューデリーは、隣接諸国に対する威信維持のためにも、中国に柔軟な態度がとれなくなった。

また、ネールは五〇年代後半から開始された急進的な工業化計画の行き詰まりがマイナスに作用して、そのカリスマ的な指導力と信望が低下していた。これが国民的感情に抗して国境問題で話合いの態度をとろうとしたかれの力を弱めたのだが、またかれの対中国政策の失敗によって、その声望が下り坂になっていたのだともいえた。そしてかれの与党の左派勢力が支えてきた社会主義的な思想と政策は、力を強化した反共右派と財界の打倒目標となった。かれらが中国の侵犯を叫びたて、中国に対するネールの弱腰を非難することが強力な政治的効果を持つようになった。

議会制が取引と同意に基礎をおくかぎり、ネールは議会と世論に妥協しなければならなかった。ここで留意せねばならないことは、インドが西欧的な議会民主制をとっていることである。インド議会は英国をモデルにし、休会は例外でいつも開会されている。国境で巡察隊の衝突がおきるごとに議会で質問が行なわれ、外務省が中国政府と覚書を交換するごとに、政府首脳は議場での説明を求められた。新聞は大見出しでこれを報道し、熱っぽい興奮を駆りたてた。

六一年十二月のゴア進駐は、翌六二年二月の総選挙に勝つためのネールの票集めの戦術だった。これはかれの腹心、左寄りのメノンに対する軍と国防省内の不満をやわらげ、右翼中心の野党連合の非難に対して威信を回復する手段であり、インド領内に中国軍が侵入しているのを追い払うことができないという、世論と野党の攻撃をかわすためだった。

平和外交を自からの手で破壊したことによって、かれは、「ネールはそのときに眠っていたのか」と西側からの非難を浴びることになるのだが、ことはそれだけで終わりはしなかった。ゴア占領はインドの世論を強気にし、中国軍を国境の外へ押し返せという主張を強めた。このことはまたネールが北京と交渉し、緊張から抜けだすことをいよいよ不可能にした。なんの用意もないのに対決へ追い込まれることになってしまったのである。

しかもかれは、戦闘がはじまってからも、厳寒期を迎えたヒマラヤやラダクでは大規模な軍事作戦とはなるまいとたかをくくり、グルカ兵やシーク兵が山岳戦で敗けるはずはないと過信していた。戦闘が激しくなると、かれは中国軍を撃退するように命令し、ためらいながらも中国軍の補給線を切断しようとする不器用な威《おど》かしを試みさせようとした。それでもかれは、依然としてこれを外交交渉につなげるためのあたりさわりのない戦いだと誤断し、相手方もかれ自身の見方で見てくれるのだという願望に胡坐《あぐら》をかいていた。

だとすれば、宇都宮氏が語るように、この戦争は決して北京が仕組んだものではないということになるのだろうか。たしかにその時点でのインド世論の方向、議会の主張、政府の態度はよく分かっていた。だが、中国の状況はだれにも分からなかったのである。この国においては議会となるものは全国人民代表大会だが、少数意見に寛容の原則があるはずはなく、年に一回召集されるだけである。しかも六一年には開催されず、六二年には三月から四月にかけて開かれはしたものの完全な秘密会議であって、最終日に簡単なコミュニケが出されて終わりという具合だった。

また北京の対外政策は秘密厳守が容易であるとともに、世論の圧力もなく、まずいかなる障害もないままに、迅速な行動をとることができる。宇都宮氏がそのころ、北京中南海《ちゅうなんかい》でおきていたことを知っていたはずはなく、ましてやヒマラヤの国境でおきていることが分かっていたわけではなかった。中国の旅で、キューバ支援のデモを見ることはあっても、「インド反動派打倒」のデモや集会を見なかったことに深い印象を受けただけであろう。

中国側がやったことは、はたしてインド軍がしかけてきた「大規模な全面攻撃」に対しての単なる自衛措置であり、「国境警備隊」の「反撃」だけだったのか。そうではなかろう。十月二十日からの東西両国境にわたる攻撃、そして二十四日の平和交渉の呼びかけ、予測されていたインド側の拒否反応、そして十一月の全面的な攻撃、つづく一方的な停戦宣言、三十一日間の戦い——短期戦を予定した旧式な歩兵戦——はすべて計画通りのものであったにちがいない。そしてシナリオ通りに戦いを運ぶことのできる充分な用意があったのである。

ならば北京政府はなんのためにその一カ月の戦いをしたのだろうか。中国側は停戦後、東部ではインドが国境だと主張している線まで撤退し、西部では中国が自国領だと説いているところに腰をすえた。五九年十月以来、会議の席で同意させることができなかった自分の主張を、鉄砲を使って教えたのがその戦いの目標のように思われた。

中国は西部で自国領だと頑張る土地を抑えつづけ、かわりにインドは東部の占領された土地をかえされた。この事実から多くの観察者は、中国が東ラダクの占領をつづけるために、インドの東の端に圧力をかけたのだと考え、チベットと新疆を結ぶ自動車道路の確保こそが北京の狙いだと推定した。

だが、この説明では、五八年の戦争目的が金門の奪取にあったという解釈と同様に、どこかおかしなところがある。なぜなら、無人地帯のラダクは中国側がそれ以前からずっと占領をつづけていた領域だからだ。インド軍が中国軍の前哨地点を迂回して進出したのであれば、撃退するだけでよかったのである。なぜインドにあらっぽい一撃を与える必要があったのか。その戦いはラッセル氏が言うように「思想上の理由からではなく、国境線が不明確な地域におけるある種の領土問題」だったのだろうか。

攻撃を開始したとき、北京側は手回しよく、ネールに狙いをつけ、容赦のない非難を浴びせた。「ネール哲学」を論じたその長い論文『中印国境問題から再びネール哲学を論ず』（『人民日報』六二年十月二十七日）は「いかなる国家でもその外交政策はすべてその対内政策の延長である」と語り、ネールが戦争を求めた「根源と背景」を説明した。ネールはアメリカから援助を獲得しようとして中国へ戦争をしかけたのであり、その背後にはネールが国民に対して圧迫を強めている国内事情があるからだと激しく非難した。このゲームでもインド側は手だしができないままに終わった。戦争をしかけた毛沢東哲学を論じようにも、中国の新聞雑誌から「搾取と圧迫」「人民の不満と反抗」「弾圧措置」「虐殺」を拾い集めることができず、「対内政策の延長」を探すことはできなかった。注目すべきことはたしかにあった。ジョセフ・オルソップ氏に代表されるような人々は、その年四月から五月に香港に逃げてきた多くの難民が語ったところから、「きりもみをして落ちていく」中国の危機的状況を熱っぽく論じていた。だが、中国の経済悪化とヒマラヤ山麓の一カ月の戦争をつなげるには、その間に介在するはずのなにかが足りなかった。

3　北京中間空位期の謎

一九六二年の中国の出来事は、いまはだいぶあきらかとなり、ある程度はからまりもつれた糸をときほぐしていくことができるようになっている。その年の状況を把握するためには、まず五八年の毛の大計画から追ってみなければならない。

五八年十二月の六中全会で、毛は国家主席を再任しないと言い、翌年四月に劉少奇にその椅子を譲り、あたかも劉を後継者として指名したような印象を与えた。いまとなってみればかれの本心はべつにあったのだと想像したくなる。五七年にかれが党外知識人を利用して党の整風を行なおうとして、党と軍政治工作部門の抵抗にぶつかった際、国家主席を辞任してもこの運動をやりぬくと語ったかれの政治的駆引を思いだすのが適当なのかもしれない。

そのときすでに人民公社は重大な危機に瀕していた。毛は自分の占領拠点を確保しつづけるために、党首脳陣の支持と協力を求めねばならなかったし、劉との取引が必要だった。毛とすれば、もう一時間歯と爪を使ってでも守り抜けば、敵の反撃は力尽き、退却へ変わると信じていた野戦司令官の気持だったにちがいない。

かれが劉を味方へひきいれた措置は成功だった。これは五九年七月十四日、国防部長彭徳懐《ほうとくかい》が、毛をはじめ全中央委員に毛のとったすべての政策、すなわち大躍進から人民公社、全民製鋼、民兵中心の軍事政策に至るまで——を率直に批判した意見書を配布したときに役立った。八月に廬山《ろざん》で開かれた中央委員会総会で、大多数の中央委員は希望と不安のあい矛盾する感情の板ばさみになったであろう。希望は彭の「万言の書」が政策の転換を促してくれればという期待であり、不安は毛に対する忠誠心とかれの無過失性を守らねばならないとする心理的抑圧に発するものだったにちがいない。

大勢を決したのは劉少奇とかれのグループの微妙な態度ではなかったろうか。彭の意見書を支持していた陳雲《ちんうん》、薄一波《はくいっぱ》、譚震林《たんしんりん》といった経済部門の責任者も多数派の安全についた。決議は敗北した少数派に型通り「反党集団」の烙印を押し、*「ブルジョア階級と小ブルジョア階級上層の利益を代表して社会主義革命を破壊するもの」だと非難することになった。

だが、浙江省《せっこう》第一書記江華《こうか》がこの決議に不満をもらし、「党内に階級闘争を持ち込んだ」と批判したのは、それが恐るべき予言になるとはだれもそのとき気づかなかったにせよ、多くの委員がうなずくところであったにちがいない。

政策の転換は公式の退却命令で行なうことはできないというのが、彭を見殺しにしたかれらの後ろめたさの弁解だったのであろう。だが、この決議と「人民公社万歳」への固執が、五九年の農閑期を動きのとれないままにした。しかし、六〇年の収穫期が終わって、ついに政策の転換が決まった。天災が毛の面子をたてる口実となり、ソ連の経済制裁が退却を正当化するもう一つの理由となった。十一月三日、党中央は人民公社に対して、全く隠蔽された形で「緊急十二条」(農村工作緊急指示十二条)を発した。

凶作は深耕法、密植栽培、作物体系の変化等の画一的命令が主因だった。伝統的な家族制度と生活様式の急激な変化、労働の軍隊的な強制に対する農民の消極的な抵抗が、災害を激化した。

もはやイデオロギー運動は集団を支える力とはならなかった。輝かしい未来を描く福音主義の呼びかけは虚ろな響きを残しただけで、農民の間には幻滅と疲労、そして飢餓がひろがっていた。平等分配の方式は農民の怠慢を助長するだけとなり、「狂犬」「人たたき」「土匪」と呼ばれるようになった民兵隊が強制手段となって崩れかけた人民公社を支えていた。

この破滅的な状況をくいとめたのが「十二条」だった。公社の実権は生産大隊——その規模は一般に前の高級農業生産合作社に相当する——にひきおろされ、私有財産の復活が認められ、平等主義の原則は撤回された。

ところで、同じ時期に、彭徳懐の後を継いだ国防部長林彪が軍隊に別の命令を下していた。軍も危険な状態にあった。彭徳懐、黄克誠《こうかつせい》の軍首脳部の追放がひきおこした高級将校の士気失墜があり、農村の危機を反映する兵士たちの不安と不満があった。またソ連の軍事援助の打ち切りと工業計画の挫折は、いまや否応なしに彭徳懐が採用した戦略、兵器体系、軍隊構造を根本的に変えねばならなくなっていた。

＊　追放された主な人物は彭徳懐（中央政治局員、国防部長、国務院副総理）、黄克誠（中共中央委員、中央書記処書記、総参謀長）、張聞天（中央政治局候補委員、外交部副部長）、洪学智（中央委員候補、総後勤部長）、周小舟（中央委員候補、湖南省委第一書記）などである。

なお六七年八月にあきらかにされた五九年八中全会における彭追放の決議は、彭、黄、張が高崗と「反党同盟」を結成していたと主張している。一体、高崗と彭徳懐の結びつきは、高が東北の支配者として君臨し、彭が朝鮮派遣軍司令官だった時期に築かれていたのか。それとも時期は違っても、両者が対ソ接近策を図ったことに対する非難の表現だったのであろうか。

六〇年のブカレスト会議で、フルシチョフは高と彭を弁護し、この二人はソ連に対する毛の誤った政策に反対したことを除けば、なにも罪を犯していないと主張している。

すなわち十月、林彪は党中央軍事委員会拡大会議で、精神の優位と毛沢東思想の学習を強調し、「四個第一《しこだいいち》」「三八作風《さんはちさくふう》」*を提唱した。イデオロギー教育によって将兵の士気を建て直し、自国生産の小型火器による小部隊の訓練を、接近戦と夜襲戦にしぼった。

農村と軍隊で採用された政策は大きく違っていた。それでも党幹部たちはそのことを、窮地におきざりにされた異なる領域に対するそれぞれ別の打開策だと受けとっていたのかもしれない。事実、軍では兵士たちに「十二条」を「救命丸、意欲増進丸」と宣伝することで、精神教育実施の支えとしたのである。

しかし、この二つの路線は衝突の危険を孕む運命にあった。それは五五年の農業集団化構想のなかにみられた毛の希望的な信念体系が、軍の近代化路線のなかに密着した合理主義の原則と並存できなかったのと同じだった。

党幹部はかまわず自己の道を進んだ。「十二条」につづいて六一年三月に、劉少奇、鄧小平が中央宣伝部に命じて造らせた報告書ができあがった。『毛沢東思想と領袖革命事跡の宣伝におけるいくつかの問題の検査報告』である。これは毛の著作の利用があまりに単純化され、通俗、形式的に流れていることを批判した内容だった。そしてその目的は、大衆の感情を高めてヒステリー的な政治運動を行なうことを禁じ、経済、文化の各活動面に毛の教義を持ち込むのを阻止する狙いがあった。彭真はこの報告を各中央局に配布した。

五月には、劉少奇、鄧小平、彭真の全般的な指導のもとで、農村人民公社工作条例草案六十条が造られた。これはそれまでの農業路線の方向を大きく変える、つぎのような重大な内容を含んでいた。

第一に生産大隊から生産隊——集団化の最初の形態、初級農業合作社に相当する——へ生産手段を移し、この規定を三十年間変えないと保証した。第二に農村ですでに無意味と化していた階級区分を廃止した。前者は土地改革から人民公社まで十年間驀進《ばくしん》をつづけてきた毛沢東、陳伯達のはやる手綱を抑えた規定であり、後者は旧貧農と旧下層中農がすでに農村における党と体制の支柱になっていないと判断し、農業政策を新しい軌道にのせようとした大胆な決定だった。

劉少奇は「六十条」作成のとき、「秦の始皇帝は長城を造り、隋《ずい》の煬帝《ようだい》は運河を造って滅亡した」と手厳しい非難を人民公社と毛に投げかけた。これに対して毛沢東は鄧小平、彭真たちが勝手に「六十条」を造ったことを怒り「どこの皇帝が決めたのだ」と憤懣をぶちまけた。北京はいまや中間空位期に入っていたのである。

そして両者の衝突が「六十条」の階級区分取消しの条項をめぐっておきたようだ。そ

＊「四個第一」は、武器より人、工作のなかでは政治工作、政治工作のなかでは思想工作、いきた思想工作を指している。「三八作風」は「三句と八字」、「三句」は「正確な政治方向の確立」「質実素朴な工作作風」「機敏な戦略戦術」を指し、「八字」は「団結」「緊張」「厳粛」「活発」をいう。

の条文はつぎの通りである。「地主、富農の態度がよく、生産にはげむ者は入社を許し、階級成分を変更できる。態度がよくもわるくもない者は、階級成分を変更せず、社員候補とする。態度のわるい者は社員とせず、公社の拘束のもとに生産に従事させる。階級成分が変更されても、一定期間、各級組織の幹部、役員としない」

僅か一カ月のちに、「六十条修正案」が出され、この条文は消えた。削除の理由はなんだったのだろうか。思うに林彪の反対があったためとしか考えられない。その時期に各地の軍政治工作員は軍中央につぎのような意見を提出していた。

「兵士たちは、土地改革と合作化のよい面を語るときには、その談話は大いに進み、話し方もごく自然であり、具体的であり、いきいきとしていた。ところが人民公社の問題になると、話は進まず、話し方はきわめて抽象的で内容は空虚なものになってしまった。また経済建設の成果についての話し合いでは、工業面では話し方がいきいきとし、話も活発に展開されたが、一たび農業の面になると、話は急に少なくなり、ある人々は避けて語ろうとしなかった」（『羅瑞卿同志の視察報告』＝『工作通訊』第十一期）

軍中央は対策を検討し、抗日戦から内戦の間、大衆の政治意識を高めるのに非常に効果のあった「訴苦《スウクウ》」の手法を採用した。農民を集め、身の上話の告白によって社会的不正を実例で示し、抽象的な理論を受けつけない人々の関心をひきだし、大多数の人々を共産党の指導の下に結集させるのが、「訴苦」の目的だった。

軍は「苦ヲシノビ、ソノ根本ヲ掘リダス」運動を開始した。「苦難想起のモデルを養成」し、つづいて兵士たちに共産党統治前の「階級と民族」の苦しみを語らせる討論会を開き、地主が農民を圧迫した話劇（現代劇）、幻燈、展覧会を開き、この運動を盛りあげさせた。* つづいて「甜《てん》ヲ語リ、源ヲ思ウ」運動へ進み、今日の「甜」は共産党がもたらした。

＊　林彪と総政治部は六一年一月三日に北京軍区政治部につぎのような指示をくだしている（『工作通訊』、第四期）。

「苦難を思いだすことを前提に、引き続き大衆に苦難を勘定する方向に指導し、……苦難を勘定するには、苦難をさらけだし、苦難を語り、苦難をとことんまで話すことが必要である。もし、思い訴えるときに民族苦について思い訴えることが十分でなければ、この時には補足するようにする。……

苦難を勘定した後には、大衆に苦難の根本をさぐり、苦難はどこからやってきたかを討論させ、……大衆に貧乏人が貧乏である所以は地主と資本家の搾取があり、……経済的搾取は国民党、蔣介石の反動政権に依存して維持されてきたものであることを理解させ、……さらに突っこんで蔣介石反動政権は誰に支持されているかという問題を提出し、最後に帝国主義、とくに米帝国主義まで調べなければならない。……

苦難の根本を探し当てたならば、国内外の階級闘争の状況を結びつけて強く説明し、大衆に国内の階級の敵が決して完全には消滅しておらず、かれらはなお必死の反抗を試み、さらには機をみて破壊を行なっており、国際上では帝国主義、とくに米帝国主義は戦略を積極化し、わが国を敵視し、わが国の領土、台湾を占領していることを知らせ、……部隊の士気を励まし、警戒を厳にし、発憤し、困難に打ちかち、党及び毛主席の指導に服し、革命を徹底しなければならないことを説かねばならない」

らしたものだと教え、建軍の精神、烈士、英雄の伝記を学習させた。

軍の再建方式は、国民党支配の時代と比べて、共産党指導下の時代がはるかによくなっていることを反復強調する政治教育にあり、その狙いはもっぱら過去の階級的苦しみを教え込み、敵に対する憎悪を喚起して、兵士たちを現体制の無条件な支持者とすることであった。そこで林彪は、「六十条」が階級区分の変更を認めるなら、兵士たちにたたき込んだ否定的シンボルが曖昧となり、身近な環境に敵を造り、敵の人格化を行なうことができず、多数派の兵士たちの忠誠と団結を創りだそうとする工作を破壊すると訴えたにちがいない。この主張を耳にするや失意のなかにあった毛は、とびつく思いで林彪を支持したであろうし、階級区分の硬性規定はたちまち復活したのではあるまいか。

二つの政治指導が、やがてひきおこすと予想される軋轢の先駆的現象は、まずこのようにして現われた。だが、大多数の党中央の幹部たちは、階級教育と毛の三つの精神訓話——『老三篇』——による再建方式をあくまで紀律と命令が支配する非経済的な軍隊内の試みだとみなしていた。かれらはそのやり方に新しい政治的想像力はなにもないと蔑視していたにちがいない。党指導部は、工場技術者、科学者、作家、大学の研究者たちに、ドグマ的な政治学習を押しつけることをやめようとした。「六十条」につづいて連関性のある一連の新政策が採用され、九月に薄一波が「工業七十条」*(工鉱企業工作条例七十条)を、鄧小平を中心に中央書記処は『高等教育工作条例六十条』、『自然科学工作条例十四条』、「文芸十条」**を発布した。

ところで、農業、工業、文教部門における新政策の正統性を、まず彭徳懐の名誉を回復しなければ主張できないし、実質的な仕上げにはならないということをだれもが承知していた。もし彭の復権を認めないならば、かれの意見書を具体的な形にしたこれらのプログラムは論理的な帰結として「反党綱領」となるはずだった。したがってこの綱領の作成者はいつかは彭と同じ被告的立場にたたされ、「三面紅旗」運動（社会主義総路線、大躍進、人民公社）を背後から刺した裏切り者とされる危険をはらんでいた。そこでかれらは中間空位期をはっきりと終りにするためにも、「三面紅旗」運動の否定と彭の名誉回復をどうしてもつぎの目標としなければならなかったのである。

十一月には彭真が北京市の党書記処に対し、五八年以来の各分野における公文書の検

＊　『工鉱企業工作条例七十条』は秘密にされているが、つぎのような条項を含んでいるといわれている。進行中の工場建設、新建設、施設の拡充の計画を中止させ、赤字となっている企業の操業を停止させる。地方政府所有の工場は生産必需品の生産を行なわねばならない。すべての労働者は休息時間と八時間の労働制、一カ月四日の休暇を保証しなければならない。出来高賃金制を採用し、ボーナスを支給し、一定の質、量、完成時間を定める「三定」政策を実施しなければならない。労働者の配置転換は行なってはならない。

＊＊　「文芸十条」は六一年六月に党中央宣伝部、文化部が発令した。内容は不明だが、このあと創作の自由、伝統の発掘、「無益無害」の戯劇の上演が認められ、劇団には「四大自由」が与えられて大幅な自由が承認された。

討を命じ、中央の正式討議にかけられず、個人の指令でなされた政策の点検を指示した。そして「三面紅旗」運動に対して公けの非難を行なうために多くの講話がなされた。

たとえば彭真の部下、北京市副市長の劉仁は、この年の末に北京郊外の農村幹部訓練班で、「三面紅旗」運動を攻撃してつぎのように言った。「われわれは誤りを犯かした。工作はうまくいっていない。生産はあがらず、人民は飢え、浮腫病人は増加している。ある地方では幹部は社員を統率できず、だれも草取りさえしない。土法《どほう》製鋼はスクラップを造っただけだ」（紅衛兵紙『戦旗』第六期）

翌六二年一月一日、呉晗《ごがん》は『波について』と題し、「この波頭はまことにすばらしい。ますます大きくなる」と書いた。北京が全国へ大波をまきおこす中心の力だったのだろうか。そして呉晗は北京で開かれる「七千人大会」のプログラムに期待をかけていたのかもしれない。

中央工作拡大会議は中央部門の責任者から中央局、省市の書記に至るまで五級以上の幹部七千人を集めた大集会だった。毛は出席して、困難な時期はすでに終わったと述べたというのだが、それでかれは退席したのだろうか。鼠は沈みいく船を去りつつあった。かつて五八年当時に毛の構想に熱意を示すことで中央委員候補に昇進した地方党書記たちも、いまは毛の反対派にまわっていた。

大会を主宰したのは劉少奇である。かれはこれまでの運動方式を反省し、それが「残酷な闘争、無情な打撃」だったことを認め、困難は「三分の天災、七分の人災」だと語った。また、「組織を造るのは容易だ。しかし、それを固めるのは容易でない。強固にならねばどうして走ることができるか」と言い、「三面紅旗」は「歴史の教訓」だと述べ、これらの教訓から党の統一指導の下、大衆の能動性と創造性をひきだすべきだと説いた。

すなわちかれは八全大会の政治路線への復帰を唱ったのであり、集団指導を強調したのであった。そしてかれは、彭徳懐意見書の少なからぬ部分は事実に合致し、彭はなにも誤りを犯していないと主張したのである。

大会の狙いは、「三面紅旗」運動を批判し、新政策の定着を求め、彭徳懐罷免につづいた反右派闘争犠牲者の名誉回復を呼びかけることにあった。大会終了後各地方書記はそれぞれの任地へ戻り、下部党組織へ大会の主題を伝達、拡散した。たとえば西南局の第一書記李井泉《りせいせん》は「七千人大会」を報告して、つぎのように指示した。

「今後、工場は政治活動を行なうな。生産運動と学習運動だけを行なえ。医院、文化芸術、科学団体で政治運動を行なうのは誤りである。以後行なうな。諸君安心してよい。ただ専門の業務だけをやればよい」

二月四日、彭真の懐刀、才気あふれる鄧拓《とうたく》は『ことしの春節』を書いた。「北風がもたらす厳寒の候はやがて終わりを告げ、これにかわるのは暖かい東の風である。大地はまもなく雪どけを迎えよう」

二月二十一日から二十六日まで中央工作会議が開かれた。陳雲《ちんうん》は劉少奇の指示で「三面紅旗」運動批判の報告書を作った。「農業は非常な減産である。糧食は足りず、食用油は少なく、衣料は不足している。国家の精神は傷つき、五年で回復できない」

三月三日から二十六日までは、広州で全国話劇歌劇創作会議が開かれた。周恩来と陳毅が出席し、「百花斉放」を説き、仮借のない文化統制官であるはずの周揚《しゅうよう》がつぎのように語った。「われわれは再び秋風を吹かすことはできない。暖かな春風を吹かせねばならない。……

私が見るに放《ほう》がなく、鳴《めい》がない。逆に最近は創作が萎縮し、言論はしぼんでいる。民主がなく、専制だけだ。……

どのようにすればわれわれの創作を繁栄させることができるか。作家の創作の自由をまず尊重することだ。作家のペンはかれ自身のものだ。作家の思想もかれ自身のものだ。われわれは作家の独立創作を認めねばならない」

創作会議が開かれている間に、中南局第一書記陶鋳《とうちゅう》は河南の災害地を視察した。鄭《てい》州《しゅう》では省、地方、市委書記を集めて、かれはこう語ったといわれている。「家は壁を残すだけ、赤貧洗うがごとき状態だ。生産を進める方法はない。……君たちは資本主義が怕《こわ》いだけなのか。水腫病は怕くないのか。君たちはあれを怕がり、これを怕がる。人が餓死することだけは怕くない」

かれは河南省六年農業生産回復発展方案を造り、生産奨励の命令をだした。開墾荒地を社員に分け、災害のひどい地域では社員に耕地を貸し、個人経営を認めた。「われわれは資本主義国から食糧を輸入して食べている。なぜ借地ができないのか。借地制に危険はない。所有制に変化はなく、資本主義の発展とはならない」

三月二十九日、鄧拓は『李三才《りさんさい》を弁護する』を書いた。同じ日の『人民日報』は、ウルムチ川の治水工事を論じ、これは「静かに広め、静かに前進し、一歩一歩前進」したから成功したのだと説き、偉大な業績は一日ではできず、何世代もの努力を必要とすると主張した、明朝の官吏、李三才の冤罪をとりあげた文章が、彭徳懐の再審要求を訴えたものであることはだれにも分った。

また他ならぬ党機関紙の社説が主張していることが、とりも直さず大躍進の批判であることは、ロシア人にも理解できた。四月三日の『プラウダ』は久しぶりに大きなスペースをさき、これを転載した。

彭徳懐名誉回復の運動はさらにつづいた。呉晗が明朝の「国防部長」干謙《かんけん》の名誉回復をとりあげたのをはじめ周揚が海瑞《かいずい》をとりあげ、中央宣伝部長陸定一《りくていいち》は唐初の政治家、魏徴《ぎちょう》をとりだし、魏が唐の太宗に直言極諌《きょくかん》した言葉を引用した。「隋朝は富強だったにもかかわらず滅亡した。たえまなく兵を用い、休みなく民衆を労役に使ったので民衆は苦しみ疲れ、生きていくことができなくなったのだ。戦争をすべきでない。殺生をすべきでない。奢侈《しやし》にふけるべきでない。過度にすぎる労役に民衆を動員すべきでない」と。

五月になると周揚は、無意味な慶祝文章を載せるなと指示し、毛沢東の延安講話二十周年を無視した。『戯劇《ぎげき》報』、『劇報』の五月号は社説を載せず、『人民日報』、『文芸報』の五月二十三日の社説も延安の文芸講話をとりあげなかった。

そして六月に入ると、遂に彭徳懐自身が八万語にのぼる名誉回復の要求書を党中央に提出したのである。すでに行動に必要な世論の造成は整っていた。では、つづいてなにがおきたか。七月一日、『光明日報』は「毛沢東主席とかれの親密な戦友」の写真を載せた。毛沢東と陳雲が並び、陳のうしろに朱徳と周恩来、陳と毛の間に劉少奇、毛の背後に鄧小平と林彪が並ぶ写真は、西側でさまざまにとりざたされた。もちろん、観察者はこのとき、団結を誇示して並ぶ七人に、彭徳懐の影が大きくのびていることなど気づかなかったのである。

このあと部小平は共産主義青年団の中委全会で「農業生産にはさまざまな方法がある。白猫だろうと黒猫だろうとかまいはしない。鼠をとる猫がいい猫だ」と喝破《かつぱ》し、月末には鄧拓が毛を誹謗する『健忘症の専門治療』*といった露骨な題名の随筆を書いていた。

そして八月一日の『人民日報』は八ページ建ての紙面の七ページを使い、劉少奇の『共産党員の修養を論ず』をわざわざ再掲載した。これは毛沢東の言論をいくつか引用した改訂版であったが、ここには劉の地位を特別なものにする目的があったのはいうまでもなかった。この論文はのちになって、「反マルクス、反毛沢東思想の大毒草」だと罵倒され、文中で劉が「マルクス・レーニンのよい学生になれ」と言ったのは、林彪の「毛主席のよい学生になれ」に対抗したものだという非難まで投げかけられることになる。**

＊「この病気にかかった人にはいろいろな症状が現われる。見たものをすぐ忘れるというのもあり、いま話したことをすぐ忘れるというのもあり、いまやったことを覚えていないというのもある。……専門治療は……信用できる医師の指示に従がわねばならない。病気を勝手に決めてはいけない。とくに健忘症患者自身はみだりに口をださないようにすることが肝要である」

＊＊中央文革の一員だった戚本禹は六七年四月に劉の『修養を論ず』を非難してつぎのように述べた。「君は六二年に革命を否定し、権力の奪取を否定し、プロレタリア独裁を否定し、マルクス・レーニン主義に反対し、毛沢東思想に反対し、腐りはてたブルジョア世界観を宣伝し、……人をだます大きな毒草であるその本を再出版したが、それはなぜであろうか」

これに対して劉少奇は再版——三九年に発表、四九年に改訂出版、六二年にはじめて毛の名を四回、毛の言論を六カ所引用して三度目の発表——の理由だけを述べた。「この本が六二年再版されたのは、それを推進する人（康生といわれる）があり、ある人が私に代わって手を入れてくれた。しかし、私が見てから『紅旗』『人民日報』に発表した。私が主要な責任を負うべきだ」

4　なぜインドを攻撃したのか

毛沢東の反撃は九月二十四日から二十七日にかけての十中全会でおきた。しかし、その月の二日に鄧拓が「三十六計逃げるにしかず」と書いて、警戒信号をあげたことからみると八月末に北戴河で開かれた中央工作会議がすでに転換点だったのである。

毛の逆襲はどのようにして行なわれたのだろうか。かれはまず農業の個人経営を非難し、次いで流通機構の私営を認めた商業部を叱責し、河南省で行なわれている農業生産の任務を一戸ごとに請負わせる「分田到戸《フンティエンタオフー》」の調査を求めたという。席上朱徳は、毛の意見に対して個人経営でよかろう、個人経営で社会主義は崩れはしないと難色を示したということであるし、政治局委員・財政貿易弁公室主任の李先念《りせんねん》は、だれに向かってかは必ずしも明らかではないが、「現在討論の雰囲気はない。異なる意見の発表を許すべきだ」といって怒りを示したといわれている。

だが、事態は毛の考え通りに展開していった。すなわちつづく十中全会で、彭徳懐追放の有効性が再確認されたのである。さらに毛沢東は「階級闘争」の命題を持ちだした。これは一体どういうことだったのだろうか。

まず想像し得ることはマルクス主義政党の幹部たちにとって、農業集団化の破壊をマルクス主義的原則にのっとり正面きって非難されれば、自分たちの行動を弁護するのは容易ではないだろうということである。その際、経験主義的な証拠や経験主義的な功罪だけでは勝つことはできなかったかもしれない。

かれらをおびやかしたイデオロギーの呪縛に加え、さらに毛は依然として家長型の威信を持っていたのではなかろうか。一九三五年以来、自分の上に立つ人物を一切認めなかったかれに対する部下たちの態度は、スターリンの手下が従順な下僕であったのと同じだったのではなかろうか。いずれにせよ、皇帝は復帰したのである。

だが、毛はすべてを自分の思い通りに押し通せたわけではなかったようだ。かれは彭徳懐の名誉回復を阻止できても、背後の陰謀を追求できなかった。政治局の任務を代行して中央の日常工作を処理する中央書記処には、彭徳懐とともに追放された黄克誠《こうかつせい》、譚《たん》政《せい》の空席があったが、この地位に、陸定一、康生、羅《ら》瑞卿《ずいきょう》の三人が抜擢されたのも、それをうかがわせた。

毛が文学・芸術の偏向に小言を言い、訓戒を垂れていたとき、当然不興をかうはずの党中央宣伝部長陸定一が逆に昇進した。国防部副部長兼総参謀長の羅は、毛を擁護する病身の林彪の対抗馬としての狙いがあって中央書記処に加えられたのかもしれない。郭《かく》沫若《まつじゃく》のように、あとになってすばやく勝利チームの側に早変わりした康生にしても、そのときには毛個人に忠誠を誓って書記処入りをしたわけではなかったのではないか。恐らく、自らを後継者と信じていた人々は中央機関の権限と機能をしっかりと握っていれば、すべては時が解決すると信じていたのであろう。一方、毛も相手を追い詰める積極的な行動をとることまではできず、一時しのぎの妥協をしたのかもしれない。

そこでかれが持ちだした「階級闘争」の修辞はなにを意味していたのだろうか。「国内の敵」という危険信号のなかには、「三面紅旗」運動の失敗に対する都合のいい言い訳があり、農業集団化の緩和と流通機構の自由化の動きに対する留保つきの警告があったろう。さらにその奥には、林彪がかれの管掌《かんしょう》部門で階級教育を採用し、精神優位を教え込むやり方を、さらに広汎に農業と工業の再建にも適用すべきだと熱心に考えていたことがあった。

このことは中央委員にも分かっていた。だが、かれらは、主席が語っているのは直面する現実の問題に対してでなく、かれのイメージに対してなのだ、とみなしていたようである。兵士たちの訓練ならいざしらず、農村や工場で悪夢を繰り返す素地などありはしないと思っていたのであろう。

それ故にだれもが、「階級闘争」の古くさいテーマを国内政策の面よりも、世界的視野にたつ闘争方式の単純化した指針として理解し、ソ連を攻撃目標とした技術用語とみなしてしまったのではないだろうか。また、事実、北戴河中央工作会議の中心的議題は、ソ連に対する態度決定にほかならなかったのである。

ではソ連との問題はなんだったのだろうか。それはモスクワが北京に向かって、アメリカと核拡散を防止する協定をまとめるつもりだと言い、まず核実験禁止条約を結ぶつもりだと正式に告げてきたことであろう。これは米ソの核地下実験をつづけさせ、新たに核兵器を持とうとする国の大気圏核実験を禁止した条約である。核問題には、もちろん中ソの世界政策が密接に絡んでいるが、これは両国間のこの問題に関する曲折に富んだ秘密交渉に一区切りをつける最後の通牒となったのである。

それではもう一度思い返してみよう。五七年十月、フルシチョフは毛に原爆見本と製造技術を提供しようと約束した。一カ月後、毛はモスクワで六十四カ国の共産党代表を前に、フルシチョフの支持を演説した。五八年四月、フルシチョフは北京に共同防衛条約の締結を提案した。五月から六月に中国最高指導部は国防新技術協定や共同防衛条約案にかかわりなく、自力による核戦力の創設を決意した。七月末からの北京会談では、毛はフルシチョフへの回答を回避し、延期したと見られた。

五九年四月、彭徳懐軍事親善団がソ連・東欧諸国を訪問した。かれらをワルシャワ条約加盟諸国へ招いたのは、アジアにおける非核武装地帯の設置か、中国へのミサイルの持ち込みか、そのいずれかをアメリカに迫るフルシチョフの構想を、中国軍首脳部に受け入れさせようとする、ソビエトの最後の働きかけであったにちがいない。

すなわち彭は五月末にフルシチョフとアルバニアで会談し、六月はじめにはモスクワでモスカレンコ元帥と会い、さらに帰途もモンゴルまで元ワルシャワ条約総司令官コーネフ元帥が同行したといわれている。ソ連軍首脳の畳みかけての口説きかけがあったのかもしれない。彭が北京指導部にどのような報告をだし、いかなる影響を与えたかは不明だが、結局、北京はモスクワへソ連提案拒否の最終回答を送ることになったと思われる。それに対してソ連は直ちに報復行動をとり、六月二十日、国防新技術協定を破棄《はき》したのである。*

興味深いのは、ロシア人と長いつきあいのあるアベレル・ハリマンが六月二十三日にフルシチョフから聞いた話であろう。「ソ連は多くのロケットを中国へ送り、ロケットは中国沿岸に配置されている。これは台湾までとどき、台湾海峡の第七艦隊を破壊できる力を持つ」これは、共同防衛条約の締結を拒絶した中国首脳をからかったかれの悪趣味の典型例ではあるが、反面かれはまだ自分の計画に心残りだったのでもあろう。

二カ月後には訪米する予定だったかれが、三十年昔のリトヴィーノフ軍備撤廃案の焼き直しを国連で演説することに大きな期待をいだいていたとは信じることができない。おそらくかれは非核武装地帯案、いいかえれば中国内にロケット基地を置く約束をとりつけて出発したいと思っていたにちがいない。わざと西側の誤解を招き、猜疑心を助長させようとする、いかにもかれ好みのおどかしである。だが、かれはもはや戦争は行ないえないのだという信念を持っていた。だからこそ、中国をしっかりとつないだことをアメリカに示したかったのである。

原爆供与の協定を破棄したときには、フルシチョフはまだ中国に背を向ける決意を固めていなかったかもしれない。アメリカでは、かれは毛と天安門に立つよりははるかにくつろいだ気持で、トウモロコシ畑やスーパーマーケットを見てまわり、アイゼンハワーと話し合った。そのあとかれは北京へ行った。かれは中国指導者に向かって台湾のことは目をつぶれといい、資本主義国を戦争で試すなと説教した。失脚直前には、米ソ同盟維持のために東独のウルブリヒトを放りだそうとしたほどのかれのことだから、まずは当たり前の勧告である。歓迎の群衆も、共同コミュニケも、もちろん意見の一致もなく、かれの三度目にして最後の北京訪問は終わった。

北京とモスクワの関係が冷却度を増していた時期、六〇年五月にU2機撃墜事件がおきた。U2機のソ連領偵察飛行の責任を「挑発的な軍部」に負わせ、アメリカ大統領を別あつかいすることで頂上会談を成功させようとしたフルシチョフの試みは、アイゼンハワーが「騎士道精神」を発揮して正式に責任をとったことでだいなしになった。

＊　中国側がソ連のワルシャワ条約タイプの共同防衛条約案を正式に拒否したのは、あるいは五八年中のことであったかもしれない。しかしフルシチョフは、五九年一月に極東と太平洋地域における非核武装地帯創設の提案を発表しているし、彭徳懐の東欧訪問中にも何回か非核武装地帯の構想を語っているのである。ここから判断するなら、かれは依然自分の計画を中国に押しつけていたのであり、中国側は中国側で最終回答を引き延していたという可能性が強い。

北京はここぞとばかりにソ連を嘲った。頂上会談に対するフルシチョフの妄想を非難し、アイゼンハワーが平和の友人なのかと嘲笑した。フルシチョフはパリの四大国（米ソ英仏）首脳会談をぶちこわし、ベルリンからブカレストへ向かい、共産圏首脳会議に出席して、彭真にかんしゃくを爆発させた。かれは毛沢東をスターリンだと罵倒し、「超左翼主義者、超教条主義者、左翼修正主義者」だと怒鳴り、なみいる各国幹部を仰天させた。* そしてモスクワへ戻ったかれは中央委員会を召集し、ある政策の賛成を求めた。六月半ば、ソビエトは中国への経済援助を打ち切った。千余人の技術者を引揚げさせ、中国側の再考慮を求める要請をかえりみなかった。経済制裁へ踏みきったのである。

十一月の世界共産党会議は、もはや五七年に毛が出席した会議のようにはいかなかった。三週間にわたる長い秘密会議は、中ソ代表の激しい争いの場となった。公表された宣言は妥協の産物であり、その中身は北京とモスクワが自己の政策の正当性を自由に引用できる代物だった。モスクワは、戦争の可避《かひ》性、共存政策の必要、共産主義への移行についての自己の命題の正しさを強調し、北京は、ユーゴの修正主義を攻撃し、アメリカをさらに激しく罵倒する表現を入れさせ、共存政策といえども階級闘争の一つの形式だと解釈させるのに成功した。

だが、中国の国内状況に照明をあて、いまふりかえってみるなら、劉少奇、彭真、鄧小平、陸定一といった顔ぶれの代表団は、中ソ間の再団結を希望し、両国がそれぞれの面子を保てる範囲内で譲歩しあうことで、和解を求めていたのだとみても、あまり大きな誤りはないのかもしれない。劉少奇はレニングラードの工場を訪問した際に両国の優秀な工作作風をとりあげ、理論と事実の結合、指導と人民大衆との結びつき、批判と自己批判を強調する演説をした。これは大躍進運動の主観主義と官僚主義を自己批判したものとみることができる。ソ連の新聞はその演説を掲載したが、『人民日報』は黙殺した。

そこで中ソの関係のもうひとつ別の要因を考察してみよう。それは、友人も同輩もない、党・国家の体現者である二人の指導者の個人関係の微妙さである。これが大きな影響力を持っていたことを見逃すべきではなかろう。フルシチョフはスターリンの死後、中ソ関係の是正を図った。かれはスターリンの晩年に両国間の緊張があったことを認めていたのだし、毛は両国間のわだかまりと不愉快さを一掃できたのはかれのおかげだと語っている。

＊　フルシチョフの感情を鮮やかに説明したのはE・クランクショー氏である（高橋正訳『フルシチョフ』弘文堂新社、六七年）。「かれはともかくアイゼンハワーに対して怒っていた。しかし、毛沢東に対しても、国内の心底からかれを支持してくれない連中にも腹を立てていた。何ごとも思うままにさせてくれない人生そのものに腹を立てていたのである。……慎重に企んだ乱暴なショーのなかに、それまで抑えつけられていた不満がせきを切って流れだした」

もちろんフルシチョフ個人の裁量で中国との条約の手直しや、大規模な経済援助の約束ができたわけではなかったであろう。だが、それにしてもかれはソ連の指導者として中国へ行った最初の人物であり、中ソ友好の土台を築いた人間であることは確かである。そして北京から帰国してまもなくかれはマレンコフを首相の椅子からひきずりおろすのに成功した。*

つづいては毛がフルシチョフを助けた。五六年にモロトフ、カガノビッチをはじめ軍部や東欧のスターリン主義者たちがかれを追い落そうとしたときのことである。また五七年のモスクワ会議でも毛はフルシチョフの地位を守ってやった。その毛が一杯食わされたと憤慨したのは五八年四月のソ連提案を見たときだったにちがいない。

だが、無礼と感じ、腹の虫のおさまらない思いだったことではフルシチョフも同じだった。中国にとって大きな利益となり、当然応諾《おうだく》されると考えていた共同防衛条約案を棚ざらしにされて、かれは面目を失った。そしてそれが最終的にはねつけられたとき、かれは自分の進路にある大きな障害物が毛であることを知ったのである。

双方がいだく悪感情にさらに輪をかける事態が重なっておきた。毛は、フルシチョフに自分の農業集団化計画を非難され、やめるように勧告された。これは毛にとって大変な侮辱だったにちがいない。フルシチョフにしてみれば、以前に自分が試みたコルホーズの合併、大型化の試みをにがにがしく思いだしてのことだったであろう。スターリンへのご機嫌とりではじめた農業都市計画はたちまち失敗に終わったのだった。

そして共産主義への近道であるはずの試みが、フルシチョフの忠告通りの結末となったのは、毛にとってたえられない屈辱だった。またかれがフルシチョフの側に立つ彭徳懐を追放したあと、フルシチョフが彭を「正しく」「勇敢で」「もっともいい友人だ」と言ってのけたことは、さらにかれの怒りを強めることになった。ひきつづいてフルシチョフは経済制裁をしかけてきた。このとき毛は、これを自分を打倒しようとする攻撃だと受けとったであろう。

このあと六一年から六二年上半期にかけての中ソ関係は、二人の間にわだかまる憎しみと不信感のために一定の距離をおいたままとなった。中国のソ連に対する挑戦は、アルバニアに対する支持やスターリン廟《びょう》に捧げる周恩来の花束といった形をとりはしたが、

＊　フルシチョフ派とマレンコフ派の権力闘争とフルシチョフの勝利に、かれの北京訪問が全く関係なかったとはいいきれず、またフルシチョフが中国に与えた約束は、かれにかなりの自主権があったようにも思われる。

マレンコフが推進した五三年からの消費財中心の新経済路線は、中国の工業化を援助するのに支障となったであろうし、重工業優先派が防衛生産の拡大と中国への援助義務を説いて、マレンコフ派を追いつめたことは間違いなかろう。また合弁会社解散が決議されたのは、五五年七月総会においてであった。この会議でミコヤンは、合弁会社をめぐるソ連と中国の紛争をとりあげ、解散を主張したのだといわれる。

さらに対決姿勢を強化する意欲はみえず、だからといって改善策をとることもできないままであった。思うにこれは北京の中間空位期を反映していたのである。

そこで北京の中間空位期がどのような形でか終わりになれば——たとえば彭徳懐の名誉回復などという事態がもし展開するようなことがあれば、両国の関係には新たな局面が開かれたのかもしれないし、或いはソ連の方がなんらかの譲歩の手を打てば、それは北京の中間空位期を終わりにするお膳立てとなりえたかもしれない。しかし、フルシチョフは中国へ顔を向けてはいなかった。

六二年八月、フルシチョフはアメリカと核停条約を結ぶ決意を北京に告げた。米ソ両国の共通の国家利益に根ざした核兵器共同管理の動きは、ボンではドイツの分裂を固定化するものと不安視され、パリでは米ソ両国の核優先を独占するものと警戒された。そして北京指導部内ではソ連に対する怒りがわきかえったであろう。

かれらの怒りは、まず第一にソ連がアメリカと共同行動をとることによって中国を孤立化し、中国の核兵器生産を掣肘《せいちゅう》する意図だと受けとったからである。だが、そこには裏切られたという感情がより強くあったにちがいない。かれらにしてみても、五八年の自力核戦力創設の決定が選択の余地を自ずからとざす性格のものであり、したがってソ連と疎遠になる道を以後進むことになるとは覚悟していたであろう。

しかし、いまや毛の「三面紅旗」運動は崩れ、かれらは全政策の転換を進めねばならない事態となっていた。できることならソ連ともよりをもどす、その糸口を探していたように見えた。そのようなとき、ソ連のこの通告がかれらに与えた衝撃は、六〇年の残酷な経済制裁に比べてもずっと大きかったかもしれない。フルシチョフが中国との友好回復に全く関心を持たないことが判明したばかりではない。かれは公然と決裂の道へ踏みだしたのだと北京指導部は受けとったことであろう。

そこで北戴河会議が開かれた。党指導部はこの重大な問題を討議するのに、党主席の出席を求めた。ところがその「緊迫した情勢」（劉少奇の自己批判、六六年十二月二十六日の壁新聞）が毛にとって絶好の反撃の機会となり、かれに新しい足場を築かせることになったように思われる。そしてソ連に対する態度決定が、これまでのもっとも重要な懸案事項であった彭の名誉回復の催告を訳もなく吹きとばしてしまい、その結果、毛の立場を一挙に強いものにしてしまったのである。

対ソ対決の口火は切られた。まず九月、ウルムチ、ハルビン、上海のソ連領事館を閉鎖させ、ソ連居留民協会を捜索し、幹部を白系ロシア人として広州から香港へ追放した。これはこの年の四月から五月にかけて、新疆イリ地区からソ連領内に逃亡した四万から七万のカザフ族の送還要求を、ソ連が「ソビエトの法律制度の感覚」「人道主義」を説いて拒否したことに対する報復行動であった。

そして公開の対決はチトー攻撃となった。九月十七日の『人民日報』が突如チトーに罵声を浴びせたのは、一週間後に迫る最高幹部会議長ブレジネフのユーゴ訪問をとらえたものであった。この攻撃はソ連のユーゴ接近を非難したようであったが、その本当の目標はソ連がアメリカへ近づこうとする意図に対する警告であった。

そして毛沢東は、恐らく北戴河会議から十中全会までの期間に、より有効な政策手段、すなわち戦争を決意していたと思われる。抽象的な煩《わずら》わしい言葉をやりとりし、相手がなにを考えているのかで泥沼の争いをつづけるより、事実を造り、これを持ちだせば、争点は明確となり、明晰痛烈な弾劾ができる。そして中国の正当性の判定を求めることができ、ソ連との論争に決着をつけられると考えたのであろう。

かれは五八年には金門島を戦場に選んだ。それから四年後の、六二年には、年頭から、台北政府は反攻を声高に叫んだ。かれらは中国の混乱に乗じ、いまこそ大陸に攻め入る「千載一遇の秋」だと主張し、その宣伝を裏打ちする準備に忙しかった。今度こそは「狼が来た」のではないのだということをアメリカに印象づけようとする飾りつけだったが、その裏には台湾政策の手直しを望んでいるワシントンの行動を未然に阻止する目的が隠されていた。

その時期に総参謀長羅瑞卿は福州軍区へ指示し、「積極主動的に敵に打撃を与えよ。戦機を失わないために、報告はあとでよろしい」と命じたといわれる。かれの主戦論は容認されなかったといわれるのだが、たしかにそのとき、北京指導部は控え目な態度をとっていた。

六月二十三日、新華社は権威筋の見解を伝え、台北はその年はじめから反攻準備をしていると長々と述べた。これは自分の側の警戒措置に攻撃意図のないことを示そうと試みたものであった。また北京は同月二十七日の第七艦隊台湾海峡出動十二周年紀念日に、「台湾解放」には触れず、ワルシャワではアメリカ代表に、台北の冒険を抑えよと言いさえした。

北京指導部は、新しい政策路線の地固めと目標への前進に気を配らねばならず、蔣の遠吠えなど相手にする余裕はなかったのであろう。また海峡を緊張させることがとどのつまりはケネディ政権に逆手をとられる結果となり、沿岸諸島からの撤退になると判断したのかもしれない。そして八月末に毛沢東が対ソ対決の方針を定めて再登場したとき、金門の利用価値はさらに薄れていたのである。

ここで端的にいってしまえば、モスクワと争うためには、五九年以来くすぶりつづけていた中印国境に火をつけるのが、一番手軽な方法だったのである。金門への砲撃はワシントンをおびやかし、ヒマラヤで攻撃を行なえば、モスクワをゆさぶることができた。

北京の主張する「伝統的な慣習線」を実力で認めさせようとする試みは、中国との間にモンゴルを含めて一万キロの「実際的な支配線」を持つソ連の顔をしかめさせるに充分だった。事実、五九年の紛争でモスクワは中途半端な態度をとり、そのあとインドに大きな経済援助を与え、ミグ製造工場を建設しようとさえしていた。

もちろんヒマラヤ攻撃はソ連を不快にさせるだけではなかった。ネールに一撃を与え、その無力さをさらしものにすれば、旧植民地の中立諸国に対するかれの指導的な影響力を打ち崩すことができる。世界平和の義務の方が重要だと説くネール、チトーの非同盟運動への打撃は、アジア、アフリカの急進的な民族主義者の反帝、反植民地主義の声を強化でき、第三世界の統一戦線を結成できよう。* さらにソ連に向かっては「インド反動派」を支援し、「兄弟的な社会主義国」を敵にまわしたと非難を浴びせ、ソ連の平和第一主義が国家的な利己主義のごまかしだと攻撃すれば、北京の主張に親近感を持つアジア諸国の共産党を自分の引力下におくことにもなる。

そして北京が狙った獲物は、同じときにおきたキューバ危機からも手に入れることになった。中印戦争がキューバに対する援護射撃で、その島へのアメリカの圧力を緩和させる毛の戦略計画だとみる解釈は、無論正しくないが、二つの出来事は全く無縁なのでもなかった。

フルシチョフが北京に核停条約締結の意思を素気《そつけ》なく伝えたとき、モスクワへ呼んだキューバ軍事使節団に向っては、ミサイル基地の設置を約束していた。相互に矛盾し、二股かけているようにみえた二つのアイデアは、フルシチョフの頭の中では一つだった。目標に近づくためには恫喝《どうかつ》が必要だとする、かれらしい着想だったのである。

北京はモスクワが打った芝居の真意をすぐさまかぎとったのであろう。一年のちに北京指導部の公開状はつぎのようにモスクワを罵倒した。「かれらは幸運をたのみにして、一か八かの賭けをやり、無責任な核賭博を打ち、人には言えないやましい目的をはたそうとした」（『戦争と平和の問題での二つの路線』＝『人民日報』六三年十一月十九日）

アメリカの裏庭に腰をすえての威嚇、それにつづくアメリカとの共存計画が軌道にのれば、それは核ミサイル設置の提案を斥けた北京に対する見事な教訓となるはずであった。しかしその失敗は毛の正しさを立証する結果で終った。北京はキューバの冒険と撤退を「第二のミュンヘン」と笑いものにし、核ミサイル受入れ拒否の正しさをちらつかせた。かれらは願ってもない攻撃材料を手に入れたのである。

そして十一月のソフィア党大会にはじまって同じ月にブダペスト、十二月にはプラハ、つづいてローマ、翌年一月には東ベルリンとつづく党大会が闘争の舞台となり、国際共

＊　六一年はじめ、「当面の国際情勢に関する主要問題」と題する、毛が語ったかに思える講話は、国際的大団結とあらゆる国との友好関係の樹立を説きながら、このときすでにインドとユーゴだけを除外している。

「われわれはこの複雑な状況下にあって具体的分析を行ない、工作をうまくしなければならない。進歩勢力は団結し、中間勢力をかちとり、帝国主義を孤立させなければならない、社会主義陣営を団結させ、積極的に植民地、半植民地の闘争を支持し、あらゆる国家との友好関係を打ち立て、インドのネールやユーゴのチトー集団を孤立させ、米帝国主義に反対しなければならない」

産主義運動の正統性を競う争いが公然とつづけられたのであった。

だが、毛沢東がフルシチョフとの対決を決意した全体的構想は、いまとなれば一層はっきりと分かる。かつてかれは延安にかれの根拠地を定めたとき、国内に激しくなった内戦停止と一致抗日の世論を先取りして、抗日統一戦線の新綱領を造った。そしてかれは日本軍の侵略が触媒《しよくばい》的役割をはたしておきる社会・政治的変化を、自己に有利に導き、共産党支配地を拡大できると確信した。再びかれは非凡な直覚力に頼ってか、あるいは深い洞察の結果からか、同じやり方をとったように思われる。

かれはネールを直接に狙いながら、背後のフルシチョフに照準をあわせ、モスクワに向けて非難攻撃を強めていきながら、国内の人心と進路をかれの思うように変えていこうと考えたのであろう。かれは愛国心に訴える主題にすべてを包み、フルシチョフ攻撃の宣伝をし、大衆教育運動に修正主義の非難を溶け込ませ、その結果農業と工業における国内の改良路線を敵とする、かれのイメージ通りの雰囲気を醸成しようとしたのであった。

第V章

国内の戦い

1　二つの農業路線　六二年～六四年
「階級闘争」をめぐる争い

六二年秋、毛沢東が部下たちに代行させていた権限を取戻したとき、もはやかれの行動方針は決まっていた。まずかれは軍のやり方を見習うべきだと説きはじめた。かれは軍の政治工作条例を手引きにして、工業部門において中央官庁から工場、炭鉱にまで政治部、政治処、政治指導員を置かせた。

つづいてかれは学校から外交部に至る、すべての機関にも政治部を置かせた。さらにかれは学校そのものも兵営を手本にすることができると考えた。それで農村や工場から思想的に優秀な青年を選抜して兵士にする徴募の方法を、大学もまた進学試験に変えて採用すればいいと考え、教育内容については道徳的な科目を第一にすべきだと信じた。

かれの目指すところは国民の一人一人を窮乏に耐え得、自己犠牲と平等主義に徹するものにすることであり、あくまでも党の指示に忠実な人間にすることにあった。つまり雷鋒《らいほう》や王杰《おうけつ》のような兵士たちを求めることがかれの計画の中心にあったのである。

雷鋒や王杰は毛沢東の著作によって「正しい政治思想」を学び、実践した人民英雄である。ところで、一般人民が毛の思想を学ぶためにはかれの全集四巻を読む必要は全くなかった。林彪は軍隊内で毛の初期の文章、いわゆる『老三篇』を兵士たちに学習させていた。この三篇は、どれも一切の個人的利害をかえりみず、公けのために献身的な生活態度を持つようにせよという、それぞれ一千字ほどの文章である。

林彪が『老三篇』を教科書にして軍隊内で試みた倫理教育はそれなりに意味があった。ここでは忠誠と服従、平等主義と規律ある行動を要求できる。軍隊はそのような条件下にある閉鎖社会であり、若者たちに『老三篇』を教え、滅私奉公を第一の目標に掲げることができる場である。しかも軍隊は熔鉱炉の働きをもっているのである。

だが、軍隊以外の一般社会において、兵営内の方式を適用して人々の態度と行動を改善し、矯正することは可能であろうか。この試みは、党首脳部の積極的支持を得ることができなかった。かれらは工場、学校の「特性」を強調し、「四個第一《しこだいいち》」（武器より人の要素を重視し、思想工作を強調）のスローガンを生産第一主義にすり変えた。各部門に置かれた政治部の存在もはじめから影が薄かった。

かれらは毛の試みを内心ひそかに無茶で馬鹿げていると思っていたにちがいあるまい。もっともこれは無理からぬことであったろう。当の毛沢東にしてからが、無私と献身だけを唱った道徳的な説教によって政権を握り、かれのプログラムを進めてきたわけではもちろんなかったのである。いうまでもないことだが、毛とその部下たちは、農民たちにまず経済的利害を吹き込むことで自己陣営に動員したのだったし、*「連合政権」のスローガンによって知識人、学生の支持を獲得したことで政治的支配権を握ったのである。

つぎの段階で毛が農業集団化を強行したとき、かれは集団経営が個人経営に比べて生産があがることを強調して関心をひいた。そして人民公社の創設に際しては、今日の辛苦が約束する明日の繁栄を説き、**「英国に追いつく」「一日は二十年に等しい」と叫ぶことで大衆をふるいたたせたのである。

半ば夢のような人民公社運動が失敗に終わったとき、かれの部下たちは農民の土地への執着心を利用してかれらの活力をふるいたたせ、毛の集団化の計画をくつがえした。このときになって毛ははじめて正面から無私と献身を説くようになったのである。

だが、かれはかれなりに工夫があった。かれが採用したのはこれも軍の方法である「回憶対比《かいおくたいひ》」の教育を農村で行なうことだった。六三年五月、かれは農村社会主義教育運動——いわゆる「前十条」——の実行を命じ、「正しく進める政策と方策」を河南省の成功例から引用して、つぎのように説いた。

「この人民公社は、公社と生産隊の革命闘争の歴史、土地改革の歴史、集団化の歴史とを結びつけて考えるという方法をとり、旧い世代の者には、以前身をもって体験した搾取階級による抑圧の苦しみ、身をもって体験した地主、富農による搾取の苦しみをあらためて思いおこさせ、かれらの階級的感情を触発した。

また若い世代には、革命闘争の成果が簡単に造られたものではないことを教え、かれらにプロレタリア階級の家系を受けつがせようとしている。このようにして貧農、下層中農の階級意識は急速に高まり、積極性は急速に発揮されることになった。かれらは資本主義、封建主義にきっぱり別れをつげ、階級の隊列は急速に組織されたのである***

この「回憶対比」の刺激を受けたのが毛の著作を学ぶきっかけとなり、愛他主義の短い一生を終えたのが雷鋒だが、かれの「憶苦思甜《おくくしてん》」はその意味でまさに典型中の典型で

＊　四川で土地改革を体験した福地いま女史は、地主公審大会のあと、農地を分配された農民についてつぎのように語っている。

「衣裳箱、テーブル、椅子、鍋、釜、湯沸しから花瓶まで分配されて大はしゃぎです。とくに貧農、雇農、農業関係以外の無産者は、貧しい人ほど、より多く分配された上、農民損害賠償金が一人につき十五万円ずつ渡されたので、家族の多い農民たちは急に大金持になりました。また農民以外の無産者も農民と全部同じ待遇でしたので、みんなは大喜びで毛主席を神様のようにあがめて毛主席と共産主義を信仰し始めました。たしかに、一生涯祈っても与えられなかった財宝倉庫を、毛主席から頂いたわけで、他の宗教などきれいさっぱり投げ出しました。神様なんてどこにおりましょう。起きるにも寝るにも毛主席です。雇農、貧農、一般無産者階級の毛信仰はたいへんなものです」（『私は中国の地主だった』岩波書店、五四年）

＊＊　党農村工作部と国務院の農業機関の支配者であった中央政治局員譚震林は、大躍進開始の年に陝西省各級幹部を西安に集め、つぎのような演説をしている。「共産主義とはなんなのか。第一に食卓にはいつも肉と魚がある。ある人は鶏を、ある人は魚を、ある人は卵を食べる。猿の頭、燕の巣、白色のキクラゲ、だれもが食べたいものを食べることができる。第二に着るものは黒と紺だけではない。ありとあらゆる色、あらゆる品質、さまざまな形の衣服を着ることになり、毛皮のコートを持つことになる。第三に住いは北方では暖房、南方では冷房、電燈、電話はいうに及ばず、ラジオ、テレビを備えることになる。第四に交通は……」

あろう。かれの父親は日本軍に殺され、母は国府軍に辱められて自殺し、兄は幼年工となって働いて病死し、弟は栄養失調で死んだ。そしてかれ自身は枯れ木をとったために地主にナタで傷つけられ、その傷跡が手に残っていた。そのかれにはじめて新しい衣服と充分な食事を与え、学校へ行かせたのが毛沢東の政府である。

ところで事実はどうだったであろう。はたして雷鋒は旧体制の犠牲となった一家のなかで生き残り、新政府の恩恵のなかで育ったがために模範的な共産主義者となったのだろうか。それよりも、むしろ雷鋒その人が逆境にめげない素直な心の持主で、善意あふれる人柄であったため、毛の倫理教育を実践できたのではなかったろうか。

たしかに毛は、大衆感情を組織化するために、「憶苦思甜」のモデルを選定して開いた集会をはじめ、各個人の報告、批判会、映画、芝居、絵入り物語から博物館の陳列までを行なう「回憶対比」の運動を展開させた。しかしその毛もこの刺激だけで充分とは思っていたわけではなかったのである。

そこでかれはもうひとつの手を打った。同じ「前十条」で、毛はまず「全農村の情勢は大幅に好転した」「三面紅旗が全く正しく偉大なものであることを証明した」とつじつまのあわないことを言い、「回憶対比」の成功を述べたあと、「現在、中国社会には重大かつ尖鋭な階級闘争の状況が現われている」ときりだしたのである。

毛がねらいうったのは旧地主、旧富農であった。毛はかれらが「つねに復活を企てている」、「くつがえされた地主、富農分子は八方手をつくして幹部を腐敗させ、指導権を奪いとっている」と言い、かれらは「反革命宣伝を行ない、反革命組織を発展させている」と警告した。そして二年のちの「二十三条」でもかれは「わが国の都市と農村には重大かつ尖鋭な階級闘争が普遍的に存在している」と同じ警告を反復した。

毛が述べたことは事実なのだろうか。それともかれのレンズを通じてはそのように見えたということであろうか。それをたしかめる前に、まず六六年から六七年上半期、人民公社を見学してきた人々の語るところをみてみよう。

菅沼正久氏「地主とか富農とか、富裕中農的な人たちの縁故や係累は依然として上層に尾をひいている」（『中国農村の実態と文化大革命』＝『東亜時論』六七年三月号）

坂本楠彦氏「地主や富農が、また昔の世の中に戻るといいふらし、集団の家畜を殺す

＊＊＊　これは意地悪い考察かもしれないが、毛がとりあげた模範例が河南省の一公社であるのは興味深い。農民の個人経営を認めたこの地域の党書記たちは政策の転換に仰天したであろう。毛の新指示をあわてて下部に伝達し、かれの気にいるような報告を造りあげた有様が目に浮かぶようだ。

たしかに最高指導者が強力な指導力を持っていれば部下たちはかれの意思決定に従うであろう。だが、毛が命じるような精神運動の実績を有効に判断する基準はないのである。部下たちは毛の指示を内心では正しいと認めていず、ただ表面だけを整えているのかもしれないし、毛の狙う本来の目的に逆行して、かれらをはじめ下級幹部、大衆に至るまですべてが集会、デモ、報告などで巧妙な演技に終始していても、毛にはさっぱり分らないでしまうだろう。

ことを煽動したり、わが子を連れて昔の所有地をおぼえさせてまわったりしている例さえあると報告された」（『大衆発動と毛沢東方式』＝『朝日ジャーナル』六七年三月十九日号）

本橋渥氏「旧地主、富農も、公社員として集団労働に参加することになったのであり、公社そのものが新しい階級矛盾をその組織内にはらんでいたわけだ。……教育程度の高い旧地主や富農の公社内での発言権を強めたこともあろう。……旧富農などは世帯あたりの労働力も豊富であり、社内での所得格差が新しい矛盾を生む基礎になろう」（『文化大革命の経済的側面』＝『朝日新聞』六七年五月二十日付）

新島淳良氏「旧地主、富農はわりに大家族で、分配される収入も多い。……貧農や下層中農は家族構成も少なく、したがって収入も少ない。病気とか冠婚葬祭になるとカネも借りなければならぬ。……その場合には反対給与として人民公社幹部などの選挙で一票を投ずることが予想され、やはりどうしても、農村の実権がカネに余裕のある階級に握られてくる傾向がある」（『劉少奇はなぜ批判されたか』＝『朝日ジャーナル』六七年五月二十一日号）

菊池昌典氏「いわゆる旧搾取階級が読み書き、そろばんの能力をフルにいかしつつ人民公社の指導権を掌握しつつ私腹をこやしている」（『社会主義社会と階級闘争』＝『世界』六七年四月号）

これらを通読してみると、どの人の文章も「前十条」と「二十三条」が指摘した「尖鋭な階級闘争」を探し求めながら、つまるところそれぞれの想像を語ることに終わっているように思われる。具体性のあるのは坂本氏の文章だが、それにしてもこれは「重大かつ尖鋭」からは遠い話であり、わずかに旧地主を攻撃対象にした群衆大会の雰囲気をうかがわせるだけのものである。外国人訪問客を迎えるのに馴れているいくつかの人民公社の社長や党書記が、外国人の関心を熟知していたとしてもべつに不思議ではあるまい。かれらは人民公社内の「重大かつ尖鋭な階級闘争」を説明せず、「奪権」の成功を語らなかった。それはなぜだろうか。

いまは悪名のみ高い劉少奇夫人、王光美《おうこうび》の「桃園経験」――彼女が六三年十一月から六四年四月にかけて行なった四清工作運動は当時高く評価され、六三年九月の「後十条」を再度六四年九月に修正するきっかけとなった――を例にとろう。彼女が河北省の一生産大隊で指導工作した「経験」は、三年のちに清華大学の学生によって恰好な攻撃目標とされた。彼女は、彼女の「同食、同住、同労働」がまっかな嘘だったというかどで罵倒されたのだが、「階級闘争」を無視したということで攻撃されたわけではない。井崗山兵団の作文の「地主」にはつぎのくだりがあるだけだ。

「王光美は社員の家を訪問するとき、子供たちに菓子を与えるのがきまりだった。あるとき、一人の地主の子が菓子をかすめとった。べつの子が奪いとり、小地主と罵った。小地主は泣きだした。彼女はあわれに思い、小地主に菓子をやった。『これは坊やにやるんで、地主にやるんじゃないよ』なんと慈悲深いことか」（『造反有理報』第四十八期）

王光美は地主の子に同情を示したことで非難されている。だが、ここにあるのは「賤民」に対する差別主義だけであって、「尖鋭な階級闘争」ではない。

劉少奇夫人が五カ月間にわたって農村社会主義教育運動を指導した桃園の生産大隊や、日本人旅行者が訪問を許された模範的な人民公社に限って「階級闘争」がなかったのではなかろう。

人民公社の内部構成中にたしかに地主、富農は「成分」として存在している。だが、徹底した土地改革から強制的な集団化の過程をへてきた六四、五年には、旧地主、旧富農がひとつの勢力として独立性を保ち、社会的地位を維持しているはずがなかった。この十五年の間に新しい教育を受けた者たちは社会人となり、家庭を持つ年齢となっていた。そんな段階に来ているときに旧地主や旧富農の「大家族」や「読み書き、そろばんの能力」を語るのは、はたして正しい観察だろうか。事実、地主清算大会のあと処刑をまぬかれた地主たちがみな農村に残ったわけではない。教育のある者、才覚のある者は農村を離れ、当時放任されていた都市へ移り、新しい就職口をえたのである。

農村へとどまらざるをえなかった貧窮化した無能力な者が、あわれな「黒人階級」となったのである。もちろん旧地主、旧富農は公社の社員となることを許されず、あらゆる政治的権利は与えられなかった。かれらの子供たちには兵役義務がなく、民兵訓練こそなかったが、かわりに義務労働があり、かりに都市にでた子供たちからの送金があるとしたところで、大したことではなかったであろう。これから階級分化を説くのは大げさにすぎることである。

公社の管理委員会から生産隊の役職者に至る農村の幹部たちは、土地改革時代に農民協会で活躍した積極分子、退役軍人、当りのよい出世主義者、統率力のある顔役あがり、さらには経営手腕、管理才能を買われた人物であったろう。かれらの大部分が旧貧農、旧中農の出身であったのはまちがいない。

では、はたして農村に介在する本当の問題はなんだったのだろうか。自家菜園から台所の鍋釜までをとりあげ、農民を兵営の兵士たちと同じあつかいにしようとした人民公社の試みは、農民に大きな災厄をもたらし、直ちに党にはねかえった。広東省の党第一書記、趙紫陽《ちょうしよう》はつぎのように語ったが、これは同時に地方党書記だれもの念頭にあるもっとも大きな問題だった。「群衆と幹部の積極性は挫折し、党の威信は損害を受け、農民は党に大きな懐疑をいだくようになった。かれらは失望し、絶望のふちにあり、党は変ってしまったのだと感じている」（紅衛兵刊行物『華工紅旗』六七年十月二十四日出版）

かれが言わなかったことも挙げておかねばなるまい。人民公社運動の失敗の責任はどうなったろうか。それは党上部機関の身替わりとして末端組織の幹部たちが負わされた。ある地域では責任追及のための「反共産風」運動を行なうことで農民の怒りにはけ口を与え、上部からの指示を忠実に履行し、自家用の貯蔵穀物から個人用品までを供出させた基層幹部が闘争対象とされ、地主清算大会の再版となった。また日本からの訪問者までをその興奮にひき入れた、熱に浮かされたような大増産運動の問題もあった。「三千斤公社」「五千斤大隊」といった達成不可能な収量目標の設定は、産量粉飾の責任追及を呼び、やがて「反瞞産《まんさん》」運動となって生産隊長、分隊長の処罰となった。

しかし、このような責任転嫁の措置が党の威信を守る有効な手段でなかったことはいうまでもない。下級幹部のやる気を一層失わせ、不満と不安を残すだけのやり方は、抽出された一部地域で行なわれただけにすぎない。党上部機関は一方で一部の末端幹部を犠牲に供すれば、他方で大多数の末端幹部を慰撫《いぶ》しなければならず、集団農業を維持していくためにかれらをおだて、かれらの指導力と創意に頼らねばならなかったのである。

こうして下級幹部が、公社、生産大隊の成績上昇に熱意を注げば注ぐほど、あるいは投げやりになればなるだけ、かれらの間では経営体を私物化する傾向が強まっていた。かれらは出納係、計算係に縁故者を採用し、家族の労働点数を水増しし、下級党務人員と結託して配給品と供出をごまかし、帳簿を改ざんした。

そして統制や禁令をものともしないすばしこい連中が、かれらの庇護や黙認のもとで抜け目なく闇商売に手をだしていた。その上、土地、家畜、小さな副業施設をはじめ、樹木から池までの所有・管理のめまぐるしい移転、農村内の小工業の奨励と廃止が汚職や横領の原因となった。

あるいは党幹部と地方党書記はいつかはこの問題と取り組まねばならないと考えてい

たのかもしれない。そして毛が農村社会主義教育運動を提示したとき、かれらはこれをとりあげたのである。かれらは人民公社各級機構の低滞と腐敗にメスを入れ、「清工、清賑、清財、清庫」（労働点数・帳簿・財産・在庫の点検）を主な内容とした「四清」「五清」あるいは「六清」運動を展開した。六四年に劉少奇は運動を「四清と四不清の矛盾解決だ」と演説し、中南局第一書記の陶鋳《とうちゅう》は農村の状況について、「大部分の矛盾は人民内部の矛盾であり、とくに領導《りょうどう》と被領導の間（幹部と一般社員）の矛盾である」と言い、さらにはっきりと「基層幹部が富裕農民として出現し、多くの貧農、下層中農を収奪している」と現状を語ったのである。

ところでこの「矛盾解決」の運動を、毛も党幹部も「階級闘争」とはみなさなかった。陶鋳が指摘した農村幹部の「四不清」と農民の「四不清」反対との闘争が、なぜ「階級闘争」ではなかったのか。同じ時期に北京はこれとは逆の態度をとっていたのである。

中印戦争のあとに開始した北京のソ連に向けた宣伝攻勢は、ソ連の権威と原則に挑戦し、その政策を罵倒していたが、六四年七月に『人民日報』と『紅旗』編集部は第九回目の論文『フルシチョフのニセ共産主義とその世界史的役割』を発表した。これはその最後の部分に毛がめざす中国社会主義の道徳的な目標を箇条書きにしている重大な論文だが、その前の部分に、ソ連におけるコルホーズと企業幹部の汚職、窃盗、投機、私物化の実例を挙げ、ソ連の農村から都市までに「敵対的な階級闘争」があると言い、フルシチョフの「全人民党と全人民の国家」を嘘ときめつけていた。

しかし、北京の党指導部は自国内の同じ問題に決してそのような見方をしなかった。劉少奇をはじめとする党幹部は、特権的な地位を占めた富裕農民や窃盗・投機の「壊分子」を階級敵と認定しなかった。毛もまた階級敵をべつに定め、旧地主、旧富農に狙いをつけたのである。中国のきめつけに対して、犯罪者がどんな階級かと腹立たしげに反駁したソ連側の言い分が受け入れられたことになるわけだが、それはともかく、党指導部が「四清」運動を階級闘争と認めず、毛が階級敵に旧地主、旧富農をひっぱりだしたところに、両者それぞれの積極的な政策上の考慮があったのであろう。

毛は「階級闘争」を挺子《てこ》にして造る貧農下層中農協会に期待をかけ、それが集団農業を前進させる力を持つと信じていた。だが、集団の一員となって久しい旧貧農にどのような刺激を与えれば、集団への帰属感を高めることができるだろうか。さらに、集団化それ自体を党が依然として農民から守らねばならないという悪しき状態をどうしたら変えることができるだろうか。すなわち貧農をして生産隊をひきずっていく力とするためにはどうしたらいいのか。

前にも見た通り、「六十条」第一次草案を作成した人々は、農村の階級区分を廃止し、旧地主、旧富農の身分変更を認め、正式社員となる機会を与えようとした。かれらは旧地主を国内の敵とは考えてもみなかったのだ。差別固守が不可欠な措置とも思わず、旧貧農、旧下層中農を糾合するだけでなんらかの力になるとは信じなかったのである。

党幹部は農民に土地所有の意識を持たせることにより労働意欲と生産の向上を狙い、「包産到戸《パオチャンタオホウ》」「包工到家《パオクオンタオチャ》」を採用した。また集団作業を必要としない農業作業を個々の農家に任せる「責任制田」を実施した。だが、毛主席が叱りとばしたためにいずれも断念せざるをえず、また「六十条」第一次案も改訂しなければならないことになった。

しかし、だれもが自分が間違っていると得心してではなく、不承不承に断念したのであった。かれらは依然として単位収量の増大、生産の拡大、収入の増加を主要目標だと考えていたし、生活向上への欲求刺激をねらいとする方式で農民全体の自主性と労働意欲の増大を望んでいた。

そこでのぞまれる一般的条件はまず社会全体の緊張緩和であり、農民に信頼感を与える安定した毎日であり、つつましい望みを保証する連続性のある生活だった。だからこそ党指導部は、党主席が持ちだした「階級闘争」を具体的なプログラムとして納得せず、それを過去の思考習慣にしがみついた頑迷で独善的な発想だと思ったのである。

かれらは、毛の「階級闘争」が堂々めぐりの迷路にすぎず、時代錯誤の藁人形を相手に、旧貧農・旧下層中農のみせかけの社会的地位を強化して、五〇年から五二年の農民協会時代の郷愁にふけってみても、はじまるまいと考えた。それではせいぜいのところ一時的な緊張の雰囲気を造るだけに終わるだろうし、まして集団農場を立ち直らせ、農民の生産意欲をふるいたたせる特効薬とはなるまい、いやそれどころかマイナスだけが大きいとみたのである。

事実、「前十条」が人工的に造りだした「階級闘争」は農村に深刻な摩擦を生じることになった。旧地主、旧富農の子女は社員の地位を失い、青年団、少年先鋒隊に加入を認められていた者も除名となった。旧地主、旧富農の子女と結婚していた者も公社、生産隊の役職から追われた。都市から農村への激しい人口の移動計画にしたがって工場、学校から農村へ戻ってきた旧地主、旧富農の子女の中には不当な虐待をうけるものもあった。

さらに問題となったことは、旧中農に対して恣意《しい》的な攻撃が行なわれたことだった。これらの中間層に対しては新たな階級規定が行なわれたが、「階級の敵」により近い「上中農」のレッテルは、経済資力と政治的態度のみで決められたわけではなく——それ自体が曖昧な指標であったが——多分に決定者の個人的な好悪の判断が混入する傾向があり、これが村内の混乱をもたらすことになった。

そこで党幹部は、「前十条」のとりとめのない饒舌を明確な基準のある指針にするための作業を行ない、大雑把すぎる説明を但し書きと条件で縛りあげねばならなかった。かれらは、こうして、農村内でおきている混乱と軋轢《あつれき》を阻止しようとしたのである。そして六三年九月には「具体政策の規定」をだし、翌年九月にはそれを修正した規定を発表した。これらがいわゆる「後十条」である。

毛はこれを怒った。かれは党幹部がかれの運動を経済的な「四清」運動に歪曲してしまい、「階級闘争」を骨抜きにし、「前十条」を根本的に変更してしまったと考えた。かれの怒りは、かれが五五年に集団化命令で熱弁をふるったときと同じものだった。党幹部たちは「数えきれない規律や戒律を造り」、つねに党が主役を演じるようにして、大衆の「放《ほう》」*を抑え、かれらを「真に立上らせる」ことを阻止しているのだとみた。

かれは自説を固執した。そして「回憶対比」と「階級闘争」が農民をふるいたたせるダイナミズムになると信じた。かれの信念はあまりに単純すぎるように思われる。だが、

* 「放」、それと対になる「収」、この二つが毛沢東の政治行動の中心にある。革命を勝利に導くため、大衆のエネルギーを動員、活用し、好意的中立者から機会主義者、理想家までを革命の情熱と行動のなかにひき入れるのが、本来の「放」である。
だが、勝利した革命は二つの危険を防止しなければならない。一つは、革命の党に分裂がおこり、混乱が生じるのを防止しなければならず、革命をさらに前進させようとする者、革命の結末に幻滅した者、利用の終わった同盟者を抑圧、追放しなければならない。これが「収」であり、革命の制度化である。

第二の危険は「収」がもたらす停滞と衰退、腐敗と堕落である。革命精神の持続を図り、新しい社会体制と経済建設のエネルギーを造りだすために、毛は疑似的革命の舞台を設計し、「放」と「収」を計画的に行なう大衆運動に練りあげた。そして「放」と「収」の行動様式は中国が行なった制限戦争においても巧みに適用されている。

かれの戦術は決して単純ではなかった。かれは農民の願望や欲求に刺激を与えることのできない運動はかえってかれらの間に抵抗と緊張をひきおこすことを気づいていたにちがいない。そこで農民の抑圧された感情と内心の葛藤の転嫁対象として、旧地主、旧富農に代るより大きな否定シンボルが必要だと考えたのではあるまいか。そしてこれによって大衆の感情を一定方向へ導き、革命的エネルギーへ転化できると思ったのであろう。

この時期に中国を訪れた外国人のなかには、愛他心を教え込む教育だけで中国の社会主義はこと足りるのかという疑問をいだく人がいた。たとえば雷鋒の伝記映画を見たK・S・カロル氏はつぎのように書きとめている。「非常に教養があり、決して素朴とはいえない中国人が、しばしば軽い微笑の影さえみせずに、この英雄の実例の並々ならぬ価値について語り、雷鋒は毛沢東の政治的著作の精髄を身につけたからこそ、ああいう人物になれたのだと断言した」（内山敏訳『毛沢東の中国』読売新聞社、六七年）

だが、当の党首脳陣の方では中国の社会主義は道徳的な美徳だけでよいと思っていたわけではない。また、拘束をうけている知的発展や技術的立遅れの存在が人々の精神改造で償えると考えていたわけでもなかった。のちに『人民日報』の伝えるところによれば、『老三篇』の学習について、劉少奇は「教条主義、形式主義、簡単化、卑俗化」と批判し、鄧小平は「学ぶことはよかろう。しかし毎年このいくつかを学習しても作用は大きくない。一年十二カ月、すべてこれだけを学ぶのはよくない」と語ったという。

その少し前の時期ともなれば『老三篇』が軍の教科書となっていたときにさえ、周揚は平然とつぎのように自己の感情を吐きだしていたのである。「主席の著作を教科書に載せるなら短いのを一つにしておけ。『医者ベチューンを紀念する』は短いし、感情がよくでている文学作品だ」

無論、六五年にカロル氏と語りあった人々にしても、雷鋒の物語や『老三篇』の伝道で能事足れりと思っていなかったことは明白である。そして、これら高い地位にいる文官たちが言外の答えを笑いで示そうともしなかったのは、その物語がどこからつづいてきたか、どこへつづいていくか、すでに不気味な予告を受け、災厄の前兆に気づいていたからである。

では一体、雷鋒の物語はどこへつづくのか。「回憶対比」と「階級闘争」は、私心を捨てさせ、公の利害につかせようとする教化運動の助走板だった。そして滅私奉公の運動は忠誠心を盛りあげる運動となり、一人の政治指導者に対する非理性的な忠誠運動は必然的に不忠誠を狩り出す攻撃を導きだすであろう。

ここにこの運動が内包する底知れぬ恐ろしさがあった。運動の成否はその目的達成が測定の対象とならないため、闘争対象の大きさで測ることになろう。しかも藁人形の否定シンボルの設定を原動力とする「階級闘争」は不忠誠狩りの闘争へ発展し、再び否定シンボルの新たな設定となって最初へ戻り、運動は循環しながら拡大することになっていくのだ。

2　二つの外交路線　六五年
対ソ接近か、対米宥和か

毛沢東が党内粛清の決意を告げたのは、六四年末の全国工作検討会議の席上である。かれは「運動の重点は党内で資本主義の道を歩む実権派の粛清」といった暗示的ではあるがあきらかな一項を「討論紀要」につけ加えた。これが「後十条」を全面的に否定した「二十三条」である。

すでに毛は、夫人江青《こうせい》とともにいくつかの映画・芝居・史劇を槍玉にあげ、あれこれと画策していたが、その狙いのさきの方には、党中央宣伝部と文化部をたたきつぶそうとする意図があるのははっきりしていた。そして二人が攻撃正面を拡げる努力をつづけていたのも明白だった。

居並ぶ党幹部たちは、聞きとりにくい毛の湖南なまりの発言のなかに不吉な内容を感じとり、重苦しい不安に包まれたことであろう。六八年五月十五日の『文滙報《ぶんわいほう》』によれば、図抜けて豪気な彭真は、毛の提案に敢えて反論したということだが、おそらくかれもまた真近に迫る政治危機を感じていたのであろう。

この会議の直後、北京市党部の第二書記、劉仁《りゅうじん》は部下に向かって内心の疑惑をつぎのように語っている。「君たちは党内闘争の経験がない。私はスターリンの粛清時代にソ連にいたが、だれも人を訪ねようとせず、二三人でも一緒に話し合うことはしない有様だった。昨年（六四年）秋、彭真同志と語ったのだが、この様子ではわれわれにもまもなくスターリン粛清の局面が訪れよう」（紅衛兵刊行物『戦報』第六期）

もちろん、このような個人間のささやきや緊迫した秘密会議の模様が外へ洩れることはなかった。たとえば六六年末に当時パキスタンの大統領だったアユブ・カーンは英紙『オブザーバー』の記者につぎのように語っている。

「中国の現在の動乱は国内の出来事だが、その争いの根本的原因は中国の外交政策にある。問題はソ連との対決がアメリカとの対決よりもっと重要なのかということだ。劉少奇に代表される一派はアメリカとソ連の二つの敵を作るべきでなく、一つの敵を相手にすべきだと主張していたのである」

このような見方は現在ではもう少し掘りさげることができる。北京指導部内の外交面での意見の分裂は、実は事実の外観にすぎず、その背後に両者の内政面における政治行動の対立があったことが知られるようになってきている。毛沢東は大衆のソ連に対する怒りの感情を巧みに誘導してこそ、かれの望む政治教育をかれらに深く浸透させることができると考えてきた。これは六二年にかれがインドへの軍事行動を利用して開始した対ソ対決政策をさらに推進させるものであり、それはやがて「中国のフルシチョフ」といった否定シンボルへの闘争へと展開していくものだったといえるであろう。

そしてかれは国内でこの戦いを開始するにあたり、二正面に外敵を作る危険を避け、敵を一つにしぼろうと計画していた。かれはベトナム戦争に楽観的な見通しをたてていた。ゴ・ディン・ジェム没落後のサイゴン政権は、四九年一月に蔣介石が引退したあとに登場した李宗仁《りそうじん》政権の運命をたどると考えていたのである。そしてアメリカに対して適度な宥和政策をとろうとしていたようだった。

六四年末に、カナダの元農林大臣アルビン・ハミルトンは周恩来と会談している。六九年三月二十八日付オタワ発APによれば、周はハミルトンにアメリカ宛のメッセージを託したのだという。そして六五年はじめ、ハミルトンはこれを米上院外交委員会の秘密会合で伝えたといわれている。

メッセージの核心は、中国はアメリカとの緊張を緩和したい、中国は一九〇〇年以前にソ連に奪われた領土を回復したい、という二点だったということである。なにか信用のおけないごまかしのようにも思われるが、周の失言、放言ではなかったようだ。

というのは、こんなこともあったからだ。同年二月から行なわれた対ソ国境画定の交渉を打ち切りにする一カ月前の七月に、毛は日本社会党の代表に向かい、「モンゴルは独立の名目でソ連の支配下におかれているし、百年ほど前にはバイカル以東の地区がロシア領に入った。われわれはこの帳面の決済をまだ持ちだしていない」と喋っているのである。

恐らく周はアメリカへの呼びかけをハミルトンにだけ託したわけではなく、はるかにあっさりした言葉でワルシャワの米中会談のテーブルでも語らせたことであろう。そして周恩来が旧知のエドガー・スノーに招待状を送ったのも、同じ狙いが隠されていたのである。

六五年一月九日、毛はスノーと四時間にわたって会見した。そのとき毛がアメリカに伝えようとした中心点がつぎの箇所にあったのは、いまでは疑問の余地のないところであろう。「中国軍隊は国境を越えて戦いにいくことは絶対にない。中国が戦うのはアメリカが中国を攻撃した場合だけだ。中国は内政問題にいそがしい」

これらのお膳《ぜん》立てのすべては「二十三条」につながり、党内浄化を開始するための戦略計画の一部として組みこまれていたのであった。そして中国側のこのようなシグナルにとまどったのはアメリカ国務省であったにちがいない。毛や周の言葉の背後の事情は、香港で入手する定期刊行物や衛星カメラ、傍聴装置で分かる情報資料などによってはどうにも見当がつかなかったからである。

国務省の中国担当官の一人、当時極東問題関係の国務次官補だったマーシャル・グリーンは二月末につぎのように語っている。「今日の中国本土の運命は主として約七十人の幹部級共産指導者の手に握られていることはまずまちがいない。これら指導者の大部分はいろいろと共通の経験を積んでおり……長征、延安の洞穴生活、日本軍、国府軍、在韓国連軍に対する戦闘……献身的な毛沢東主義者であり……」（プリンストン大学における二月二十六日の講演）

これが外部の常識であり、そのとき中国を訪れたスノーすらこの常識を疑わず、自分が招かれた本当の理由には気づかなかったのである。だからといって、かりにアメリカ政府高官が北京の微妙な内部事情を知りえたとしたところで困惑するばかりだったろう。結局は手さぐりで進んだのと同じ道を選ぶことになったと思われる。

このときアメリカ政府首脳はなにを考えていたのだろうか。ホワイトハウスは六四年八月に巧みに造りあげたトンキン湾事件によって北爆と派兵の白紙委任状を議会から入手していた。ジョンソンとマクナマラ、ラスク、ロストウの幹部たちは、当選確実と予想される大統領選のあとを待った上でいつどのようにしてベトナム介入を行なうかで頭が一杯だった。

政策の決定者が抱いていた危惧は、南ベトナムにおける敗北がインドシナ半島と多島海に連鎖反応をひきおこし、中国南面の戦略正面がオーストラリアまで引き下り、東では韓国、日本をゆさぶることになりはしないかということだった。かれらはベトナムからの後退が近い将来予想される中国の核実験の衝撃——六四年十月に成功——とかちあうことで、北京の核威嚇外交のめざましい成果として受けとられ、中国の力と影響力の拡大にはずみをつけることになりはしないかと恐れたのである。

当時ワシントン高官たちの最大の関心事はベトナムであったから、中国への関心は純粋に軍事的なものに限られていた。かれらの関心は北ベトナム爆撃と出兵が中国軍の介入となるかならないかに集中した。

そして、中国指導者の発言の検討から、アメリカ戦闘部隊の派遣が中ソ間の分裂を埋めるきっかけとはならないばかりか、中国軍の介入となる可能性も薄い、という確信を強めたものと思われる。

ところで六五年二月の北爆開始と三月の地上戦闘部隊の投入は、毛の構想を出発点でぶちこわし、かれの計画の迫力を失わせた。それは前記M・グリーンの言う七十人の中国指導層の多数派に幸いし、かれらに活力を吹き込むことになった。国際情勢の急転が毛の威嚇的な計画に対する圧力となって、かれらはそれをなしくずしに突き崩して、すべてを押し流してしまうことができると考えたからである。

かれらは戦争の脅威をあおりたてることによって強力な団結した中国の建設を説き、ベトナム支援の統一行動から中ソ提携を復活させ、六四年十月に退陣したフルシチョフ後のソ連新政権と協力体制を打ち建て、自己の政治的立場を強化しようと願ったのであろう。そこで対立する主張と政策が奇妙にもつれあって外部に現われる状況がつづくことになる。

六五年二月、ソ連新指導者はハノイからの帰途、かれらのハノイ滞在中に開始された北爆を背景に、北京で毛とベトナム支援の統一行動の交渉を行なった。毛は和解に絶対反対の態度をとり、周恩来はソ連が二十回党大会以来とってきたすべての政策を否定するようにコスイギンに迫り、有効な話し合いをこばんだ。

失望したのは和解の瀬踏《せぶ》みに失敗したコスイギンだけではなく、ソ連提案を秘かに支持した中国側の幹部も同じ思いだったにちがいない。だが、かれらはこのあとベトナム戦争のアメリカ化が急速に強まったことで立直り、米中戦争の脅威を叫びたてることで、逐次対ソ関係是正の雰囲気を造りだそうとした。のちに「二月クーデター」といった陰謀が林彪、康生《こうせい》によってとりあげられ、アメリカとの戦争の脅威を力説したのは、政敵が仕組んだ軍事クーデター準備の策略だったと主張されている。

「六五年から六六年はじめの時期に、戦争がすぐにおこるという風潮がおこり、大々的に戦争準備をしなければならないという世論を造るために彭真は全国を工作してまわった。

六五年三月以降、秋にかけて戦争に備えるという口実で、資料を焼いたり、山間に移動させたり、戦争物資の管理や大後方地域の設置、軍需工作、軍事工作を行なった」*

このような戦争の用意が六六年二月の不発クーデターとどのようにつながるのかはいささか説明不足の感をまぬがれない。だが、のちに曖昧に取消されるこのクーデター陰謀計画なるものは、彭真、劉少奇らにもっともらしい罪状をつけ加えることで、学生たちを煽動するのが目的であったことはまずまちがいない。

クーデター計画の有無はともかくとして、六五年から六六年はじめにかけて、党指導部は対米戦争の接近を叫びたてることで毛の動きを牽制し、臨戦体制の強化を理由に党支配機構をしっかりと保持しようとしたことは、これもまたまちがいないところであろう。そして彭真は、毛の粛清計画の中身に不安をいだく地方党書記たちを激励し、結束を強め、多数派工作の地固めを行なっていたにちがいあるまい。

五月の羅瑞卿の論文『ドイツ・ファシストに対する勝利を紀念し、米帝国主義と最後まで戦い抜こう』（『紅旗』六五年第五号）も同じ目的を持っていた。ソ連の対ドイツ勝利二十周年を祝ったその論文は、国内深く敵をひきずり込んでその力の消耗を待つのではなく、積極的攻勢にでられる軍事能力を持つことの必要を示唆し、ソ連との同盟復活を望んでいたのである。

＊　この時期に中国が真剣に臨戦体制を整えていたことは、アレン・ホワイティング・ミシガン大教授がつぎのように述べている。

「アメリカの大規模な戦闘部隊のベトナム投入は、六五年の夏から秋にかけての華南と沿岸地帯の大都市で、強烈な戦争の警報となった。通常戦争と核戦争に備えようというスローガンが貼られ、死の灰を防ぐパンフレットや映画の空襲訓練で民間防衛運動は更新され、避難所が指定され、工場は疎開と奥地移動が決められた」（Allen S. Whiting. How We almost went to War with China. *Look*, 29 Apr. 1969）

ソ連新指導部に対する激しい非難の論文が一方ではだされていながら、他方では「一つにつながった十億の人口を持つ強大な社会主義陣営」と言い、「アメリカ帝国主義という共同の敵」と説く羅の文章が発表されていたわけである。しかも、中国のあらゆる映画館はソ連軍の英雄ぶりをたたえる独ソ戦の映画を上映していた。これらの動きはソ連に対する和解と友情を再建しようとしていることを物語っていたのである。

しかし三カ月後の九月、林彪は対日戦の勝利を記念する論文『人民戦争の勝利万歳』(『人民日報』六五年九月三日)を発表した。この論文は中国国内で成功した農村による都市の包囲を全世界にあてはめることができると説いているのだが、実際にその真のねらいはべつのところにあった。それはソ連との同盟復活の必要性を否定するものであり、いまや採用できなくなった対米宥和《ゆうわ》政策にかわる新しい安全保障構想をあきらかにしたのである。

かれは「アメリカ侵略者は一地域の情勢が緊迫すると、その他の地域に対しては力をゆるめざるをえなくなる」と述べた。毛の言葉で言えば「革命が戦争をおしとどめる」ということであり、各地の武装蜂起を米中戦争の抑止力にしようという考えだった。北ベトナムに戦争の継続を強く押し、日本共産党に武装闘争を説き、北鮮に南鮮へのゲリラ戦を迫り、インドネシア共産党に軍権奪取を指示したのは、二正面戦争を回避するための、対米宥和策にかわる新しい外交戦略だった。

毛沢東は、北鮮労働党副委員長崔庸健《チエヨンゴン》や、宮本顕治、あるいはインドネシア共産党書記長アイディットに向かって戦うように要求したが、中国自体は慎重にアメリカとの武力衝突に捲き込まれないような配慮をしていた。このことは、北京が北ベトナムと解放戦線のために、沿岸諸島に第二戦線を設定する意図をそぶりもみせなかったことでもあきらかであろう。*

林彪論文が発表された同じ日に、羅は北京の集会でこれをひとつひとつ反駁したというのだが、この批判の内容は不明である。つづいて九月末の中央工作会議では、中国はベトナム問題でソ連と統一行動をとらないことが本決まりになった、といわれている。だが、これも正確なところは分からない。九月二十九日に陳毅が記者会見を行ない、アメリカ、ソ連から日本、インド、英国にまで八つ当たりをしていたのは、あるいはそれ

＊　北京側が台湾海峡で武力行使を避け、宣伝攻勢も控えていたときに、台北も大陸沿岸を攻撃しなかった。国府の国防部情報局長葉翔之は文革中の「敵後方工作」を六八年にはじめて発表し、つぎのように述べている。

「福建・広東地区の沿岸突撃工作は六二年から六四年の間、中共軍の士気に打撃を与え、大陸の人心を鼓舞し、ひとしく大きな効果があった。六五年からは舟艇装備の研究改良と戦術、戦技の練磨に努め、……大規模な沿岸突撃作戦の準備をしている」（『中央日報』、六八年八月六日）

六二年にアメリカは蔣の「反攻」宣言を相手にしなかったが、かれの面子をたてるために大陸情報収集の工作を認めた。国府側はこれを小規模な奇襲攻撃にしたてあげ、蔣父子がアメリカ人に繰返した「枯草の山に一本のマッチで火をつける」作戦構想になった。アメリカは六五年にベトナム戦争に介入したあと、中国を刺激するのを恐れ、国府の軍事行動を禁じたのであろう。

を示したことなのかもしれない。そしてこの会議のあと、中国軍の最初の部隊が北ベトナムへ派遣されたのであろう。*

毛が北京副市長呉晗《ごがん》の史劇「海瑞罷官《かいずいひかん》」（海瑞の免官）をとりあげ、「反党、反社会主義」を非難したのも、同じ会議の出来事だったのかもしれない。本来なら六二年の十中全会で彭徳懐追放の正当性を再確認したとき、かれは追討ちをかけて弾劾したかったのであろうが、実際には三年の忍耐を必要としたのだった。

もちろん、これは呉晗ひとりの問題ではなく、「二十三条」発動の攻撃予告だった。呉のボスである彭真、党中央書記処の鄧小平、中央宣伝部の陸定一はいずれも自分にかかわりあう問題だったから、かれらは共同戦線を形成して動こうとしなかった。そして彭真は国慶節の演説で依然として「団結できるすべての力を団結させ、広範な国際反米統一戦線を結成すべきだ」と説いたのである。

十一月、毛は巧妙に動いたようだ。十日付けの『人民日報』はソ連と東欧が公開論争停止の約束を守っていないと非難し、翌十一日、ソ連のベトナム政策を攻撃し、中ソ統一戦線を否定した。一方、十日付けの上海の『文滙報《ぶんわいほう》』は呉晗に対して不意打ちをかけた。この姚文元《ようぶんげん》の北京攻撃は毛の指示によるものだったが、『人民日報』の対ソ攻撃も毛が上海から指令してやらせたものだったのではあるまいか。

十一月二十八日、『プラウダ』は第一面のほとんどを埋める社説を掲げ、中ソ統一戦線をはばむ中国の態度を非難した。同じ日にソ連党中央委員会はひそかに中共中央委へ書簡を送り、両国関係改善のための提案を行なった。これはフルシチョフ失脚後、和解を求めた最初の呼びかけと、六五年二月の北京会談につづく、三度目の試みだった。**

新提案は『プラウダ』社説と同じ紋切り型の内容だったのだろうか。それともソ連の諜報が中国の政治情勢をしっかりとつかんだ上のことなのか。このときソ連は、姚文元論文が上海の一地方新聞の文芸整風論文ではなく、実は党指導部に対する攻撃のはじまりであり、中国の最高指導機関内に公然たる闘争がおきる前ぶれと読んでいたのではなかったのか。そしてかれらはアメリカが一カ月後のクリスマス期間に北爆停止を試みて平和攻勢をかけるがそれに失敗し、つぎに戦争を拡大するだろうと予測し、その結果中国の軍・党内部の対ソ接近論が力を増すと期待していたのではなかったのか。

そこでその書簡は、北ベトナム支持の中ソ協力から華南防衛の共同行動を重ねて提案していたという推測が成立しよう。その際、中国のどの勢力の立場を強めるかを見定め、

＊　中国のベトナム介入は六四年八月のトンキン湾事件の直後に行なわれ、ミグ17四十機を北ベトナムへ進出させたと米国務省は推定している。地上部隊の派遣は六五年秋に開始され、六六年春までには三万から五万人に達した。派遣軍は工科技術師団と対空防衛師団だといわれる。

＊＊　六六年十一月二十七日付け『プラウダ』社説『中国の出来事について』はつぎのように述べている。「六五年十一月二十八日、ソ連共産党中央委員会は中共中央委員会に書簡を送り、再び中ソ関係改善についての提案を提示したが、中共中央委員会はこの提案をも拒否した」

和解のためのぎりぎりの譲歩を行ない、いくつかの約束と保証を同時に提出していたかもしれない。

この書簡に対して、文字通り最終的な対ソ態度を決めたのが、十二月はじめに開かれた上海会議と呼ばれるものだったと思われる。このような会議の決定が票決で決まるのか、毛の訓話で決まるのかは知ることができないが、正式会議の利用を避けてきたかれのやり方からみれば、恐らく後者であろう。羅瑞卿はこの会議で罷免されたと思われるが確認できない。* モスクワは中国側ににべもなくはねつけられた。そしてつぎの指し手を失ない、怒りを抑えて沈黙を守りつづけることになった。毛を名指しで攻撃し、絶縁をはっきりと表明した社説を『プラウダ』が掲げたのは、翌六六年十一月二十七日、最後の書簡送付からきっかり一年あとのことである。

クレムリンの失敗は中南海の対ソ融和論者にとっては容易ならぬ打撃であった。羅瑞卿の追放によって党と軍を結ぶ連繋《れんけい》は断ち切られ、呉晗批判は、十九年間北京を支配し、中央書記処と各中央局、地方書記に大きな指導力を持ってきた彭真にも攻撃の波がいよいよ迫ってきたことを示していた。

彭真は、羅の誤りが林彪との衝突にあったのだと、真先きに批判方針を定めて羅の非難に枠を設け、すべての批判は劉少奇の審査を必要とすると決め、羅の批判が他へ拡大するのを防止した。さらに六六年二月、かれは中央書記処の決議によって、呉晗批判を学術論争に限定し、足元についた火を踏み消そうと腐心する一方、各地方書記と緊密な連絡をとり、多数派連合勢力を固めた。

このように彭真が塹壕戦に持ち込もうと努力していたころ、上海では毛夫人が党文化部門の権力を奪うという宿願をはたそうとして大攻勢の準備をすすめていた。地方部隊の文芸工作者を集め、いささか空恐ろしいほどの浄化計画を並べ、これに毛が手を加え、林彪が中央軍事委員会の常務委員にまわして、かれらの支持をえる手筈をふんでいた。いつか精力と決断力が薄れていた軍長老たちは、「討論紀要」を拾い読みしたとき、このさきなにがおこるのかを憂慮はしながらも、いらいらした気分で承認したのかもしれない。

ところでこの時期に多数派の政治局員は、外交政策の行き詰まりをとりあげ、ソ連と

＊　羅瑞卿の名が最後に新聞にでたのは六五年十一月二十八日である。十二月三十日から翌年一月まで三週間にわたって全軍政治工作会議が開かれたが、かれは出席しなかった。政治部主任粛華の報告は、「政治優先」の原則に反対する者がいると警告した。

一月二十五日、陶鋳の支配する広州の『羊城日報』に、周立波――周揚の甥、東北の土地改革を主題にした『暴風驟雨』は全国土地改革工作員のテキストとなった――の文章が載った。五九年、廬山会議の前、墓詣りに帰郷した毛を描いた作品で、毛護衛の任を負った羅の名が三箇所ででていたのを審査のときに削って掲載した。のちに張春橋が羅の名誉回復を図った陶鋳の陰謀ときめつけることになる。

手を握らずにアメリカの攻撃にどのように対応するかといった問題を再度もちだした模様である。アルジェのAA会議の流産にはじまり、インドネシアにおける共産党蜂起の失敗、アフリカ諸国における中国の影響力の後退、インド・パキスタン戦争のソ連調停の成功、キューバとの仲たがいに至るまで、林彪が打ちだした新構想は手がかりさえつかめない有様だったからである。

だが、この問題は係争点が錯綜し、だれの責任なのか、だれの不手際なのかといった最高機関内の対立となって要領をえないままに終わったようだ。そして毛沢東はといえば、六六年三月に訪れた日共代表団と中共党首脳部が作成した共同声明の中に、対ソ非難が唱ってないと怒ってにぎりつぶした。一方、劉少奇は三月から四月にかけてパキスタン、アフガニスタン、ビルマの周辺諸国を訪問し、平和共存政策を軌道にのせる新たな試みを行なおうとした。

しかし、この劉の外国訪問はかれの致命傷となった。最終訪問国ビルマ到着の二日目、四月十八日、『解放軍報』が毛の粛清計画を支持する態度をあきらかにした。劉は翌日、日程を切りあげてあわただしく帰国し、事情のなにも分からないネ・ウイン政権を深刻な不安におとしいれた。

劉少奇の外遊不在を狙って、軍機関紙が彭真追い落としに一見荷担したような形になっているのは、相手のすきをみはからい一挙に政敵をひきずりおろす専制国家の権力闘争におなじみのやり方のようにも思われよう。しかし、軍が毛の党浄化計画を全面的に支持した理由はまたべつにあったのかもしれないのである。

ここでこの時期の中国最高指導部をみたしていた異常な雰囲気をもう一度思いおこす必要があろう。かれらの対外認識については、公式なものではないが六六年三月に訪中した日共幹部のいくつかの報告がある。すでに見たように党幹部は米中戦争の必至を語っていたばかりでなく、それに乗じてソ連が中ソ条約を口実に中国内へ進駐するかもしれないと主張していたようだ。しかし、かれらは本気でそれを恐れていたというより、毛にそれを信じさせようとしていたのではないのか。たしかに毛もそれを警戒し、だからこそ周辺諸国の革命戦争を期待していたのである。

そして毛は肝腎の計画から断じて目をそらそうとはしなかった。かれは計画遂行のために軍事力の裏打ちが必要なので、軍の支持を求めていたはずである。林彪は国防部長となって以来、毛の側に立っていた。だが、危機をはらんだ国際情勢には内部の団結と協力が必要だと思い、政治的混乱と消耗をひきおこす毛の計画に荷担するには、疑問とためらいがあったのかもしれない。

そこで四月十六日に発表されたラスクの対中国十原則に注目する必要があろう。その内容にはとりたてて目新しいものはなかったにせよ、これはダレス以後はじめてのワシントンの態度表明であった。そして中国に対し軍事的攻撃を行なわないという明瞭な意思表示は、毛に自信を与え、林彪に決断を促す決定的な理由となったかもしれないのである。

ところでワシントンは中国の動向を正確にとらえた上での、ラスク証言の公表となったのだろうか。実際は、米議会内におけるベトナム戦争批判派の米中戦争警戒の声に押されての答弁にすぎず、それの、たまたま一カ月あとの公表だったということだけのようにも思われる。事実、国務省はそのとき全く情勢を見誤っていた。かれらは毛がすでに引退しているか、引退が近いのだと誤信し、後継者は劉少奇だと観測していたのである。米国務省が四月二十九日に新聞・放送関係者八百余人を集めて行なった外交政策の説明会における中国情勢の見通し発表が、それを物語っている。

したがって遅きにすぎたソ連の対中提案と、毛、周の呼びかけに一年遅れでだしたアメリカの回答が、中国の最高権力圏に重大な政治的結果をもたらしたともいえよう。そして劉少奇を中心にした多数派に打撃を与え、かれらを破滅へ導いたのだとも。

軍が毛派に加わったことによって、党多数派との対峙《たいじ》戦は終わった。毛派の攻撃は激しさを増し、四月二十一日と二十四日には彭真批判の文書が出された。五月に入ると『解放軍報』や姚文元、戚本禹《せきほんう》といった新顔の宣伝官僚の北京に対する毒のある攻撃、脅迫はいよいよ激化し、月半ば、毛は彭真の二月指示を撤回する通告をだした。こうして極度に緊迫した空気のなかで彭をはじめ、宣伝・文化部門の幹部が罷免された。

彭真の部下たちは怒った。かれらは彭が追放されたのは、かれが京劇をいじりまわす毛夫人の試みを冷笑したことで彼女の仕返しを受け、林彪からは東北時代の旧怨をはらされ、さらに江青の庇護のもとに北京の文化中枢を打ち壊そうと夢見ている張春橋《ちょうしゅんきょう》らの政治野心に刺されたのだと考えた。だが、かれらは言うをはばかったが、彭真を始末しようとしたのは実をいうとだれにもまして党主席であることを知っていた。

彭真は大躍進からの撤退以来、毛の構想と行動様式に大胆に立ち向かい、積極的行動をとる先導者となってきた。しかも首都を支配して、多くの支持者を傘下に集めていたし、また国家主席劉少奇の密接な協力者でもあり、やがては最高権力を継ぐことになるともみられていた。この彭真の放逐は一九三四年のキーロフの暗殺と似ているように思われる。当時ロシアをどの方向へひっぱっていくかで、最高指導部内に意見の対立があった。キーロフは穏健路線の提唱者であり、戦争の脅威を理由に団結と建設を説いた。全ロシアの恐怖時代は、かれの支配するレニングラードの粛清にはじまるが、それはかれの殺害が口火となったのである。

3　戦いの開始　六六年

文革派の登場

党指導部は犠牲を彭真と文化・宣伝部門だけでくいとめようとしていた。このときかれらが恐れたのは学生の間にひろがりつつあった党に抵抗する不穏な空気である。すでに彭真罷免の前から北京市委員会は足元の学生たちの紛糾に手を焼いていた。党市委員会と政治的立場を同じくする北京大学首脳部が学内ではじめた社会主義教育運動は少数学生の執拗な反抗をうけたが、その背後には毛夫人側近の後押しがあったのである。これらの学生たちの行動は大学を拠点に発火点へもっていこうとする側近派のひそやかな狙いと結びついていた。

それはやがて上からの北京市幹部の弾劾となった。まず北京大学に大学首脳部を糾弾する大字報が出現し、それを毛は賞讃した。* つづいて北京市委と北京大学首脳陣の追放といった事態がおきて、大学の発火点は一挙に低下した。

社会主義教育運動は文化大革命へと変質・展開していくことになるが、党指導部はこの新しい運動の主導権をしっかりと把握しなければならなかった。彭真追放後、劉少奇は全指揮をとり、各中央局、党省委員会に命じ、各学校、文化・宣伝部門へ運動指導の工作組派遣を指示した。たとえば中南局第一書記の陶鋳はつぎのような指令を六月にだしている。

「運動の重点を農村から都市へ移せ。農村の戦線は伸びすぎている。収縮せよ。農村四清工作隊から十パーセント、都市四清工作隊から五十パーセントを選びだし、文化革命工作隊を造れ。四清工作隊と同様に上部より下部に向かう指導体系を造れ。運動は省、市、地方の党と行政機関の宣伝、教育、文化、新聞、学術部門、その所属単位に集中せよ。

運動の打撃対象は四清運動の打撃対象とあわせ、一般は一パーセントから五パーセントまで、大学生は全体の一パーセントを右派分子とせよ」

かれらは打撃対象の大きさを最初に定める土地改革以来の常套手段をとって、「大暴露、大調査、大批判、大提高（大高揚）、大改革、大改組」といった順序で運動をすすめるつもりだった。軍も歩調をあわせた。総政治部主任劉志堅《りゅうしけん》は、陶の部下王任重《おうにんじゅう》と協議し、文化革命の運動を、宣伝、文化、新聞雑誌、学校、科学研究部門に限定し、運動推

＊　六六年五月二十五日、北京大学哲学科講師の聶元梓ら七人の教師が壁新聞を貼った。党北京市委大学部副部長の宋碩、北京大学学長の陸平、党北京大学委員会副書記の彭珮雲が文化大革命を弾圧していると批判し、かれらを「反革命、修正主義分子」だと攻撃した。六月一日に毛はこれを「全国最初のマルクス・レーニン主義の壁新聞」「二十世紀六十年代における北京コンミューン宣言」と賞めたたえ、康生に指示し、その夜、北京放送がその内容を全国に報道した。

進のために軍幹部の工作組派遣を約束した。

しかし、そのころ新設された党中央文化革命小組——五月十六日、毛は中央書記処に所属していた文革五人小組を廃止し、新組織を造り、政治局常務委に直属させた——に注目しなければならない。まもなく指導部のなかの指導部といった存在となるこの組織は、その野心と計画の全貌をまだひた隠しに隠したまま、独自な行動をとっていた。ここには第一副組長毛夫人と組長陳伯達《ちんはくたつ》、顧問康生を中心に、文革派とでも呼ぶべき若い野心家たちが結集していた*。かれらは確保した橋頭堡をじりじりと拡大し、やがて始まる新しい進撃に備えていた。

毛の狙いは五七年の「放」と同じ状況を醸成することにあった。当時かれの百家争鳴の呼びかけに人々は応じなかった。犠牲と苦痛が積み重なっていた党外知識人、民主党派の人々は、沈黙を守る党の動向を恐れた。そして毛自身の約束をも陰謀ではないかと疑ったのであった。それを見てとった毛はやり方を変えた。かれは五七年四月末、最高国務会議の席で統制、監視の役割をになっていた党学校委員会の廃止を提案した。これが起爆力となった。各地の学生たちの激烈な党批判があふれだし、集会とデモとストライキがはじまった。これは目を閉じ、口をつぐんでいた民主党派の教授、知識人を勇気づけた。かれらはもはや党に学生を指導する力はないと断定し、党批判を開始したのである。

九年のち毛は再び同じ切札を使った。五月七日、かれは大学教育制度改革の指示をだし、「ブルジョア知識分子に学校を統治させてはならない」と学生たちを煽動した。無論、かれは前の失敗を繰り返さないつもりであった。かれはまず北京市幹部を弾劾することで、そのやり方を学生たちに教示した。五七年の運動推進の際、その旗手となったのは『光明日報』編集長儲安平《チュアンピン》、上海『文滙報』編集長徐鋳成《シュチュチョン》に代表される党外知識人であったが、今回はかれが抱える文革派が手兵となる筈であった。

六月半ば、彭真罷免後、再編成された北京市新党委の大学部を牛耳るようになった文革派は、学生代表とつぎのような一問一答をした。

＊ 中央文化革命小組（中央文革）は文化革命の神経中枢であったが、その名称はともかく、六六年下半期からは中央書記処に代わる権限を持ったとみるのが正確であろう。組長に陳伯達、顧問に陶鋳、康生、第一副組長に江青、副組長に張春橋、劉志堅、組員に王力、戚本禹、関鋒等が並んだ。中央軍委の文化革命小組（全軍文革小組、六七年一月に毛の命令で軍中文化革命委員会が造られ、のちに改称）は中央文革の指揮下にあったと思われるが、組長に徐向前、顧問に江青、副組長に蕭華、楊成武、関鋒、王新亭等、組員に余立金、唐平鋳、葉群等が並んだ。二つの機関とも江青が全権を握っていたのであろう。

中央文革はやがて陶鋳（中央宣伝部長）、劉志堅（軍総政治部副主任）が追放され、そのあとも粛清がつづき、はじめの十六人のうち、江青、康生、陳伯達、姚文元、張春橋の五人となり、全軍文革小組でも徐向前が罷免、蕭華（軍総政治部主任）が追放、謝富治がボスとなりはしたが、機能的集団としての役割を失ったと思われる。

「この運動について恐れている人々がいる。五七年と同じことになりはしないか。学校党委について壁新聞を書いたりして、右派とされはしないか*」

「五七年の右派は壁新聞で決まったのではない。かれらは中身が反党だった。書いても書かなくても右派だった」

「運動の鉾先はだれに向けたらよいのか」

「当然、一切の牛鬼蛇神《ぎゆうきじやしん》と資産階級のボスたちだ。だれが牛鬼蛇神で資産階級のボスか。まず学校の党委を狙え。もし党委をうまくやれば一切の牛鬼蛇神すべてを掃除できる。もし党委を掃除できないなら、牛鬼蛇神は逃げてしまい、その他の牛鬼蛇神も打倒できない」

「現在の運動と教育改革の関係は」

「運動ははじまったばかりだ。まだ深くは進んでいない。教育改革の問題は中央が方案を決める。学校はまだ考えることはない。第一に奪権だ。修正主義を掘りだすことだ」

「われわれは学校党委の内情を知らない」

「君たちの学校、学部、クラスにはすべて実権派がいる。君たちはまず最初にもっともよく知っている実権派（学生政治輔導員のことか）を摘発できる。かれらはやむなく上をひきだす。**こうして一層一層と上へ問題をあばきたてていける。非常に悪い奴は掘りおこすまでもなく、だれがみても分かる。こんな連中は恐くない。もっとも陰険なのは紅旗を振って紅旗に反対する連中だ。これを摘発するには努力がいる。もっと力がいる。現在、新市委はこれら悪人を支持していない。中央もまたこの連中を支持していない。新市委は革命派の味方である」（紅衛兵刊行物『首都紅衛兵』六六年六月）

文革派の目標は学校党委にあったわけではなく、そこから上を狙っていた。しかし、指揮系統を持たない文革派の力はまだ地方に及ばなかったので、運動の主導権は巨大な支配機構を操縦する党幹部の手中にあった。その下で地方の党書記たちは土地革命以来の定式化された手法を用い、新しい運動を行なった。

党省委、党市委は工作組を組織して大学、文化機関へ派遣し、運動の準備委員会を造らせて背後から操り、大衆運動におきまりの数多くの特殊用語をふりまわした。そして闘争大会を開かせ、闘争対象を定めた。対象は「反革命分子」「牛鬼蛇神」「厳重錯誤の

＊　毛沢東が百花斉放を唱え、言論の自由を宣言するや、知識人、学生たちの党に対する激しい反感が表面に露出した。毛がはじめて試みた変形の整風運動はあわてて反右派闘争に切替えられ、弾圧となった。七月十七日に中央の指示がでて、学生の思想調査が施行され、疑わしい学生は最高三年までの監禁処分となり、農村へ送られ、反革命分子と認められた学生は収容所送りとなった。さらには威嚇のため、六月に武漢で行なわれた学生デモの指揮者三人の処刑が九月六日に発表された。のちに陳毅が語るところによれば、この運動で右派分子四十余万を捕えたのだという。

＊＊　ひき出されるのは、教師政治指導員から党、団支部、書記であろう。さらに学校党委書記、副書記であろう。これは校長、あるいは副校長を兼任している場合もある。

者」「一般錯誤の者」と分類され、「関門を通す」者、「通さない者」にわけられた。「通さない」者は胸に罪名と名前を書いた布をつけられ、三角帽を冠せられて町をひきまわされ、さまざまな精神的、肉体的屈辱をうけることになった。そして、この年の後半になるとこの残酷なあしらいは党機関の幹部に向けられ、外国人記者、旅行者の目にもふれることになり、世界を驚かせることになるのである。

ところでこの党幹部のイニシャチブで進行していた運動はかつてかれらがその効果を疑がい、反対した毛の農村社会主義教育運動の「階級闘争」と似ていた。「党内の資本主義の道を歩む実権派」といった闘争対象は実際には判定の方法がなかったのである。ある大学に派遣された工作員が部下に向かい、「今度の運動はさかさまにいく。過去によかった者はいますべてが悪い」と語ったとき、かれはそのことばを本気で信じていたのだろうか、それとも良心の矛盾を認めた自嘲の響きがあったのだろうか。

運動は「実権派」を対象としているために、「群衆」である一般学生はおとなしくしている限り、まずまず無事であった。そして校長にはじまり学校党委書記、団支部書記、政治部の教師、政治指導員、学生の輔導員に至る「幹部」が対象となった。地方の党書記たちは党組織全体を守るために、さらにはっきりいえば自己保身のために、この運動に積極的にかかわり残酷非情な政治手腕を発揮した。

多くの大学で飾り物の校長が犠牲者とされた。武漢大学の校長李達《りたつ》の場合は典型的な例である。ここでは陶鋳の部下、湖北省第一書記王任重《おうにんじゅう》が指揮をとり、北京の「三家村」（鄧拓、呉晗、廖沫沙）を手本に「武大三家村」を造りあげ、そして八十に近い病身の李を闘争会にひきだした上、かれに党内にまぎれ込んだ「地主分子」「反革命修正分子」というレッテルを貼ったのであった。

ただし地方党委は対象となった校長や学校党委書記が上級機関とつながりが深い場合には、かれらをあとで復活させることができるように学生の糾察隊《きゅうさつたい》に託して保護を命じ、叩く相手を他に探しだした。北京の動きを真似て党省委に攻撃を向けようとした学生グループがあると、これを「反革命」とおどしつけて叩きつぶした。

だが、北京の様相は違っていた。ここでは学校党委や文化部門の幹部たちを槍玉にあげるだけで運動を終りにしようとする党の防衛意図と、学校党委から上部機関へ運動を推し進めようとする文革派の攻撃努力が衝突した。北京の大学、専門学校には文革派が糸をひく活動分子が力を占めていた。そこで党と政府の最高幹部は夫人までも動員して工作組を組織し、かれらの子弟から党、団の学生を使って、反抗分子を抑えつけた。

この時、毛は北京を離れ、主として上海にとどまっていた。時には武漢で泳いでいたともいわれている。この段階において運動を形式的にも実質的にも握っていたのは劉少奇だった。すべてを劉に任せたこと自体が毛の罠であったと思われるが、劉自身も自分が袋小路に追い込まれているのを無論知っていたに違いない。毛が「放」ですすめようとする運動をかれはかまわず「収」にしてしまったのだ。これは「前十条」と「後十条」の衝突と同じであり、したがって必然的に毛との対決になるであろう。だが、かれは「二十三条」の不吉な一節に盛り込んだ毛の意志の実現を阻止しなければならず、学校の「放」を放置できなかったのである。

そこで、この時期の劉には、毛を罷免するために中央委員会総会を召集しようという目論見があった、という噂がのちになって流れている。＊あるいは事実だったかもしれない。しかし、劉の不決断からか、あるいは鄧小平が洞《ほら》ガ峠をきめ込み、うまく立ち回ろうとしたためか、林彪派の軍の動向が気になったためか、それとも正規の中央委総会で勝つことができると信じていたからか、結局、劉はいかなる行動にもでなかったのであった。劉はチャンスをのがしたのであろうか。

はたして事態は一変した。北京へ戻った毛は、工作組派遣をこきおろした。劉のやり方は大衆運動の行動規範に反し、幹部、群衆、工作組の三結合がなく、北洋軍閥の学生運動弾圧のやり方だと非を鳴らした。強い立場にたったかれは、それまで開かなかった、恐らく開くことのできなかった十一中全会を八月一日に招集した。

七月にはじまった大規模な軍の移動、林彪麾下《きか》の軍隊の重点配置はかれに有利な力関係だったにちがいない。毛に批判的態度をとってきた中央委員たちは自分の支配地における軍の無言の圧力を感じたであろうし、また会議場では、文革派とその活動分子の礼讃、非難の交錯する演説がかもし出す異常な雰囲気に圧倒されたであろう。

二週間の会議は毛の勝利に終わった。十一中全会は林彪の『人民戦争の勝利万歳』『モスクワ三月会議を評す』を綱領性の文書と指定し、かれの外交・国防政策の正当性を確認し、「党内の資本主義の道を歩む実権派」の粛清をはっきりと決めた。

だが、毛がつかみとった戦略的決め手は、この二カ月間に「右派分子」「反革命分子」と叩かれていた連中を味方にひきいれることができ、党が学校党委を犠牲にして築いた

＊　この年の四月から八月にかけて北京の舞台裏でおきた権力闘争について詳しく述べているのは、六六年十一月のユーゴの『ポリティカ』紙であり、多くの人が引用する。
ユーゴ国営通信の北京駐在特派員は、彭真が罷免され、林彪の軍隊が北京の宣伝機関を接収したあとも、彭真は依然北京の党機関を支配していたと述べる。かれと劉少奇は中央委員会全体会議を緊急招集し、投票によって毛の罷免と林の活動を規制する決意をしたのだという。彭真、楊尚昆は西北、西南へ向かい、七月はじめには西南局第一書記李井泉、西北局第一書記劉瀾濤をはじめ、西南、西北の中央委員、候補が北京へ集まり、地元華北局、東北局の中央委員とあわせて、多数派を形成した。しかし、華東局、中南局の中央委員と軍隊を握る中央委員、候補は北京へ来なかったのだという。

毛沢東は七月十八日、会議を招集しないように北京へ通告したが、劉はもはや延期できないと主張したのだと。だが、開会予定日の前日に、鄧小平が劉派を裏切り、毛が北京へ戻ってから会議を開くことを決めたため、劉派は法定人員を集めて、毛を罷免することができなくなったのだという。二十八日、毛は上海に集まった自分の側の中央委員とともに林彪の軍隊が戒厳している北京へ戻ったと述べている。

防衛線を打ち壊したことである。かれは工作組を否定し、文革運動推行の責任者を非難した。そして党機関が運動のために作成した五月十六日（彭真罷免の日）以降の学生の調査材料を学生代表の立会いで焼却するように命じた。

かれは上手に学生を思う方向へ向けたのである。「黒線人物」「牛鬼蛇神」といった曖昧きわまる否定対象は、憎悪の感情が伴うはっきりした打撃対象となった。すなわち上は劉少奇にはじまり最下層の党役員に至るまで、中国全土四十万に及ぶ工作組参加者は、いまや思うがままの告発の危険にさらされることになった。

ところでかれの作戦計画は、意表をつくもう一つべつの補助攻撃を先発させていた。八月二十日、毛は学生たちに「打破四旧」（旧思想、旧文化、旧風俗、旧習慣の打破）のスローガンを与えて街頭へとびださせた。効果はてきめんで、学生たちは残存していた資本家の家をひっかきまわし、住んでいる人を追いだしたり、本屋の本を持ちだして焼き、商店の看板をひきおろしたりした。それはさらに発展して、人々の服装や髪型に文句をつけ、髪を切り、靴を脱がせ、といったような騒ぎになった。

この粗暴な群衆行動は若者たちを興奮させた。そして毛が開く激励大会はかれらに一層強い心理的刺激を与えたのである。毛はかれらを紅衛兵と名乗らせ、これら青少年たちの破壊活動の威力と効果を発揮させた。そして八月末、林彪は紅衛兵を集めた大会で、「実権派の打倒」を呼びかけ、かれらに攻撃目標を明示したのである。

これは奇妙な戦いだった。もし毛が林彪に命じ、かれの軍隊を利用してクーデターを決行していれば、あるいは内戦勃発の危険もなくはなかったであろう。しかし、これら学生たちの騒乱に対しては党・政幹部はまともな抵抗ができないままであった。催眠術にかかったような時間が経過し、組織機関は孤立して麻痺状態に陥り、進退きわまった人々はいつのまにかばらばらとなり、事態の今後の展開に対しては見通しが立たなくなった。いわばかれらは、事態の本質を理解できず、軍事的敗北を自覚しないまま最終的崩潰へと向かったのであった。

六六年の最後の数カ月は、文革派前衛部隊のすさまじい全面的大攻勢でおおわれた。劉少奇、鄧小平をはじめ、数多くの党・政幹部、軍長老が、さらに向こう十年内に最高幹部となるはずだった中堅幹部までが失脚した。江西ソビエトの困難な時代から三十年近くをひとつのチームとして働き、新しい中国を築きあげた人々が没落していったのだった。

毛の最高機関の構成員として残ったのは林彪と周恩来だった。そして独自の勢力をのばした江青《こうせい》の登場となった。だが、毛とその三人の「戦友」は緊密に協力しているようにはみえなかった。そこには同じ目的のために努力をつづける者としての相互の信頼感さえないように思えた。

ではこの闘争において最も積極的だったのはだれだったであろうか。

三人のなかでとりわけ見当がつかないのは林彪だった。毛の後継者に指名されたこの人物が観察者の想像力をかきたてることができないのは、その印象の希薄さにあった。かれは周恩来と比べてなんら独創性がなく、積極的な行動力にも説得力にも欠けていて、あたかも毛の口真似をしているだけのようにみえた。かれの腹心がつぎつぎと追放されたことも奇怪なら、かれの家庭的な夫人葉群がどういうわけか中央機構の一員となり、会議で江青の演説に声をあわせているのも奇妙なことであった。四〇年代のかれの英姿を知らない人にとっては、林はさながら毛の操り人形と見えたであろう。

あるいは外部からの観察者にはかれがはたしていた真の役割をうかがい知ることはできないのかもしれない。だが、少なくともかれが、幾多の犠牲を払いながらも、かれの支配領域を無風状態においてきた努力は認められよう。六七年一月に軍介入の命令があるまで、軍政治部は一般部隊の兵士が紅衛兵と接触するのを禁止しただけではなく、家族に様子を尋ねることも、町で大字報を見ることも許さなかった。いわば中立策である。後になってから全軍文革小組長劉志堅《りゆうしけん》は失脚するのだが、そのかれが林彪の意思にさからって軍に隔離命令をだしていたと考えることはちょっとできない。

思うに、毛沢東はその戦いをはじめるにあたって、林彪の同意を買いとるために軍の中立を容認していたのであろう。林は軍隊内で下剋上をひきおこした連中を「牛鬼蛇神」ときめつけて処罰し、軍の組織系統をしっかりと保持していた。こうしてこの段階において軍は中国にただ一つ残る結束した機関となった。したがって大軍区、省軍区、警備区司令部が、混乱する中国全土を抑えることができたのである。

一方、周恩来はなにを考えていたのか。いまだかつて理論的な論文を発表したことがなく、個人的な政治的野心を示したことのないこの人物は、にもかかわらず陳独秀《ちんどくしゅう》時代からつねに党中枢にとどまり、かれの言葉に耳を傾ける人のために働き、巧みに暗礁を避け、路線が変わるときにはいつも決定票を投じてきた。今度も、あるいは最後となるかもしれない選択で、かれはまたしても勝つ側を選択したのだが、もちろんかれはそれを素朴に喜ぶといった程度の人間ではなかろう。この完璧に近い舞台俳優が、腹の中でいったいなにを考えているかは、外側からはうかがい知れないことであるが、かれがこの戦いの心からの支持者であり、推進者であったと考えるのはいささか難しい。

戦いをつづけ、それを拡大してきたのは江青だった。闘争のアクセルを踏みつづけたのは、林でも周でもなく江青であり、彼女の部下たちだった。では彼女とその配下はこの戦いの今後に、どのような見通しと目標を持っていたのだろうか。

長い間、脚光を浴びることを望んできた江青は、自分もまた夫が描いた理想国への路を切り開き、協力しているのだと信じていた。彼女は多くの作家、芸術家、学者に強圧手段をとり、さらに党・政幹部の追放に激情的な行動衝動を示した。だが、彼女の才能と献身がいかなるものであれ、夫を助けるに足る、理性的、現実的な視野乃至《ないし》力量はないように思われた。

文革派の中心人物の一人に陳伯達《ちんはくたつ》がいた。かれは毛が五五年の農業集団化、五八年の「共産主義への近道」の構想を形成した際に、大きな役割をはたし、毛の必要とする公式見解をもたらした人物である。だが、かれに戦いの指揮をとる能力があり、再び奇蹟の大躍進を行なう熱意があるかといえば、首をひねりたくなる。

では江青のもとに集まった文革派とはどんな実質をもった集団だったのか。それは毛崇拝の熱烈な使徒、あるいは理想家肌の研究者と想像するよりは、政治的野心に満ちた煽動的な論客群と考えるのが正しいであろう。

たしかなことは、これら宮廷政治の参画者たちが、知識階級の代弁者ではなく、さりとていかなる生産的な組織勢力を代表したわけでもない存在であり、どのような社会的勢力からの要請もなく、世論の底流を代弁していたわけでもなかったという事実であろう。かれらは過去三十年の歴史をひねくり、政治的レトリックを使って思想検事の役割をはたしはしたが、具体的なプログラムはなにひとつ持っていなかったのである。

これら文革派は容易に組織可能であってしかも有能な学生たちをねらって先兵とした。ではこれらの前衛は素朴で誠実な雷鋒であり、毛が期待する「革命の継承者」だったのだろうか。かれらは徹底した政治教育を受け、厳格な組織と紀律に服し、自己批判を行ない、検討会にたえまなく出席し、馴致《じゅんち》、教化されていた。そのことがかれらを十年前に自由化を叫んだ学生たち、五二年以来「三害分子」（「三害」は官僚主義、セクト主義、主観主義）が「民主分子」を鎮圧してきたと党を攻撃した学生たちとは全く異なった、偏狭そして純粋なピューリタン的な青年にしていたのだろうか。かりにそうだとしてもいい。だが上から抑えつけられて息のつまる思いのする巨大な政治体制からとき放されたとき、かれらはまたべつの新しい社会を求めようとしていたのではなかったろうか。

毛の手勢はこれだけだったわけではない。最高指導者は警護役を持っている。たとえばスターリンはポスクレブィシェフといった本当の個人的腹心を持っていた。ボディガードあがりのこの謎の人物は、粛清の用意を整えるのが仕事で、スターリンがうなずけばベリアでさえ簡単に殺すことのできる秘密官房の長官だった。毛における同様の存在が汪東興《おうとうこう》であろう。かれはピストルと拳法の名手として知られるだけだが、四九年末に毛がモスクワへ行ったときには護衛隊長、五五年から公安部副部長をつとめている。六八年の国慶節には天安門に並ぶ十四人のうちの一人に加わり、政治局候補委員となっている。羅瑞卿、謝富治と長官は変わっているが、かれこそ、一貫して公安部隊の掌握者であるように思われる。

毛はこれらの人々の協力でまず破壊に成功した。そして六七年一月の中国は混沌とした状況になった。これは外部からの観察者を唖然とさせたばかりではない。中国内部でも多くの人々が前途に不安をいだき、一体どうなることかと目のくらむ思いで見守っていたにちがいない。党中央書記処の政策実施機能は完全に麻痺し、党の各級系統は伝達ベルトの機能を失っていた。青年団と工会の統制、監視の機能は破壊され、各機関と企業の幹部は追われていた。

典型的といえる上海の場合はこんな様子であった。この戦いに火をつけたのは自分たちだと気負っていた張春橋《ちようしゆんきよう》と姚文元《ようぶんげん》の二人は、上海に新しい権力機関を造ろうと考えていた。北京から来た学生たちと上海の学生、青年たちも同じ夢を描いた。かれらは、工場支配人、行政幹部、専門技術者の消えた空部屋を占領し、すべての権力を握るコンミューンを造ろうとした。紙の上だけの宣言がだされると、『紅旗』がいち早く支持し、かれらの政治、経済、文化の大権を握る「人民公社」の方式は全国の手本となるだろうし、文化革命にきわめて貴重な経験を提出したと賞めたたえられた。

かれらがコンミューンを考えたのは当然の成行きだった。革命乃至《ないし》戦争によってこれまでの権力機構が崩れたとき、大衆がみずから行動し、普通選挙制の協議会を造ろうとした例は少なくない。パリ・コンミューンをはじめとしてロシア革命のソビエト、ドイツの一九一八年革命の労働者・兵士協議会、三六年の内戦勃発時のスペイン、ナチ支配を脱したあとの東欧、五六年のハンガリーに現われたのがいずれも同じ構想だった。だが、このような情熱と行動で造られただけのコンミューンは、右か左の権力機関にたちまち絞め殺される運命にあった。

中国においても事情は同じだった。それは絶対的な支配と統制を必要とする中央集権の国家機構と相容れるはずはなかった。「大衆を立ち上がらせる」といった眩惑的な言葉によって観察者にとんでもない思い違いをさせる大衆路線方式は、実際には革命的ロマンチズムの労働者評議会の自治組織とはなんのつながりも持たなかった。

たしかに毛沢東は六六年六月以来、何回かパリ・コンミューンを口にした。だが、かれの表現はかれ自身のものだった。かれが望むのは、末端から積み重ねられた組織であり、命令と追随だけにならない集団主義と自己犠牲教育を行なう活力の源泉となる機構だった。そして現実の党はかれの理想と全く違っていた。党は原爆工場から貿易機関まで、経済計画から大学までを支配下においていた。あらゆる衝突と圧力を党の領域内に持ち込んだ結果、調整と決定の実際的機能はいよいよ大きくなり、短期的な考慮と長期的な見通しをないあわせながら、多角的な責任を負わねばならないようになっていた。

かれはこれが気にいらなかった。毛は党の中核となる組織として、まず政治部を、つぎの時期には文革小組を、さらにつぎの時期には毛沢東思想宣伝隊を考えていたのであり、コンミューンとはかれのこのような夢の表現にすぎなかった。

かれは大きな否定シンボルの設定と、それに対する闘争が革命的エネルギーを生みだすと信じ、緊迫した状態、沸騰した雰囲気のなかでこそそれができると考えた。たしかに中国はそのような状態になったのである。

ではつぎに情報入手がもっとも多い広州でその経過を具体的に追ってみよう。恐らくその広東省省都の名前は、南京《ナンキン》に変えても、瀋陽《しんよう》、昆明《こんめい》に変えても、実体的内容においては相違よりも類似の方がはるかに多いと信じるからである。

4　野心家たち　六七年一月

広州では、まず趙紫陽《ちょうしよう》という人物のことからはじめなければなるまい。かれは一九五三年には中共華南分局——のちの中央中南局*——の秘書長だった。陶鋳にその才幹を認められてとんとん拍子に出世した。まず広東省委の農村工作部長となって昇進の実績をこしらえ、以後省委第一書記、**中南局書記、省副省長をつづけ、有能な組織者、管理者として地位を固めた。

一億八千万をかかえる中南局きっての農村工作の専門家であり、広東省における陶《とう》鋳《ちゅう》の右腕と自他ともに認めていた。新参者にすぎないために、中央委員でも、中央委員候補でもなかったが、やがて九全大会が開かれさえすれば、中央委員に選ばれることはまちがいないように思われた。

だが六五年からの新しい粛清の嵐は、この順風満帆《じゅんぷうまんぱん》の男を不安にさせた。かれは陶鋳の指示通り、北京の動きを巧みに模倣して運動をすすめた。かれは省委員会常委会議で演説し、党・政機関から「小フルシチョフ、小鄧拓をつまみだせ」と命令し、四清工作隊を文化大革命工作隊に切り変えた。そして北京の様相をにらみながら、省、市の文化宣伝部門を中心とする闘争対象を定め、贖罪の羊を狩りだしたのである。

その頃親分の陶鋳が中央宣伝部長に就任し、同僚の湖南省第一書記、張平化が副部長となった。それでかれはまず中南局は安泰の地だと思ったにちがいない。八月の十一中全会以後、趙はやり方を変え、各庁各局に文化大革命の準備委員会を造る一方、公安局に出身・経歴の純粋な「紅五類」成分の局員を集めて紅衛兵を組織し、情報収集を目的として市公安局に紅衛兵連絡組をおいた。また、八一中学（広州軍区軍官子弟の学校）に毛沢東主義紅衛兵――のちに各中学に支部が造られ、主義兵と呼ばれるようになる――を造らせるなど、まずは北京、上海、どこども同じの型通りの対応策をとった。

だが、まもなく中央における陶鋳の立場がおかしくなった。そして趙もただならぬ気

＊　第五の戦いがはじまるまで、中共党は中国全土を六つの中央局に分けていた。東北局、華北局、華東局、中南局、西南局、西北局であり、四九年に造られた六大軍区の後身である。中南局は河南省、湖北省、湖南省、広東省、広西僮族自治区を管轄下におき、北京から鄭州、武漢、長沙、衡陽、広州を結ぶ京広線（前の京漢線と粤漢線）二千三百キロに及ぶ大動脈の便益地域（河北省を除く）を支配していた。

＊＊　省委は党省委員会を指し、同級の政府は省人民委員会（省人委）と呼ぶ。文革がはじまるまで、中央局以下では省委、あるいは市委が絶対の権力を持ち、省人委、市人委は従属機関にすぎなかった。各級党委員会の常務委員会に代わって日常活動を処理する書記処が全権を握り、書記処の党書記を統率したのが第一書記である。

配を感じるようになった。十二月末、広東省へ逃げてきた同僚の湖北省第一書記王任重が北京から追ってきた学生たちに捕えられるという事件がおこった。かれは王が広州白《パイ》雲《ユィン》飛行場から輸送機へ乗せられるのを、市公安局副部長に命じて見にいかせていた。そして翌六七年一月三日には、江青の指令で学生たちが中央宣伝部を占領し、翌四日には三千人が中南海――北京市の中心、紫禁《しきん》城の西側にあり、二平方キロの広さを三メートルの高さの塀で囲んでいる。党・政最高機関と首脳陣の公邸がある――へ押しかけて来、「打倒陶鋳」「陶鋳は最大の保皇派だ」と叫びたてた。同じころ、上海では急進勢力が党市委の権力を奪取したという情報が入ってきた。これらのことは、この野心的政治家の決心を固めさせることになった。

かれはすでに広州でもっとも著名な紅衛兵組織の指導者、武伝斌《ウーツァンピン》に目をつけ、抜け目なく密接な関係を結んでいた。趙は武にことあるごとに電話をかけ、自分の地位を象徴する磨きたてた黒塗り乗用車に同乗させた。そして「老武《ラオーウー》、老武」と親しげに肩をたたいて機嫌をとった。かれは、心の中でこれら上っ調子の大学生が、「奪権」の茶番劇を試みるのであれば、かれらを背後から意のままに操ることは容易であると考えた。そしてやがてこの狂気の沙汰の運動が終われば、権力を取り戻すことができるだろうと計算したのである。

一月二十二日、武伝斌を中心とする中山大学学生をはじめ、華南工学院、清華大学、北京航空学院、ハルビン軍事工学院などの急進的な学生が省党務機関を「奪権」した。中央とさっぱり要領をえない電話連絡を重ねたあと、趙紫陽をはじめ省委書記全員はこの「奪権」儀式に立会うことになった。学生たちは省委、弁公庁《べんこうちょう》、文化革命弁公室の印章を保管し、書記処の会議に参加し、省公安庁と市公安局を接収することになった。

各省の実力者たちは相互に情報を交換していたのだろうか。それとも危険をそれぞれ同じように感じとっていたのだろうか。それは知る由もないが、かれらはどこでも同じことをやっていた。重慶では西南局のボス、李井泉が一月二十五日に重慶大学の八一五兵団に重慶市委の「奪権」をさせていた。

趙紫陽が手を握ろうとした武伝斌は湖南の貧農出身を自慢にする中山《ちゅうざん》大学の学生だった。武は背が高く、さっそうとした風采の持主だったばかりか、即席で一時間から二時間の演説をぶち、数千の聴衆をわかすことのできる生来の雄弁家だった。かれは北京における毛沢東の「第二次接見」（八月三十一日の第二回紅衛兵激励集会）に広東から参加した百余人の一人で、この接見と林彪、周恩来、江青の演説を聞いた日を紀念して、北京でかれらの組織、八三一戦闘団を結成した。

かれらは広州へ戻ると、中山大学の文革準備委員会を牛耳る大学の党委書記、前副省長の李嘉人《リーチィアレン》をつるしあげ「三反分子」のレッテルを貼り、それによってひときわ際立った存在となった。八三一には多くの学生が加入を申し込んだが、純潔性を保持したかったからか、武はべつの紅衛兵組織、中山大学紅旗公社を造らせた。この二つの組織はあわせて中大紅旗と呼ばれるようになったが、これはまた、華工紅旗（華南最大の華南工学院の紅旗公社）そして広医紅旗（広州医学院の東方紅公社）とともに広州三司と呼ばれるようになった。広州三司はやがては他の大学生、高中生をそれぞれの下部組織として、工場従業員、機関職員、農民の諸組織団体をも糾合して広州紅旗と総称されるおよそ十万の連合へ発展することになる。

そして武はこの紅旗派の頂点へ押しあげられ、北京大学の聶元梓《じようげんし》（新北大）、清華大学の蒯大富《かいだいふ》（井崗山）、北京師範大学の譚《たん》厚蘭（井崗山）、航空学院の韓愛晶（紅旗戦闘隊）と並んで脚光を浴び、全国的にその名を知られる学生指導者となる。

ところでこのような混乱期には、過去のつかのまの輝かしい経歴だけを頼りに生きてきたような人々が浮かびあがる。王首道もそうした人物の一人だった。かれは党歴だけなら、中南地区において権威と権力を独り占めにして「南覇天」と呼ばれた陶鋳もはるかに及ばなかった。湖南ソビエトが出来、そして亡びたのは一九三〇年のことだが、王はその主席であった。一方黄埔《こうほ》軍校を卒業した陶鋳は、福州で中共の市委書記となったがその後上海で捕えられ、南京中央軍人監獄につながれることになる。陶が校長蔣介石に偽装転向の「悔過書」（あやまちを悔いる）を書いたのは三三年のことだ。

王首道が四九年に湖南省主席とされたのは、かれの出身とその経歴が考慮されたためだが、それは短かい期間で終わった。あとは人代会（全国人民代表大会、憲法上では最高国家権力機関）で山東代表に、あるときには陝西代表に、また広東代表となり、交通部長をつとめたりした。しかし、あてがわれたポストをまわっているだけで、中南局書記となっても実権は与えられていなかった。六四年からの四清運動で、二年間も農村へ送られていたことはその証拠であろう。

王は実際に管理職や行政職にいたのではなかったから、実権派ではなく、誤りも犯していないわけであった。毛の第五の戦いがいよいよ激しくなると、かれはその昔の所長に手紙を書き、「革命の晩節を保持したい」と訴えた。そして四清運動では「三同」（農民と同じ労働を行ない、同じ食物を食べ、同じ所に住む）を遵守し、毛沢東思想を学びつづけてきたのだと綴った。王は毛沢東が所長だった広州農民運動講習所の一九二六年の出身だったのである。

またこのような激動期には、落ち目の男を蹴り倒し、僚友を出し抜いて第一線へ飛びでようとする人々もいた。閔一帆《ミンイーハン》はそんな人間の一人だ。八級幹部、中南局監察組の副組長であるかれは、弁公室主任と協議して、部下に裏切りと内部暴露を厳禁した。組員が少なく、団結していたからだれも大字報を書かなかった。お互いに罪をあばきたてれば、墓穴を掘りあうゲームになることを皆が理解していた。

しかし閔は差し迫った危険に脅かされていた。それは北京で中央監察委員会の常務委員、王従吾《ワンツォンウー》と銭瑛《チエンイン》が失脚したからだ。中央の監察系統が徹底的に叩かれたのは、「翻案風」（前の決定、処分のやり直しを求める動き）を助長し、「単幹風」（農業を一戸毎に営もうとする風潮）をうやむやのうちに葬ったことが理由だった。

六一年六月から劉少奇、鄧小平、彭真、安子文、楊尚昆《ようしょうこん》といった党指導部の面々は、彭徳懐の追放に絡んで全国的規模で放逐された人々の「翻案」を行ない、彭の名誉回復の根まわしをすすめた。中央監委は各中央局の監察組にこの作業を命じ、中南局でも河南、湖南で「右派分子」の復権工作を手がけた。

ところが六二年八月の北戴河会議から九月の十中全会で、毛は彭の名誉回復の策謀を打ち砕いただけでなく、さらに反撃に転じ、「単幹風」の責任を追及した。この問題を処理するために、党幹部は中央組織会議と全国監察工作会議を開いたが、かれらは「単幹風」の責任者を厳罰に処するつもりは全くなかった。責任はかれら自身にあったからである。六三年に王従吾は中南局監察組とともに、河南の個人田の現地調査に赴いたが、これといった処罰を行なわなかった。

閔一帆はこの二つの問題の追及が中南局監察組へくるのを気づいていた。ただ一つの脱出路は新しい最高権力にすばやく忠誠を誓い、文革中央の庇護と恩賞を受けることであった。

またこのような戦いは、つねに機会をうかがう個人的な野心の持主にとって、まさに権力の階段をかけあがるチャンスでもあった。この野心のために熱意と信仰を披瀝《ひれき》してみせようとした人物に、たとえば車学藻《ツオシユエツアオ》がいた。かれは三民主義青年団員、保長といった経歴から出発し、一九四九年共産党入党、軍人となったが、やがて中南局の工交（工業・交通）政治部主任になっていた。

だが、かれは政治工作の仕事に地位と権力がないのをぼやき、工業領導小組の副組長になりたいと願っていた。六四年七月から一年間、湖南省長沙の電機工場で四清運動の工作隊隊長となったが、その後広州へ戻ってからかれは自分の報告を『中南通訊《つうじん》』と『中南社教会報』に載せてもらおうとして、幹部の間をまわった。それは中南局の幹部をはじめ平党員はいうに及ばず、あわよくば中央にまでもかれの名を売り込む機会だった。かれは中南局秘書長薛光軍《シエクアンチユイン》に頼みこみ、どんなに直してもかまわないから載せてくれと懇願した。

やがてこの途方もない混乱がはじまった。かれの頭を押えていた羽振りのいい連中が片端から攻撃され、追放され、逃げまどい、存命できるかどうかとおろおろする情勢となった。これはかれにとって、かれらの後釜に坐る稀有な機会であった。かれは、あちこち嗅ぎまわり、見込みのありそうな人の間を駈けずりまわっていた。

また、このような変動期には名誉回復を望み、陽の当たる場所に躍りだそうとする人々が当然いた。三〇年代からの広東のゲリラ幹部は新政権成立後、地方幹部となっていたが、五二年に陶鋳が登場してから、これら広東籍の省級幹部、農村幹部の数多くが、「地方主義者」として追放され、粛清された。

たとえば呉有恒《ウーユウホン》は粤中縦隊《コエチユン》*の一支隊の司令員で、四五年の延安の七全大会には古大存《クーターツオン》とともに参加した。古は東江地域のゲリラ部隊を指揮し、四九年に広東省人民政府の副主席となったが、五七年後半の反右派闘争で足をすくわれ、「地方主義者」の頭目として党内の一切の職を奪われ、副省長の隠居生活を送らねばならなくなり、文革開始前に病没した。呉も同じときに「地方主義者」とされて市人委秘書長の椅子を失ない、広州造紙廠の副廠長へ「降職降薪」（減俸）処分となり、六六年前半には再度趙紫陽に狙われ、「三反分子」とされた。陶鋳の失脚はかれにとっても大きなチャンスとなった。かれは五七年の事件は陶鋳と古大存の「二つの司令部の争い」だったと中央に名誉回復書を提出した。これには「革命領導幹部」になろうというかれ自身の野心があったのはいうまでもない。

だが、かれは自分のゲリラ戦の体験を土台にした小説『山郷風雲』と『北山記』が決してよい材料とはならないのが気がかりだった。『山郷風雲』は粤《えつ》劇（広東劇）につくられ、紅線女《ホンシエンニユー》が演じたことは致命的に思われた。江青が執念深い怨恨から映画、京劇、粤劇の指導者、俳優、かれらの背後の文化部門の幹部たちを容赦なく追放していたからである。**

省委員会書記処にはボスの趙紫陽の他に八人の書記がいた。尹林平《インリンピン》はその一人で、かれも古大存、馮白駒《フォンパイチュイ》、呉有恒と同じ経歴を持ち、広東出身、粤中縦隊第六支隊の政治委員だった。五二年と五七年の反地方主義運動で多くの人々が没落したが、かれはうまく切り抜けた。しかし、省委書記にとどまっていたものの、陶、趙のかれに対する警戒心は強かった。そこでこの二人が凋落したとき、かれは『反陶光栄史』を書いて躍りだし、中南局、省委に恨みをいだいている連中から広東各地のかつてのゲリラ隊員に手をまわし、舞台の中央へ登場しようとした。

田　明《ティエンミン》は中南局や省委の幹部ではない。一九二二年、山東省の生まれ、二反歩の土地に九人の家族、土地改革のときには貧農の区分だった。三九年に十七歳で八路軍に加わ

＊　三四年に中共軍主力が江西根拠地を放棄して大西遷を行なったあと、華南にゲリラ部隊が残った。対日戦から国共内戦を経て華南遊撃隊となり、広東省内の粤中縦隊、広東、広西両省にまたがる両広縦隊、海南島の馮白駒の部隊が活動した。

＊＊　『山郷風雲』は北京、上海をはじめ各地で上演された。同じ時期に江青は自分が指導した『紅燈記』に努力を払っていたが、『山郷風雲』を党幹部が褒めたことで憎しみを燃やしていた。

主演女優の紅線女は粤劇の女優、新政権の樹立後、香港にいたが、五六年に陶鋳の要請で広州へ戻った。五八年に広東の十二の劇団が統合されて広東粤劇院が造られて副院長となる。陶鋳、周揚、林默涵、夏衍、鄧小平と交友があり、演劇界の名花として知られた。

広東粤劇院は彼女をはじめ、院長馬師曾から省、市の文化・宣伝部門の幹部すべてが追放された。

り、四〇年に入党。班長から連（中隊）の指導員、営（大隊）の教導員へと昇進し、第四野戦軍の一員として広州へ下った。五三年から六〇年までは海南島で団（連隊）の政治処副主任から正主任、そのあと海軍に移り、基地の政治部主任となった。

六四年、「全国は人民解放軍に学習せよ」の運動の一環として、軍政治部の幹部を民間へ派遣することになり、十月、かれは中国遠洋運輸公司の広州分公司へ送り込まれ、党委副書記兼政治主任に任命された。同じ地位の者が省、市の機関へ入り、庁、局クラスの幹部となったことで、かれの不満は大きかった。

それでもかれはこの職場で精力的に働き、この年の十二月、全国工業・交通部門に軍の五好運動学習（政治思想良し、軍事技術良し、三八作風良し、任務の達成良し、身体の鍛錬良しの五項目）の指示がでると、すすんで遠洋貨物船へ乗り込み、六カ月のあいだ船員の政治工作にはげんだ。六七年一月、武伝斌のグループが奪権に成功したとき、かれはまっさきに支持の意向を伝えにおもむき、幾多の助言をした。

「革命造反派」の肩書が一層ぴったりするのは莫克偉《モーコーウェイ》という熱血漢だった。広西省出身、三十歳、父親は柳州の郵便局員、一九五一年に十四歳で解放軍に入った。衛生隊で防疫、看護の仕事をして軍官にまで出世し、五八年に軍隊を離れ、広州市越秀区の衛生部門に職を得て、武装幹事、民兵参謀を兼任し、妻もまた同じ職場にいた。隠れていたかれの説得の天分と決断の才能が現われるときがきた。

六六年六月十五日、かれは市の衛生局長が「反党反社会主義の黒線」だという大字報をだした。すると直ちに反撃があった。百枚をこす大字報が貼られ、かれと仲間の四人は「黒帮《フェイパン》」（黒い仲間）とされた。七月末にかれは逆襲し、副局長の十大罪状を掲げて追及し、八月一日の建軍日を紀念して八一戦闘組を造った。やがてこれが八一戦闘兵団へ発展し、退役軍人を結集した一大戦闘組織となって紅旗派に加わることになり、莫は保衛部長にのしあがる。

挙げるのを忘れてならないのは陳益升《チエンイースン》であろう。北京の党部哲学所の一介の青年研究員にすぎなかった人物であるが、林杰《りんけつ》のひきで文革常務委員となり、出世の糸口をつかんだ。林杰は江青の片腕であり、文革小組の正式文書を起草していた。かれはまた黒竜江、長沙、武漢、南寧《ナンニン》、鄭州《チヨンチヨウ》、安徽《アンホイ》、山東に首都批判陶鋳聯絡委員会の出店をおき、実際はその中身を文革小組のアンテナにして、同時に奪権の橋頭堡にしようとして、部下たちを各地へ派遣していた。

陳益升は広州へ飛んだが、その際林杰夫人からは『紅旗』の臨時通信員の証明を、周《チヨウ》景芳《チンファン》からは資金を、呉伝啓《ウーツァンチー》からは中南局内の幹部数人に宛てた紹介状を貰った。そしてかれは直接には林聿時《リンユースー》の指揮を受けることになった。周、呉、林はいずれも文革小組のメンバーだが、このうち周は北京市中等学校紅衛兵代表大会の責任者となり、四月に北京市革命委員会の常務委員となった。

一月十九日、陳益升は首都批陶駐穂（広州）弁事処を開いた。十人から二十人の部下――北京から来た学生たち――と手分けして、中南局、省委、市委、中大、華工、新聞社を探り、利害が網の目のように絡んでいる地方幹部に関する情報を集め、新しい守護者を求めてむらがってくる人々に「立功贖罪」をささやき、味方を選び、情勢を判断した。そして林杰、関鋒、戚本禹といった戦略計画の最高担当者に供する報告書を林聿時宛てに特殊航空便で送りはじめた。

かれの使命は第一に省委、市委の奪権を図ることであった。つぎに広州軍区の黄永勝、劉興元といった軍首脳の周辺を洗い、決め手をみつけだし、この連中をひきずりおろすことであった。かれは上海で張春橋、姚文元が主導権を握った奪権工作を、広州では自分がやってみせてやろうという意気に燃えていたのである。

林杰、陳益勝が狙った黄永勝は湖南の出身、長征に参加、五〇年に広西軍区の副司令。五五年から広州軍区の司令員となり、広東、湖南、広西の大軍区を支配し、およそ三十万の部隊を指揮下におき、六五年五月に階級制度が全廃されたとき上将だった。当然ながら、第五の戦いがはじまるまで、軍区の政治委員、中南局の実権を握る陶鋳のかげに隠れて目立たない存在だった。

かれはこの奇怪な戦いがはじまってからも、林彪の直参であり、自分が賀竜、彭徳懐系の軍人ではなく、また陳毅や徐向前《じょこうぜん》系でもないことで安心していたかもしれない。林は一九三二年に第一軍団総司令だったが、かれはこの軍団の一師第三団の団長、三五年に林が紅軍大学の校長のときには第一期学員、三七年に林が八路軍の一一五師長のときには団長、林が東北で戦ったときには一縦隊の司令員として戦い、林が第四野戦軍を率いて南下したときにはかれも広西まで下り、李宗仁の軍隊を撃破した。

恐らくかれが林彪個人から地位の保証を得ていたことはまちがいなかろう。だが、文革派がかれの足元にどのような爆弾をしかけるかもしれなかった。文革本部から派遣されたこなまいきな煽動家が広州軍区をかぎまわり、どうやってかれをひきずりおろそうかと策を練っているのを知っていた。部下たちがこれら傲慢な若僧たちの甘言にのり、かれに反旗をひるがえすかもしれない。あるいは、かれの知らない秘密の約束を得ているかもしれなかった。

かれとすれば慎重のうえにも慎重を期さねばならず、注意深く行動しなければならなかった。なによりも大事なのは軍幹部の結束である。自分たちが相互利益でがっちり結

＊　広州軍区は「大軍区」（一級軍区）であり、省軍区、軍分区を管轄下におく。大軍区は司令部を置いた都市の名前をつけ、他に瀋陽、北京、済南、南京、福州、武漢、昆明、成都、蘭州の各軍区がある。十大軍区の他に新疆、チベットの直轄軍区がある。また北京に衛戍区、主要都市には警備区が置かれている。大軍区司令官は党中央軍事委員会の直接指揮下にあるものと思える。なお「広州部隊」「瀋陽部隊」の呼称は大軍区内の陸、海、空すべての部隊を指し、軍区司令員は部隊司令員でもある。

びつき、団結さえしていれば外部からの誘惑に目がくらんで裏切りを企てる者もなく、兵士たちの間にも動揺がおこるはずはない。かれは、劉興元をはじめとする五人の副司令員に対して勝手な行動を戒めた。そして意気消沈して日和見的態度をとる党幹部とも秘かに連絡をとり、協議をつづけていた。中南局以下、党政幹部はその多くが軍人からの横すべりであり、軍区の軍官との仲は「老同事」「老戦友」であったからである。

5　過激勢力と軍　六七年一月〜六月

陳益升が広州へ来て三日目にあたる一月二十二日、武伝斌の率いる中大紅旗が省委と市委を奪権し、中大紅旗、八一戦闘兵団、珠影東方紅——珠江電影製片廠《しゅこうでんえいせいへんしょう》の造反組織、文化革命が文化部門から始められたため、映画撮影所の奪権は早かった——の代表が省革聯（広東省革命造反聯合委員会）を結成した。翌二十三日、放送局と三つの新聞、市委機関紙『広州日報』と省委機関紙『南方日報』さらに『羊城晩報《ようじょうばんぽう》』——省委宣伝部が握っていたが、すでに幹部が追放され、『紅衛報』と名前を変えていた。六八年にさらに『工糾報』と改名した——を接収した。

このあと、早くも中央文革の知遇を得るのに成功した閔一帆が迅速な行動にでた。気脈を通じていた車学藻、張天陶《チャンティエンタオ》、白瑞民《パイスエイミン》といった中南局と省委の幹部たちとともに中南局聯絡総部を造り、ためらい、思いあぐねている人々を追い出し、機要室と組織部を占領して党と民衆を握る用意を整えた。かれらは中央文革の支持を後ろ楯に、学生たちを代理人と突撃隊に利用し、「象徴的な奪権だ」と笑っていた趙紫陽の鼻をあかし、広州そして広東の実質的支配をもくろんだ。かれらはこうして局・省・市の「三級所有」の第一歩を踏みだしたのである。

一月二十五日、紅衛兵、造反組織の連合体である省革聯は市公安局の奪権へ向かった。局長は警官にかれらを中へ入れるなと命じた。すると、意気盛んな連中は省革聯に反対する者は反革命分子だぞと脅迫し公安局幹部に三角帽子をかぶせ、市内をひきまわし、デモ行進を行なった。公安局首脳は警備司令部に救いを求め、軍区は中央に電話をしたが、周恩来は「革命行動を支持せよ。必要とするなら軍隊を派遣して秩序を維持せよ」と答えていた。

省革聯を構成する過激勢力はいとも容易に奪権に成功し、公安局を接収したことで大変な鼻息だった。同じ日に陳益升は幹部たちを集め、いよいよ本番である軍区打倒の計画をたてた。文革派が唱えるいわゆる「内外結合」の準備は整っているように思われた。かれは広州へ来ていた南京砲兵学院の造反学生を使うことができた。また珠影東方紅の青年たちは広州部隊内の文芸工作隊と手を握っていたし、軍区の政治部副主任相煒《シアンウェイ》その他とは秘密の連繋があった。

陳益升は北京へ戻った。それは、今後予想される局面に備えて文革首脳と対策を協議することが必要だったからかもしれない。北京にあってもかれは武伝斌と電話連絡をつづけていた。その際かれは「広州軍区の動態に厳重な注意を払え」と言ったという。しかし、思うにこれは、軍の機先を制した行動を恐れていたためではないであろう。かれの本心と狙いは別のところにあった、と考えられる。すなわち、軍をして省革聯の「革命群衆」へ発砲させ、修羅場を造ることにあったはずであり、その際に後日に備えて重大な証言を残すのが本当の目的だったのである。

軍区に対する攻撃は宣伝戦ではじまった。広州市内には「陶鋳は黄永勝をかばっている」「黄は兵隊になるまでごろつきでばくちうちだった」「軍隊へ入ってからアヘンを売って歩いた」といった大字報が貼ってまわられた。二月七日夜、攻撃が開始された。閔一帆の部下で中南局監察組弁公室主任の李志遠《リーチーユアン》が総指揮をとった。参加したのは監察組の千鈞棒《せんきんぼう》戦闘隊をはじめ、南京砲兵学院学生、珠影東方紅、それに過激派の学生組織などである。かれらは軍区を襲い、その一部を占領し、阻止しようとする将校を殴り、「黄永勝を火あぶりにせよ、広州軍区を砲撃せよ」と絶叫した。

一方、黄永勝はこれら反徒たちの高圧的な振舞いにも耐え、敵の挑発にのろうとはしなかった。かれは直ちに中央軍委（党中央軍事委員会）へ電話をかけて報告し、指示を仰いだ。本来なら林彪は侵入者を即刻追い出せと折りかえし命令できるはずだった。中央軍委は一月二十八日に八項目の命令をだし、軍隊への攻撃には厳然たる措置をとるように命じていたのである。だが、真の決定者は中央軍委の主席ではなかったようだ。中央軍委と中央文革、すなわち林彪、楊成武、江青、王力、戚本禹、林杰といった新しい権力者の間では、この問題をめぐって提案と反対提案が続き、論議は難航したのではあるまいか。陳益升はこれに備えて北京へ戻っていたのであろう。そして、あるいは毛沢東の最終決定を求めることになったのかもしれない。

神経をいらだたせて待ちわびた黄永勝に命令がとどいたのは翌八日の夕方のことである。毛沢東は軍を支持した。六時近くになって中央軍委の命令が拡声器で放送され、急ぎ印刷された大量のビラがくばられた。

「中央軍委命令

軍学校と文芸団体の同志諸君、わが人民解放軍は強く最高指示を執行し、軍委命令を執行しなければならない。昨晩一部の同志が広州軍区へ突入し、気儘に人を捕え、殴打したが、これは直接に毛主席の批准した軍委八条命令に違反した誤った行為である。広州軍区が軍委命令を堅く守っているのはまったく正しい。諸君はことの是非を知らねばならない。軍区、機関管区から直ちに離れよ。

地方各革命組織と革命的な教師学生同志諸君、昨晩おきた問題は軍隊内部の問題であり、諸君は介入すべきでない。毛主席が批准した軍委八条命令を自覚し、直ちに軍隊管区を離れよ。

中央軍委　一九六七年二月八日十七時三十分」

侵入者は撤退しなかった。投げられたさいころはまだころがりつづけていると信じたのである。黄永勝は気が気でなく重ねて中央軍委に指示を求めた。再び新しい命令がだされた。

「中央軍委命令
一　軍学校教師学生と文芸団体同志諸君、本日午後五時三十分軍委はすでに命令した。諸君は毛主席が批准した軍委八条命令を堅く執行せよ。諸君が執行していないなら、現在再び諸君が直ちに撤退するように命令する。なにか問題があるなら、諸君は直ちに北京へ電話をかけ、代表を北京へ派遣して問題を解決できる。しからざれば一切の結果は諸君の責任である。
二　地方各革命組織と革命的な教師学生同志諸君、広州は香港、澳門《アモイ》に直接面していて情況は非常に危険である。諸君は警戒心を高めるように希望する。ここに侵入し介入するな。最高統帥の八条命令を堅く遵守せよ。
中央軍委　一九六七年二月八日二十時三十分」

過激派は一先ず退却を決めた。だが、かれらはその際、電話線を切り、通信室を破壊した。これは軍区が中央軍委に助けを求めたことに対する腹いせだった。

話はすこしさかのぼるが、広州で過激派が党・政機関を奪権した翌日、一月二十三日に中共党中央、国務院、中央軍委、中央文革小組は連名で軍の奪権への介入支持を命じていた。それは、軍隊が文化大革命に介入してはならないというそれまでの指示を取消し、「革命左派」が要請したときには、軍は部隊を派遣せよという五項目の指令だった。

だが、この重大な命令には肝腎な点が抜けていた。つまり、その組織が「革命左派」であるとだれがどうやって認定するのかといった問題である。それは各地方軍の判断に任せたのだろうか。そんなことはあるまい。江青と部下たちがこの重大な選定権を握っていたのである。文革派は北京に乱立した紅衛兵組織を陶汰し、党幹部が操る学生組織の幹部を逮捕、弾圧し、自分たちが指導する組織の強化に力を注いでいた。かれらはまた全国へ支配権を拡大するために自分たちの勢力を増やさねばならなかった。そこで軍は中央文革の承認なしに、一存で介入はできなかったのである。

この結果、どこでも同じことがおきた。広州軍区も自分たちの「革命左派」を造ろうとして懸命な努力を払いだした。敵対する省革聯に対抗するために、工場、学校に簇《ぞく》出《しゅつ》していたグループを味方にひきいれ、対立組織を造りはじめた。

農村でも組織造りが急がれた。広州郊外の石井《シーチン》人民公社に成立していた省革聯派の紅農友に対抗させるため、二月中旬に同公社内に貧下中農革造会を造らせた。沙河《シアホオ》公社ではこれも省革聯系の紅衛兵団に対決させる紅色聯合総部を結成させた。三元里の組織、継平英——一八四一年のアヘン戦争で英軍を三元里で立往生させた平英団の精神を継いだと名のる組織であろう——に対しては、二月下旬に対抗組織を造り、もっぱら継英平相手に闘争させた。

こうして広州軍区は各公社内に造りだした自分の側に属する組織を統合して、一挙に三十万の広州市郊区貧下中農革命派聯合委員会（郊貧農）を結成した。二月十九日に沙河公社の小学校に各公社の大隊、生産隊幹部を集め、郊貧農の成立を宣言させた。

黄永勝が背後で糸をひく広州の「革命左派」はまたたくまにできあがった。これら学生組織と労働者組織はやがて二十万の成員を誇称する——郊貧聯を除く——東風派に発展する。

そして北京では新事態が発生した。見守る地方の党・軍幹部をして手に汗をにぎらせる動きだった。政治局員譚震林《たんしんりん》が中央工作会議の席上で、毛のはじめた戦いに対する激しい不信の念をつつまずにぶちまけたのである。かれには他の連中が支持してくれるという、たしかなあてがあったのだろうか。* それはわからないが、周囲の人々が卑屈なごますり屋だけだというように思っていなかったかもしれない。あるいはかれは、自分の中国に対する忠誠心を毛に対する忠誠心の上へおくべきだと考えていて、その信念を示そうとしたのかもしれない。そうとすれば、あるいは大躍進運動を批判した彭徳懐と同じ悲劇的役割を自分が演ずるかも知れないことを、かれは承知していたとも見れよう。

かれは「殺されてもよい、投獄されてもよい、党籍を剝奪されてもよい」ときりだし、理論が現実から遊離していると説いた。そして群衆に大民主が多すぎ、幹部に民主がないことを指摘した上で、劉少奇、鄧小平、陳丕顕《ちんふけん》――前華東局書記、上海市党委第一書記、上海市長、六七年一月に失脚――その他幹部の名誉回復を行なえと要求、「諸君は

＊　この時期の報道によれば、林彪が文革の展開について毛と意見を異にし、文革を軍へ及ぼすことに反対し、総政治部主任蕭華の解任に怒ったという。また朱徳は、内外政策で重大な失策を犯した毛が自己批判すべきだと言ったという。

いくつかの紅衛兵刊行物があきらかにするところでは、その二月に劉伯承が周恩来に招かれて北京へ飛んでいる。劉は第二野戦軍司令――政治委員は鄧小平――、徐州大野戦で勝利を収めて西へ向かい、西南を占領した経歴を持つ。その後西南軍政委員会主席、元帥をへて、やがて肩書は南京軍事学院院長だけとなったが、成都にとどまって西南地方に依然として大きな影響力を持っていた。

恐らく劉は、軍長老たちを襲った無残な運命に激昂していたにちがいない。すなわち前年十二月、彭徳懐は成都で逮捕され、朱徳は全経歴をひっくりかえされて「反党分子」と罵倒され、賀竜は「大土匪」と呼ばれるという事態がつづいていたのである。さらに全軍文化革命小組長に据えられた軍長老徐向前すらも、やがては放りだされる憂き目にあうことははっきりしていた。

劉は周恩来と他の政治局員に意見を求められたが、その際つぎのような四つの要求をだしたといわれている。「直ちに文化大革命を停止せよ。子供たちを学校へ戻し、政治活動に参加させるな。第九次党代表大会（九全大会）を即刻開催せよ。名指しで攻撃を行なうことをやめよ」

劉はそのあと、中央がこれらの要求を受けいれるなら中央に服従するが、そうでないなら中央となんの関係も持たないとのべた。そしてかれは、自分を拘留しないなら四川へ帰ると言って、そのまま成都へ戻ったのだという。

陳が反革命だと言う。私は殺されてもそれを信じない」と叫び、九全大会を即刻開催せよと迫った。

この譚の提案は正確にいつのことだったかは分からない。だが、二月十日付け『人民日報』の『三結合』*呼びかけと十三日の毛の講話は、譚に代表される多数派の意見に僅かばかりの譲歩を示したものにちがいない。かれは「闘争はもっと公明正大にやらなければならない。高い態度と風格が必要だ」と語り、犬の頭をたたきつぶせといったスローガンやジェット機のように両腕をねじりあげたり、他人の私生活をひっぱりだすことを非難した。そしてさらに、幹部と大衆を対立させてはならない、鉄道部長の呂正操に半日便所掃除をやらせ、半日自己批判させているような「撤職留用」では、仕事をさせて効果をみることができないではないかと批判した。

こうして、混乱をきわめた状況もすこしずつ変化しだしたように見えた。

さらに二月二十二日の『紅旗』第四号の社説『幹部に正しく対処せよ』は、文化大革命の目的は奪権ではなく、思想革命にこそ目標があるのだと論じていた。つづいてこの混乱に終止符を打つ指令がだされ、紅衛兵と革命造反派の規制措置が中国全域に伝達された。広州では三月五日、軍の介入が行なわれ、軍事管制となった。

困惑していた軍区の幹部たちはこれを遅すぎはしたが当然な命令だと歓迎した。意気沮喪していた地方党幹部も滅茶苦茶な芝居の幕がやっとおりるのかと安堵の息をついた。

そしてまた一方、文革派に荷担して「革命幹部」になろうとした人々は、一か八の賭けに敗れたと、がっくりしたのはいうまでもない。今や意気昂然たる黄永勝はてきぱきとことをすすめた。広州の状況はがらっと変った。軍は市内の省、市の党・行政機関を接収し、公安局と分局にのりこみ、警備司令部が公安局の全指揮をとり、三月八日には「三結合」の準備委員会を造った。

さらに黄は二月の報復を行なった。卑しめられ、痛めつけられた「老同事」「老戦友」の仇をうち、中大紅旗、工人赤衛隊、八一戦闘兵団、珠江東方紅を「にせ左派」だとして解散を命じた。主な指導者を片端から逮捕し、かれらが造った省革聯を自然消滅させ

＊　毛が軍区幹部と造反派幹部、旧幹部の「三結合」を考えたのは譚震林の要求がある前だったと思われる。それは造反派の混乱を無視できなかったことと同時に軍をはっきり味方にひき入れるためだったにちがいない。文革派は無論これに反対だった。戚本禹はこれは革命でなく妥協であり、周恩来の折衷主義だと攻撃し、王力は『紅旗』第三号に「三結合」の指示を載せるのに三番目においてこれを軽視する態度を示した。毛は二月十二日から十八日まで上海コンミューンの社長張春橋、副社長姚文元と三度会い、「三結合」を行ない、名称を革命委員会にせよと命じた。だが、当初、張と姚は「三結合」を「政治、管理、科学技術」の結合だと述べ、「革命群衆」幹部の指導下に管理者と技術人員を置こうとしていたという事実がある。とすると、あるいは本当のところは毛も造反派の主導権による上海方式の成果に期待をかけていたかもしれなかった。軍区幹部と地方党幹部の既成勢力が組み、造反派の抑圧になるかもしれない「三結合」にかれは心からの支持をおいていなかったのかもしれない。

た。学生組織は解散されなかったが、軍政訓練を名目に抑えつけられたから結果は同じであった。のし歩いていた紅衛兵幹部も厳しく締めつけられ、奪った銃や機密書類もとりあげられ、身動きとれなくなった。全市の小学校、中学校は授業を開始し——もっとも毛沢東思想の学習であったが——このあと大学生から中学生までは、春耕の手伝いに近郊農村へ送りだされた。

新聞も新たな権力者に尾をふった。省革聯を支持していた『広州日報』は、三月十五日付けの社説で解放軍との団結を呼びかけた。また十六日の『南方日報』は解放軍に対する態度でほんものの革命派かにせものの革命派かはっきりすると主張し、急進派の無政府主義的傾向を非難した。

軍はまた工場へも駐屯した。大工場へ進駐した軍隊は毛沢東思想宣伝隊の名称を使い——一年半ののちにこの名が再び利用されることになるのだが——休み時間に学習を行ない、各組織を解散し、代りに工場幹部と労働者代表、軍派遣人員の三結合による毛沢東思想工人赤衛隊を造り、生産臨時指揮部を設立した。もちろん黄永勝はこの新たな組織を利用し、かれらに「黄は無産階級司令部の人間だ」「好同志」だと説いてまわらせた。

事態の逆転ははっきりあらわれてきた。珠江電影製片廠では、「打倒省革聯」「打倒珠影東方紅」のスローガンを掲げることで、珠影の党常務委員や党書記が「革命幹部」として再登場した。中大紅旗も一千百人ほどのメンバーが三百人に減り、対抗組織である東風派の革造会が勢いを増し、その結果「八三一と紅旗は反革命だ」と叫ぶ李嘉人がかれらの支持をえて復活し、中大の権力を握った。

郊外では七千人の成員を持つ紅農友が路線を誤り、貧下層中農の権利を奪ったと非難されていた。紅農友は反革命分子の操縦する反革命組織と断定され、三月二十三日には二人の指導者が逮捕投獄され――周恩来が広州を訪れる直前まで――勢力はたちまち百余人に減少してしまった。継平英も省革聯を支持したことで弾圧された。

こうしためまぐるしい情勢の動きを趙紫陽はいったいどのように見ていたのだろうか。二月十二日、かれは越秀山スタジアムで開かれたかれの批判大会、「掲発、批判、闘争趙紫陽大会」に自動車で乗りつけ、「人数が少なすぎる。場所を変えた方がいい」と悠然たる態度だった。かれは譚震林の爆弾声明にいよいよ自信を強め、その後の情勢の推移を見てほくそえんでいたのかもしれない。

だが、情勢はそんな単純なものではなかった。毛はまだ全部のカードをひらいていたわけではなかった。かれは収拾とみせかけて軍に地方支配の政治組織を委ねはした。しかし、このあと、かれはふたたび文革派の肩に手をかけたのである。そのころ、北京では怒りにもえる文革派が「上から下まで資本主義の逆流だ」と金切り声をあげ、巻きかえしに躍気となっていた。

かれは抑えつけられた「革命左派」のエネルギーの爆発を計算に入れていたのかもし

れない。手の込んだ狡猾な戦術がとられた。三月十四日、譚震林に対する攻撃が壁新聞にあふれ、かれは紅衛兵大会の絶好の目標とされた。譚のつきつけた提案に対する曖昧な妥協はいまやかなぐり捨てられた。運動を抑止し、その拡大をくいとめた措置は破棄され、戦いは徹底化された。そして宙に浮いたままだった劉少奇の追い落しが決定したのである。

中央軍委から軍区に命令がだされ、中央文革からも各地の派遣員に吉報がとんだ。過激派の学生は快哉を叫び、閔一帆は笑いを取り戻した。趙紫陽は権力回復の希望を失って気のめいる思いとなった。情勢の変化をだれもが知ったのは四月一日だった。『紅旗』第五号に載った戚本禹の論文『愛国主義かそれとも売国主義か』がこの日の午後に広州中に放送された。学生たちは街路にとびだし、壁新聞を貼り、デモ行進がはじまった。再び市内は騒然たる雰囲気となった。

同じ日に中央は「みだりに人を逮捕したり、大衆組織に反革命の烙印《らくいん》を押してはならない」と決め、三日には周恩来が紅衛兵代表に釈明し、軍政訓練の過程で左派組織を解散させたことを謝罪した。ついで八日にこれを細かく規定した中央軍委の通達——群衆に対する発砲と逮捕を禁じる「十項命令」——がだされた。

広州軍区の首脳は事態の急変に愕然とした。これは工作組派遣からその責任の追及で終った前年七月の芝居と同じ筋書ではないか。反抗の火の手は前よりもはるかに強く燃えあがるだろう。どのようにこれに対応したらよいか。この憂慮と比べれば、『紅旗』の戚論文に同調、便乗して劉少奇の批判運動を行なう位はまだはるかに気楽なことであった。いまや劉の打倒でことが済むのなら百万遍でも唱えるという気持だった。六日、軍管会は越秀山スタジアムに十五万人を集め、劉少奇の打倒を誓う大会を開いた。つづいて連日のようにデモ行進が行なわれた。学生の宣伝隊は一軒一軒を家捜しして、劉少奇の著書や写真を探しだして焼いた。

四月十四日――一説に十八日――に周恩来は広州を訪れた。かれは陰謀と策動、混乱のなかで疲労と倦怠をこらえ、中央から地方に至る多面的な工作に努力を払っていた。かれは文革派に足かせをかけられていたので、革命前衛部隊の行動を認めねばならなかったが、他方、軍の権力を維持して、党幹部の復活を図り、再統一を達成しなければならなかった。内心ひそかに力点を後者においていたことはまずまちがいないところであろう。

かれは中山紀念堂に軍代表、革命造反派、紅衛兵を集めて演説をしたが、その前に省委の迎賓館で「革命左派」の判定を行なった。武伝斌はひそかに録音をとっていた。そのためかれは、のちに無産階級司令部へ黒い砲撃をしかける目的で、「関王廟《びょう》」――関鋒と王力を指し、中国随所にある「四旧打破」の対象となった関帝廟に語呂をあわせたのである――ために、周総理の「黒い材料」を集めていたと非難されるのだが、どうやら武は中央文革小組の命令でこのうさんくさい指導者のみかけを一枚はいでやろうとしていたらしい。

しかし、遠くの端に坐る人の動きから、窓の開閉にまで、あらゆることに丹念に気を配る人物が、文革派の手先きにうかうかと尻尾をつかまえられるへマをするはずがなかった。かれは過激派の軍区攻撃についてはなにひとつ批判せず、軍に弾圧された連中を支持したのである。それでも、かれがはっきり名前を挙げて、「革命左派」と認定したのは中大紅旗、広医紅旗、華工紅旗、珠影東方紅だけで、尹林平、呉有恒らの「地方主義者」に対しての名誉回復は認めなかった。尹や呉は軍区がでたらめな材料をだして総理をだましたのだとくやしがったが、周とすれば過激勢力を操縦しようとする「地方主義者」の復権を許すつもりなど全くなかったのである。

なお、このときのことだったのか、それとも北京へ戻ってからのことだったのか、それはわからないが、周は中央が黄永勝を信任していると説き、毛主席と林副主席は黄に希望を託していると語っている。しかし、中大紅旗、八一戦闘兵団、珠影東方紅など革命造反派は二月の挫折から三月の弾圧とつづくなかで、いよいよ固く黄を不倶戴天の敵とみなすようになっていた。かれらは黄が「三月の黒風」の張本人だと非難し、譚震林の手下だと吹聴《ふいちよう》した上、広州の譚震林、「広譚」と呼び、口をきわめて罵るようになった。「黄は気違いのように革命造反派になぐりこみをかけ、革命造反派に爪をたて、かみつき、一群また一群と監獄へぶち込んだ」といったたぐいの壁新聞と宣伝物をばらまいて、激しい憎しみをあおりたてた。

五月三日には武伝斌や田明は軍管会に対するハンガー・ストライキを指導決行し、毛主席はわれわれの坐り込みを支持しているのだと煽動した。田明は周恩来がとりあげなかった八一戦闘兵団の名誉回復を黄永勝に要求した。黄は逃げ道をこしらえ、言い抜けでごまかした。かれは紅旗派を招き、進んで批判検討を受けようと言い、かれらに支持を誓った。しかしかれは、紅旗派に対して口先の約束をしながら東風派に向かってはこう言ったのである。「私は過去に諸君を支持してきた。現在もまた君たちを支持する。君たちが最後の一人になってもなお支持する」

こうして主導権を握ろうとする紅旗派と東風派のテロと対抗テロが激しくなった。四月以来、各地とも同じ情勢にあった。六月六日、中共党中央、国務院、中央軍委、文革中央は連名で六カ条の通告をだした。私設裁判、訊問室・監獄の設置、各機関の文書・印鑑の持ちだしを禁じた。さらに武闘を禁じ、国家財産の保護に軍の責任を認めた。

6　中央文革と過激勢力の攻勢　六七年七月～八月

こうして七月にはいった。多くの都市で街頭テロが頻発し、各所で陰謀がたくらまれた。相対立する勢力がにらみあい、接収した党政機関の建物をそれぞれの溜り場に使い集会を開いた。相互の中傷と誹謗《ひぼう》はとどまることなく、街頭でのせりあいは殴り合いとなった。互いに憎悪を燃やす半軍事組織が、軍基地から持ちだした小銃や手榴弾を使う小さな戦いをひきおこし、双方が相手側を拉致《らち》し、暴力と流血になった。いまや六月六日の通告をだれ一人歯牙にもかけない情勢となっていた。この闘争を大まかに——歪曲的意図もあるのだが——反毛派と擁毛派の争いと説明する見方があるが、これは誤解の原因となりやすい。

一方には、中央文革派の前衛によって指導されている勢力があった。かれらの、背後には戚本禹、王力、関鋒、林杰といった大物が控えていて、それは江青につづいていた。他の一方には各地方軍区の支援する勢力があった。打撃を受け、戸惑い不安におびえている党幹部たちは二つに割れ、ある者は文革派のご機嫌をとり結ぼうとし、ある者は軍の背後に隠れようとした。闘争は軍と文革派の権力闘争になったのである。

恐らく毛自身、かれのユートピアへのコースの過程においてこのような事態がおきるとは想像だにしていなかったにちがいない。かれは軍の後ろ楯によって党中央を打倒しようとした。地方では軍が「革命左派」を支持することですべてが安直に片づくと信じていた。

しかも、ひきつづきその戦いのエネルギーを道徳改革へ転化できると考えた。ところがこの戦いの進路はかれの予想しないような障害に逢着したのである。

一般的に言って、工場労働者や普通職員の利害は軍区幹部、地方党幹部の利害と一致していた。軍はなんといっても既存勢力であり、はやり言葉で言うなら体制派だった。軍幹部は挑発、攻撃のあるなしにかかわらず、権力を狙う急進的な部外者に嫌悪と猜疑の目を向けていた。秩序と規律を重んじる軍幹部が素人くさい非合理的な成り上がり者の言動についていけないのは当然だった。

職員や一般労働者は職を失い、生活の苦しい農村へ戻されるのをなによりも恐れた。したがってかれらは保守的だった。かれらは型通りの追従や公式的な賛辞や非難に馴れてはいたが、若者たちの空理空論には尻込みし、自分たちの利益にならないと感じていた。

学生たちの激烈なアジ演説に羨望と怨恨の火を燃えあがらせたのは、「合同工」や「学徒工」（少年工）「城市合同工」（臨時工、臨時職員）であり、かれらは広州市を例にとれば全体の勤労者の半分近くを占めていた。

「合同工」はいうなれば社外工である。大躍進運動が失敗に終わったとき、大量の労働者が解雇された。その後復職できた者もいるが、いったん農村へ戻されていた者は、人民公社と企業の間で「合同協議書」をとり交し――名称の由来はここにある――、公社の点数制によって給料が支払われ、本工よりはるかに低い待遇となった。

都市に残っていた者も、再雇用の条件はやはり臨時工や臨時職員であり、「合同工」

と同様に給与は悪かった。かれらには工会加入の資格がなく、無論選挙権、被選挙権を持たず、勤務年数は数えられず、退職金すらなかった。

そういう状況であったから、かれらの意識下には政治的な不信と経済的・社会的差別に対する怨みがみちみちていた。かれらはたちまち急進派が唱えるもっともらしい攻撃目標に同調し、熱狂的期待をいだいて造反活動に加わり、紅旗派に加盟した。

これがまた本工（固定工）たちの猜疑心や憎悪の念を呼びおこした。かれらは自分たちの利益を守るために団結した。そして「合同工」に対しては正式雇用をにおわせることで相手側の切崩しを図った。

紅旗派にはさらに雑多な分子が加わった。のちに東風派は、紅旗派が造った紅色警備司令部について、「死んでも改悛《かいしゅん》しない走資派、頑固な地方主義者、改造されていない地主・富農、反革命分子、悪質分子、親族を鎮圧された不満分子、労働改造釈放犯、四不清幹部の寄り集まり」と非難した。

これはいつもながらのグロテスクな誇張だったのかもしれないが、紅旗派の幹部、車《ツォ》学藻《シュエツァオ》はつぎのように煽動したといわれている。「今度の文化大革命は党員と青年団員、出身のよい者は保守派である。過去に処分を受けた者はすべて造反派だ」たしかに紅旗派は政治の犠牲者をかかえ、さまざまなかんばしくない経歴の持主が接近して来、多くの不平分子を集めていた。

たとえば東風派に非常に恐れられた八一戦闘兵団は、団員募集のために各地に「平反登記処」を置き、名誉回復を約束して処罰を受けた者を集めた。この組織は本来職業、地域をこえた復員軍人の集まりだったが、参加した多くの人々は強力な組織を持つことのできない者たち、たとえば訴える手段を持たない貧しい職場、小企業の従業員、処分を受けて安定した地位を追われ農村へ送り込まれた連中であった。

これら既成秩序に不信と反感を抱く人々が「造反」という仕返しの合言葉で憤懣を爆発させたのは、ごく自然のなりゆきだった。かれらは焦躁的な行動主義にとりつかれている若い過激派の学生と結合し、文革派の指導を受けるようになった。これに対して大工場の労働者の多くは造反派に反対するいくつもの理由を持ち、かれらだけの組織を造るようになった。そして軍区代表と共同の政治的戦線を形成する土台があるために、かれらは自然と軍の庇護下に入った。

広州でも事情は同じであった。鉄路局の従業員、電力工場・広州造船・広州ボイラーの本工、郊外の円山工業区・西村工業区・河南工業区の正式雇用の労働者らは、紅旗派に対抗する地総（工人赤衛隊広州地区総部）、紅総（広州紅色工人総部）に加わり、東風派の傘下に入った。このような組織はいずれも保守的であったが、「大」と「純」を誇ることができ、加盟人員は造反派に比べればずっと大きく、メンバーの「政治成分」（経歴）と「階級成分」（出身）は純潔だった。

急進派と不満分子が合流した組織には、正真正銘の造反派という大義名分があり、文革派の強い支持があったが他方、「大」と「純」がないことは大きな弱点だった。軍はといえば、保守組織を支持するにあたって「大」と「純」を挙げることができた。これでは中国の再統一のために「三結合」ができるといった条件はどこにもないと見なければならない。軍、保守勢力、急進勢力は、それぞれの利害の下に確固としてあった。そして多くの都市では軍と保守的組織が組んで優位に立ち、急進グループを制圧しようとしていたのである。

江青を中心とする文革派はこの情勢にいらだっていた。かれらは地方軍の幹部を追放した上、かれらの政治委員を軍に派遣し、かれらの前衛部隊と軍をひとつにすることで、武装勢力の手綱を一手に握ろうと考えていた。そして「党群（党と群衆）、農業、財貿、工交、文衛戦線（「文攻武衛」すなわち警察力と法廷）」の五部門、要するに全権力の掌握を最終目標としていた。

現状打開のためには、軍と既存勢力の側にいる周恩来を打倒し、軍幹部を追放しなければならなかった。周への攻撃は、外交部から国務院各部をつぶしていくことである。軍と戦うためには二つの方策があった。かれらの手持ち戦力に積極的な攻撃を命じるか、対立して相争う組織を連合させ、文句なしに軍幹部を屈服させるに足る決定的な優位を得るかであった。

二つに分裂しての暴力沙汰がなにかをつくりだすわけではないことは、江青や王力も承知していた。そこで文革派の支配領域を拡大するために団結の誘いが試みられた。広州では紅旗派が東風派との和解、統一を構想した。

しかし、東風派は相手側に屈することになる連合を望まなかった。かれらの目的はまさに紅旗派をたたきつぶすことだったからである。そしてその背後には紅旗派に一かけらの共感も持たない軍の秘かな意思があった。どんなに優秀なオルガナイザーが文革派にいたとしても、この工作は成功するわけがなかった。

そしてこの戦いの先頭に立ってきた江青は再度の攻勢で輝かしい勝利を収めようと図った。彼女の取巻きたちもこれまでの成功にのぼせあがり、各都市の軍管会と警備司令部の任務を奪うことができると考えた。とは言っても文革派はかれらの劣弱な前衛部隊を軍に正面からぶつけさせる意図ははじめからなかった。緊張と危機を造りだす攪乱《こうらん》によって、軍幹部を分裂孤立させ、失脚に追い込む小刻みのクーデターが基本戦術だったのである。

だが、これは的はずれの戦術だった。挑発と脅迫は軍の外郭陣地となっている保守対抗勢力とぶつかりあい、無益なエネルギーを費すことになるだろう。そのことは中国の崩壊を警告する人々の立場を強め、軍に政権を担当させざるをえない情勢を造ることになるからだった。

いずれにせよ過激派も、戦意のない弱腰と受けとられる和解に努力を払うよりも、戦いの方を望んだ。戦いこそ「造反」であり、なににもまして、端的かつ顕示的な行動だったからである。七月十一日、中央は陶鋳を名指し、この「反革命両面派」を中南地区で批判せよと指示した。

同日、広州では紅旗派傘下の各組織幹部が集まり、ただちに広州批判陶鋳聯合委員会（批陶聯委）を設立、軍区内にも部隊批陶聯委を造った。批陶聯委は、陳益升が「劉格平《りゅうかくへい》と同じ好い幹部」――劉は山西省副省長の閑職にあり、「下放」で農村へ追放されていたが、文革開始後、省委と争い、革委主任となる――と呼んだ閔一帆《ミンイーハン》、車学藻といった黒幕が指揮をとった。かれらは今度こそ黄永勝を打倒して、広州軍区に決着をつけてやろうと考えていた。そして批陶聯委を広東省革命委員会へ衣がえし、あわよくば湖南、広西でも勝利を収める意気込みだった。

陳益升は北京へ四度目の報告へ向かった。そして十九日、林杰は軍権奪取の全国形勢連絡検討会議を開き、各地の情況説明を聞いたあと、「軍隊内の一握りの走資派をつまみだせ」と全面決戦を指令したのである。

広州では紅旗派と東風派の争いが頻発し、険悪な情勢となった。十二日から十四日にかけて広州鋼鉄廠では東風派の地総と紅総労働者が紅旗派労働者を叩きだした。十五日から二十二日にかけては鉄路局の現業部門で春雷派（東風派のもっとも強硬な労働者組織）

と地総・紅総の連合が紅旗派と衝突した。

十九日には華僑糖廠《かきょうとうしょう》で衝突がおきた。農耕作業の手伝いに送られて来ていた紅旗派の公務員と学生が、工場の壁に「広糖紅旗工人は革命左派」のスローガンを書いてまわった。地総の工員がこれに気づき、子供たちを使って「左」の字を消して「阻」と書き変えさせた。学生たちが子供を捕えると地総の工員が押しかけてきた。翌二十日には子供の親たちが製糖工場の紅旗本部をとりまき、十数人の紅旗派臨時工を袋だたきにした。双方が援軍を呼んだ。二十一日には副工場長が争いに巻き込まれて死に、四人の紅旗派が殺された。

工場の争奪戦、敵本拠への襲撃によって犠牲者がでると、これら英雄・烈士の追悼式が開かれ動員令がかけられた。「血債血償《けつさいけつしょう》」が叫ばれデモが行なわれることになり、デモは再び武力衝突を呼んだ。この循環はどこでも同じだった。二十三日、紅旗派は製糖工場で殺された労働者の追悼会を越秀山スタジアムで開くことにした。東風派はこれをやっつけようと計画した。これは、あるいは紅旗派の復讐戦を恐れての行動だったのかもしれない。

東風派に所属する高校生組織の主義兵は、総部成立半周年紀念行事を行なうという名目で通知し、千人に近い高校生を中山紀念堂と地下道で結ばれた省政府の建物に集めた。そしかれらはこん棒や石、とびだしナイフ、刀で武装し、鉄かぶとで身を固めていた。そしてかれらは紅旗派の花輪をのせたトラックを阻止し、主義兵の一人が運転手を刺殺した。こうして戦いがはじまった。捕えられた紅旗派は中山堂へ連れ込まれたが、かれらの奪回をはかろうとした学生たちが建物へ突入した。

事後、紅旗派の訴えるところでは、自派の三十余人が殺され、四百余人が負傷したということである。一方東風派側の発表でも主義兵の大会に紅旗派が押しかけてきたので、これと応戦し四十余人が殺されたという。

その夜勝利に酔った主義兵は隊列を造り、歌を歌いながら地総本部へ向った。地総幹部はかれらに食事を用意し、喝采で迎えた。「君たちは毛主席の紅小兵だ。われわれは君たちに学習する」「君たちは紅色接班人(後継者)だ」「われわれは君たちとともに戦う。われわれの地総がここにある限り、紅旗派なんかこわくない」

黄永勝はこの報告を聞いて驚きあわてた。紅旗派、そして中央文革の罠にはまると気づいたからである。主義兵幹部の父親には広州軍区の高級軍人が幾人もいた。かれらは武器になるようなものを補給廠から持ちだしていた。かつてかれらは北京の名門高校の組織、聯動(首都聯合行動委員会)が反動の烙印を押されるまで、聯動の徽章と袖章をつけていた。かれらの組織もまた聯動と同じく軍・党幹部子弟を中心にした組織だったからである。

この闘争の起きる前日、謝富治と王力が武漢から凱旋将軍さながらに帰還し、北京空港で新指導部お歴々の盛大な歓迎をうけたが、黄はその内幕を知っていた。武漢軍区では不測の事件が起き、この二人は一時は監禁までされたのである。* 武漢軍区の不運な司令官陳再道にはよいことはおきまい。

だが、いまや陳の運命を心配しているどころではない。ほかならぬかれ自身が、過激派に発砲して二百余人を殺傷させた青海軍区の副司令趙永夫のように、「文革でとびだしてきた悪質分子」「わが党に混入した反革命両面派」と烙印を押されて失脚するかもしれないのだった。かれは公平をよそおい、紅旗派支持を大声で叫びだし、主義兵幹部を監禁した。

紅旗派はここぞと黄を非難攻撃した。江青の「文攻武衛」をいよいよ声高く叫び、広

＊　北京新指導部の幹部たちすなわち王力、謝富治、余立金とそれに北京航空学院の紅衛兵（「北航紅旗」、北京の紅衛兵の主流派であり、中央文革小組の尖兵）が武漢へ行った。この工業都市で相争っている労働者、学生のグループに裁定を下すのが目的である。七月十九日、王力は武漢軍区の軍長、師長を集め、軍の「左派支持」が誤りだと干渉し、別のグループに支持を切換えよと指示した上、これは「党中央、毛主席の命令だ」ときめつけた。

将校の一人が怒って退席し、軍大会を開き、「打倒王力、打倒謝富治」「王力を中央文革から追放せよ」と叫び、二人を監禁した。かれらは救出され北京へ帰ってきたが、この間の仰々しい騒ぎたてかたは、文革派とその協力者の意外な脆弱さを露呈したように見えた。この不測の事件は混乱する中国全土に微妙な影を投げかけることになった。そして、文革派の本当の失敗はそのあとにおきることになる。

州軍区を「階級敵人」と罵り、北京へ呼ばれた黄永勝は解任されると喋ってまわった。七月末に各地の軍幹部が北京へ招集されていた。党中央軍委拡大会議が開かれ、黄も出席したのである。

林彪はのんきに八月一日の建軍四十周年紀念日を祝うつもりではなかった。かれも必死だった。かれは軍区司令員に向って、彭徳懐と羅瑞卿、そして各地の第一政治委員*とかれらをはっきり切り離し、武漢事件がひきおこしたかれらの動揺を抑えた。軍区司令員の多くは林の息のかかっている連中だったが、林は威しと説得をたくみに織りまぜながら、かれらの既得権利を保証し、その代償として忠誠心を要求した。そして戦いを完遂する二つの条件、毛主席の威信と軍の力量を強調し、毛主席と軍の相互に補完する利益を説いた。

林彪は林彪、文革派は文革派だった。文革派は怒りに燃え、機会はいまだとにらんでいた。かれらは彭徳懐と羅瑞卿の公開断罪から各地の党幹部、いいかえれば大軍区、小軍区の第一政治委員の解任に成功したのにつづいて、この機に乗じ軍区司令員までを片付けるべきだと叫びたてた。七月三十日に王力は『紅旗』第十二号社説で、「軍隊内の一握りの実権派をあばきだせ」と宣言し、軍の浄化をつづけることを明示した。

広州へは王力が指導する北京の急進学生組織、戦広州兵団がやってきた。批陶聯に集まった紅旗派幹部は、いまこそ「広譚」こと黄をつまみだすことが闘争の主方向に沿うことであり、「毛主席の新戦略部署」なのだと叫んだ。陳益升は人々を動員して広州軍区幹部の言動を集めさせ、西安と湖南に広州批陶聯委の連絡所を置き、黄永勝を片付ける材料を探させた。

八月五日、かれらは「黄永勝打倒、劉興元打倒緊急動員会」を開いた。「広州軍区の一握りの走資派を打倒せよ」と宣戦布告をし、「武漢事件は広州でおきる」「広州は武漢の前夜である」「陶鋳を批判して、広譚をつまみだせ」と口々に喚きたてた。南京で南京軍区司令員許世友の打倒大会が開かれると連絡が入り、批陶聯委の名で祝電を送った。

六日、広州批陶聯委の常務委員田　明《ティエンミン》は、遠洋運輸公司の武器庫へ侵入し、手榴弾と小銃弾を奪った。九日には大量の機関銃、自動小銃、ピストルを入手した。十一日、輸出品陳列館のビルを広州紅色警備司令部の本部にして、いわゆる紅警司が発足した。これがまさに江青の説く「文攻武衛指揮部」であり、奪権のための武装突撃隊だった。

紅警司は広州批陶聯の幹部が指導した。司令に武伝斌《ウーツアンピン》、政治委員に田明、他に省委の宣伝副部長だった才楓《ツアイフオン》、公安庁政治部主任の張健南といった連中が並んだ。閔一帆、車学藻は覆面の首領であった。紅警司は、軍が公安部門を管制するのは犯罪だと主張、公

＊　正式に追放された大軍区と小軍区の第一政治委員はつぎの通りである。成都の李井泉、蘭州の劉瀾濤、南京の江渭清、河北の劉子厚、山西の衛恒、青海の王昭、浙江の江華、吉林の趙林、上海の陳丕顕、安徽の李葆華、湖南の張平化、甘粛の汪鋒、福建の葉飛である。

安部門から軍は撤退せよという通牒をつきつけ、水道、電力、各企業の接収を宣言した。かれらは軍区を打倒するために、まず公共部門と警備司令部を狙ったのである。

紅警司は公安局分局、派出所を襲った。もちろん東風派と紅旗派の争いも激化した。十四日、広州批陶聯委の常務委員会は紅旗派の各司令部、支部、独立単位の幹部など百余人を集め、情勢分析と今後の方針をつぎのように述べた。

すなわち中央が武漢の問題を処理したあと、黄永勝は広州の交通――広州と九竜を結ぶ広九鉄道は七月中旬からダイヤは乱れ放題だった。八月中旬には広州・北京間の航空路も中断された――と市場供給を中断して経済危機を造りだし、武闘をけしかけて政治的緊張を強め、すべてを造反派の罪になすりつけ、中央へ紅旗派を弾圧すべしと圧力をかけている。軍事管制は「軍」があるだけで、「管」がなく軍区は主義兵ならびに地総に武器を与え、かれらに軍事訓練をほどこしている。主義兵は勝手気ままに人を殺している。紅警司は警司よりも人心を得ている。批陶聯委は政法小組、市場管理小組、交通管理小組を造って省、市軍管会を接収しよう。

紅旗派は攻撃をしかけねばならなかった。まずかれらは東風派の越秀区地総本部となっている省総工会の建物を奪取しようとした。ビルは珠江に沿う沿江路にあり、海珠橋と向いあい、河北と河南を結ぶ有力な拠点だった。建物は頑丈で、階段は狭く急だったから、かれらは強襲を試みることを避け、隣接する工人医院と業余大学の建物を占領し、二千人を動員してまず敵の兵糧を断った。八月十五日のことである。

田明は陳列館に陣取って総指揮をとり、機関銃、小銃、手榴弾などを使い、学生から幹部たちの愛用語、「国際水準」を呼号する大攻撃となった。その結果四十余人が死亡、数百人が負傷したといわれている。かれらは十八日にここを占領した。軍はただ見守るだけであった。周恩来の武闘はやめよという電話要請も相手にされなかった。

二十日には東風派が報復にでた。この朝、紅旗派は十五台のトラックで広州北郊の石井にある海軍倉庫に武器をとりにでかけた。この行動にでたについては海軍司令部の承認があったというが、武伝斌が海軍は「支左《チーツウオ》」、陸軍は「支保《チーパオ》」と語っていたところをみると、あるいは本当だったのかもしれない。だれが情報をもらしたのであろうか、このことをいち早く察知した東風派は郊貧聯を主体として三元里の近くで待ち伏せしていた。これは六〇ミリの迫撃砲から地雷まで持ちだしての大がかりな奇襲作戦だったといわれ、紅旗派は百人以上が殺されたということである。

この急報を受けとった紅旗派はただちに軍管会へ押しかけた。軍幹部に責任をとらせ、東風派と軍を追いつめようという手だった。折悪《あ》しく日曜日だった。幹部はひとりもいず、夕方五時になって紅旗派代表と数人の将校が現地調査へ赴いたが、そこにはトラックの残骸が残っているだけだった。翌二十一日、省委の候補書記で紅旗派寄りの張雲《チャンユイン》は三十余人の幹部と連名で「もっとも強い抗議」を省委の建物に貼り、さらに張天陶は公開状をつきつけてつぎのように主張した。「軍区は文化大革命に介入して資産階級反動路線を遂行し、保守勢力の扶植と復活を図り、革命造反派を迫害し、打撃、圧迫を加えた。支左工作では方向路線に誤りを犯し、毛主席の軍は左派の広大な群衆を支持せよという偉大な呼びかけに背いた」

二十三日、紅旗派は群衆を動員して軍区司令部へ侵入し、「広譚」を追いだせと非難と侮辱の声をあげ、高級指揮官を殴打した。しかしかれらは具体的にはなんの成果も収めずに、引揚げたのである。それは何故か、理由は必ずしもあきらかでないが、おそらくそこには中央支左部隊の懸命な説得と約束があったからではないだろうか。

7　軍と保守勢力の反撃　六七年九月〜六八年二月

中国全土で暴力と流血の衝突がつづいているこの時期に、毛沢東は揚子江南北の五省を視察したようだ。情勢は破局をはらみつつクライマックスに近づいていた。かれは自分のはじめた戦いを全般的に検討しなければならず、同時に重大な決断を下すときが迫ってきていたのである。

文革派は号令をかけ、急進勢力は北京では各国外交公館にデモをかけ、周辺諸国からアフリカに対してまで武装闘争をあおりたて、外交責任者、周恩来を窮地へ追い込んでいた。また急進勢力は各都市で暴力とテロを蔓延《まんえん》させて軍の威信と力を奪い去り、軍が強硬な対抗措置を示すことになれば、中央への反抗、軍の分裂とならざるをえない状況になっていた。

周恩来、林彪、各地の軍区司令官は、毛へ政策の転換を訴えたにちがいない。そして毛自身も文革派に勝手にやらせていて成功を収めることは、到底おぼつかないと思っていたのであろう。だからといってかれが軍にはっきりとした支持を与えれば、それは軍に全面的な介入を命じた三月指示と変りない結果を生むことになろう。

そこでかれは苦肉の策を考えた。「革命左派」と文革派のつながりを断ち切ってしまえば、軍に「革命左派」の支援を命じた一月指示は、今度はうまくいくにちがいない。それは文革派を切り捨てて軍を懐柔し、地方軍には「革命左派」の支持を重ねて命じ、それを中央支左部隊に監視させるという方法である。そしてかれはいくつかの重大な意思表示をしながらも依然、かれ自身のはっきりした命令は留保していた。これはかれらしいやり方であり、かれはどこまで退却するか、あるいはどの程度まで押していけるかを流動する情勢のなかで柔軟に見定めようとしていた。

まず第一に毛は、王力、林杰、関鋒、その他文革派の要員を秘密のうちに放逐した。*

八月二十八日付けの『人民日報』と『解放軍報』は同時に「擁軍愛民《ようぐんあいみん》」（大衆は軍を擁護し、軍は大衆を愛護する）の社説を発表した。九月二日には北京で十万を動員する擁軍愛民大会が開かれ、周恩来、謝富治、江青、陳伯達、康生、楊成武、張春橋が出席した。

つづいてこのような大会が各地で開かれることになっていった。

つぎに中央は各省都の相争う組織の幹部と軍区代表を呼んで調停解決を図った。広州からは黄永勝及びその部下たちと紅旗派、東風派の代表が北京へ呼ばれた。九月一日に中央の圧力で両派の間にいわゆる十二条の協議——内容は不明だが——が成立し一応の和解のはこびとなったかに見えた。

第三に、九月五日の江青の演説によって、軍事機関への襲撃と武器の奪取は禁じられ、「軍内一握りの実権派をつまみだせ」のスローガンは誤りとされた。これは彼女が安徽省の紅衛兵代表に語ったものであるが、同じ日に中央機関の連名でだされた同じ内容の命令よりもはるかに重視されたのは興味深いことである。四日あと、中央弁公庁——汪東興が支配する——は江青講話の学習を命じ、各地に録音テープを送っている。

九月八日、主要都市をまわっていたらしい周恩来が、広州白雲飛行場で紅旗派、東風派の代表と一時間半の会見を行ない、つぎのような結論を下した。紅旗派は革命造反派である。地総、紅総、郊貧聯は保守派にかたむく。主義兵と春雷は保守組織である。同時にかれは広州軍区と警備司令部が保守派支持にかたむいているのをやんわりと批判したようである。これにとびついた紅旗派は「擁軍は広譚軍を擁護することではない」「擁軍のためには広譚をつまみださなければならない」と叫んでまわった。

東風派はショックを受けた。もともとかれらは十二条の協議などそっちのけで、北京の人民大会堂では自分たちの方が毛主席により近い席だったとか、広州へ戻るわれわれの飛行機は一番機だったなどと他愛のない自慢をしていたが、この周の裁定で痛棒をくらうことになったのである。十一日、東風派はおきまりの対応措置を講じた。組織変えを行なって改称し、各組織を統合した広州地区工人革命委員会（工革委）を成立させた。

そしてこの日、両派は再び衝突した。紅旗派は言う。「地主兵」（地総と主義兵をつなげた）は広州近郊の農民を狩りたて、七十台のトラックに載せ、市内でデモを行なった。紅旗派の三司の学生、八一戦闘兵団はトラックで腹をすかせ、かつえている農民たちに

＊　王力は陶鋳の後を継いで党中央宣伝部長となり、『紅旗』副編集長だった。かれの追放後の六七年十月にかれは蔣介石の間諜だったという大字報がでた。蔣の直系軍、胡宗南の五十七軍の政治工作人員だったといわれている。

　林杰は中共中央党学校の普通教師だったのが、六四年に校長楊献珍を批判して頭角を現わし、『紅旗』副編集長となった。林は文革小組の文書をすべて起草し、中央文革かげの実力者だった。

　穆欣は五七年まで民主党派の機関紙であった『光明日報』の編集長、六四年に林黙涵が江青の京劇改革を批判したとき、江青の側に立って反撃した。つづいて北京主流派「三家村」攻撃の先頭に立った。

　文革派の大部分が追放されたあと、戚木禹も失脚した。周恩来がかれのことを「青年史学家」と毒のこもった讃辞を呈していたとき、当の戚は周を追い落とすことを考えていて、江青が国務院主席、かれは副主席という構想を持っていたといわれている。周が天津革命委員会で「小爬虫類を掃除せよ」と冷やかに言ったのが六八年二月であった。そしてかれは「反革命分子」とされて没落した。

水と食事を与えた。農民たちは市内でトラックから降りると紅旗派に殺されると警告されていたのだと語った。そこで人民公社の社員に尋ねた。なにしに来たのか。知らない。五時集合、多くの者は三時に起きた。大会があるのだと聞かされていた。なんの大会か。知らない。毛著作を活学活用した先進者の報告を聞くことらしかった。いくら貰う約束か。十工分*がつく。他に二元の現金が支給される。それで皆やってきたんだ。

　午前十一時、主義兵を載せたトラックが街頭で五発を射ち、三人が傷ついた。それから午後五時まで市内各地で小ぜりあいがつづき、六人が死に、百六十余人が負傷した。東風派は荒っぽい示威行動をやったあと、幹部と活動分子は広州を離れた。すでに中央支左部隊と広州警備司令部から因果をふくめられ、退去命令がでていたものと思われる。

　こうして広州市内は紅旗派の支配下におかれることになった。警備司令部は鳴りをひそめ、支左部隊の指揮で紅色警備司令部が市内の秩序を維持するようになった。十月一日の国慶節、つづいて十五日にはじまる交易会**――もっとも一カ月遅れることになるのだが――に備え、大字報を貼る場所が制限され、町なかの路地の木柵や竹垣は取り払われた。治安が悪化していたために、どこの隣組も夜番をたて、居民《きょみん》証の提示を求める関所を設けていたのである。

　だが、紅旗派の勝利はきっぱりしないものだった。かれらの支配地域といえば市内と広東・深圳間の鉄道沿線だけであった。東風派が「農村をもって都市を包囲する」と叫んでいたのは負け犬の遠吠えではなかった。かれらは近郊農村から従化、恵陽、鶴山各県の民兵幹部を味方につけていたのであり、かれらの退却は広州軍区が打った狂言のようにも思われたのである。

紅旗派の焦々した感情は自分たちの勝利が市内だけの表面的なものに止まっていることにあり、さらに支左部隊がかれらの奪権にさっぱり援助を与えないことにあった。しかも九月十三日、陳益升が首都批陶聯駐穂（広州）弁事処を閉鎖し、そそくさと北京へ飛びたった。林杰の顚末に絡んで帰京命令がだされたのであり、この若い野心家も消える。

林杰は八月末に北京衛戍司令部に逮捕されたと見られている。その後広州に林杰罪状のビラが貼られたが、それを目撃したある旅行者の話ではこんな事実が書いてあったという。

＊　十工分は十点、成人男子およそ一日の労働点数にあたる。一点がいくらにつくかは各生産隊の収益から割り出されるために一定していない。

＊＊　中国は毎年二回、四月と十月に広州で中国輸出商品交易会を開き、六七年秋で二十二回目になる。この見本市には香港や東南アジアの華僑から日本、西欧諸国の商社員三千人から九千人が参加している。中国からの輸出成約高は六六年秋に三億九千万ドル、六七年春に四億ドル、輸入も同程度と推定され、中国貿易総額の二割に及ぶとみられている。日中友好貿易もここを商談の場としており、輸出入成約高はここ数年一期一億三千万ドルにとどまっている。

「かつて省港大ストライキ*に加わった老労働者が中央から保守派と判定されたことで、連名の告訴状を中央へ送り、再審査を求めた。相手にされなかったため、その後かれらの代表が北京へ向かい、周総理に会った。中央の責任者はこの訴状について全く知らなかった。林杰が抑えていたことがあきらかとなり、調査の結果、かれは少なからず書類を隠し、偽造文書をつくり、毛主席、林副主席、周総理、陳伯達、江青同志を欺いていたのである」

林杰の粛清はかれに心酔していた紅旗派学生に衝撃をあたえただけではなく、さらに重大な意味を持つように思われた。林杰が「欺君《ぎくん》の罪」（主人を欺むく罪）で清算されたのが事実とするなら、文革派の定めた「革命左派」と「保守派」の判定自体がくつがえされるであろうし、大衆組織の二大分裂は文革派の陰謀とされる雲行きとなったからである。「革命左派」の後見人を文革派から軍に切替えようとするいささか無理な毛の計画はずるずると後退したように思われる。九月十四日の『人民日報』の社説もこの動きを示唆している。社説は「毛主席の最新指示の輝かしい勝利」と述べ、「プロレタリア独裁下の労働者階級がさらに分裂して相対立する二大組織とならなければならない理由はない」と説いた。

こうなれば九月八日の周恩来の広州における裁定も、文革派のごまかしに乗ぜられた事実誤認ということになり、文革派を抹殺しようとした軍と周恩来の策謀が実を結ぶことになる。二十五日には、中央支左部隊の指示で紅警司は本部を移転し、人員を縮小させられた。十月一日、東風派も国慶赴京代表団に選ばれて観礼台に立った。五日には紅旗派と東風派が呼ばれ、五項目の指示がでた。武闘をやめよ、秋季交易会に協力せよ、農民の生産を助けよ、毛思想の学習を行なえ、工場の生産をあげよという内容である。十六日、中共中央、国務院、中央軍委、中央文革は連名で「大連合」の実施を指示し、派閥間の妥協を呼びかけ、「闘《とう》私《し》批《ひ》修《しゅう》」（私心と戦い、修正主義を批判する）を前提とせよと命じた。

東風派の活動分子は中央の指示に服従するのだと言って、続々と広州へ戻ってきた。目抜き通りに本部を再開し、積極的に支部造りを開始した。省委第一書記趙紫陽、中央委員候補兼省委書記の区夢覚《チュモンチアオ》、省委書記尹林平をひきだし、「三反分子」（反党・反毛・反社会主義）に対する闘争大会をつづけて行なったのも、「大連合」の地ならしが狙いだった。

そして中央の命令通り、黄をはじめとする五人領導小組は毛思想学習班を開いた。二十四日、広州市では第一期学習班が二十日間にわたって行なわれることになった。この

＊　一九二五年五月に上海で帝国主義に反対する学生、労働者のストライキがおこり、広州に飛び火して反英運動となり、香港に対するストライキが一年余りつづいた。省港大ストライキの省は広州、港は香港を指している。

五人領導小組は黄永勝、王首道、孔石泉、劉興元、陳徳《チエントー》といった顔ぶれで、王を除けば広州軍区と中央支左部隊の幹部である。いまや軍人が主人公となり、公正な保護者の態度をとるようになったのである。学習文件は㈠林彪の国慶節講話、江青の九・五講話㈡毛沢東の華東、華北、中南地区の視察指示㈢『老三篇』㈣『愛国主義かそれとも売国主義か』（戚本禹、六七年四月）、『社会主義の道を歩むかそれとも資本主義の道を歩むか』（『人民日報』『紅旗』編集部共同論文、六七年八月）、『陶鋳の二書を評す』（姚文元、六七年九月）。

これに参加したのは省と市の党政幹部二百十三人、「革命群衆」代表三十人、「革命小将」代表三十人だった。まず毛の像に頭を下げ、「毛主席万寿無疆《ばんじゅむきょう》」を唱え、語録を暗誦するといった慣習は、この学習班がやがて段々と下にさがり、居民革命委員会*の学習班に至ると、ますます宗教儀式化する。

いまや東風派にとって「東風が強く吹き、形勢は大いによろしい」というところであり、紅旗派にとっては「一陣の黒風が襲い、三月の再演となる」という惨めな有様となった。紅旗派を支えていた中央文革は崩壊し、かれらを支持していた支左部隊はいつか軍区と組むようになっていた。東風派は勢いに乗じて組織の拡大をつづけた。

軍管会のもう一つの仕事は、革命委員会の設立に備えて一日も早く「大連合」の体裁を整えることであった。十一月九日、軍は抗争をつづける東風派と紅旗派の労働者を越秀山スタジアムに集め、形ばかりの「大連合」を行なったが、さらに広東各地で紅旗派を加えないままで会議をひらき、満場一致の「大連合」をすすめたのであった。

つづいて軍代表と「大連合」した「革命群衆代表」が北京へ呼ばれた。十一月十四日、周恩来はかれらに向い、広東省革命委員会準備小組の責任者に黄永勝を任命すると告げた。毛、林、中央軍委、中央文革はかれを信任しているのだということのだめをおしたのである。さらにこのとき周は中南局のなかによくない人間がいるとつけ加えている。それは紅旗派の黒幕、閔一帆、車学藻その他を指し、そのことによってかれらが革命委員会に加わるのを阻止したのである。

翌六八年二月はじめ、広州市内の居民革命委員会は十五日に成立する省・市革命委員会の慶祝準備を命令された。中心街の住民は電柱、街路樹、道路脇の塀などを赤く塗り、祝賀ビラを貼ってまわった。ところが十四日になると紅旗派の学生が現われ、大通りの「最熱烈歓呼革命委員会成立」の看板をたたき壊し、慶祝ビラを破いて歩いた。市民は巡羅《じゅんら》の兵士たちが学生の行動を制止しないのを不思議に思ったが、実は革命委員会は委員の人選で紛糾し、翌十五日の成立は不可能となっていたのである。

委員人選の名簿は軍管会と革命委員会準備小組、そして東風派、紅旗派の四つがだしていた。軍管会、準備小組、東風派が選んだ候補は同じであり、紅旗派だけが孤立して

＊ 居民革命委員会は地域の基層組織、治安委員会の指揮下にある。治安委員会はそれまであった公安系統の派出所と行政系統の街道弁事処を合併してできたようだ。

いた。こうしてこのまま革命委員会が成立すれば、主任、副主任から常務委員の顔ぶれは軍と東風派でほとんど全部を埋める情勢となった。紅旗派は怒った。かれらは革委準備小組に怒鳴りこみ、絶対反対を叫んだ。

軍幹部は学生たちの抗議を柳に風と受け流したが、最後に小さな妥協をしてかれらの攻撃をかわした。「革命小将」代表の紅旗派の人数を増やし、紅旗派を六人、東風派を三人に切り下げたのである。やっと二十一日、革命委員会の正式成立となった。この日、冷たい雨が降り、寒風が吹いていたが、慶祝の行列はつづき、祝賀大会が盛大に開かれた。同じ二月に革命委員会が成立したのは河北省と湖北省で、広東省は十五番目であり、まずまずの順位だった。

省革命委員会は主任が黄永勝、第一副主任が孔石泉、他に副主任は陳郁、王首道、邱国光、闞仲川《イエンチユンチオアン》、黄栄海《ホワンルオンハイ》、劉継発《リウチイフア》、黄育英《ホワンユイイン》。広州市の革命委員会主任は黄栄海の兼任、副主任が陽震《ヤンチエン》、焦本義《チヤオペンイー》、張栄享《チヤンルオンシアン》、孫亦武《ソエンイウー》、鍾叙本《チユンシユイペン》だった。

黄はいうまでもなく広州軍区司令員、第一副主任の孔は広州へ派遣された支左部隊の司令官、広州軍区の政治委員となっていた。三位の邱国光はこれも七月に外省から広東へ送られた中央部隊の責任者だった。文官幹部は四位に陳郁、五位に王首道が顔をだしていた。陳は文革開始前に広東省長、党内では中南局の第三書記、陶鋳にうとんぜられて、なんの権力も持たないようになっていたのが幸いして復帰できた。同様に中南局の書記だった王首道も陶鋳に蔑視《べっし》され、政策の決定にどんな役割も与えられていないことで浮かびあがることができたのである。残りの三人は新来者、労働者、貧下中農の代表だった。このうち劉継発は紅旗派の工革聯責任者であり行く手には追放が運命づけられていた。

つぎに市の革命委員会では、主任の黄栄海が広州軍区の幹部、第一副主任の陽震は広州警備区の司令員、三位の焦本義は広州市委のもと第二書記兼広州副市長、六六年には乱脈な私生活があばかれて「三反分子」とされていた人物だった。

革命委員会は誕生したが、広州の窮乏には変わりがなかった。野菜と魚を売る闇市は取り締られ、食料品店には行列ができた。豚肉は一人一日分が約二十グラムだった。石炭はなく、燃料は不足していた。節電のために一戸に十五ワットの電球一個が許されただけだが、停電は絶えまなかった。しかし、ロウソクはなく、懐中電燈購入には特別配給の切符が必要だった。市民の頭痛の種は衣料品だった。綿製品の衣料切符は支給されないままだった。うわさによると支給は夏ごろになるとのことで、前年より少なくなるのではないかと言われていた。* 工場では石炭不足と綿花、甘蔗をはじめとする原料が足りないために操業短縮に入り、賃金は二、三割切り下げられていた。要領のいい工員は原料を持ちだし、闇工場で家庭用品を造って稼いでいた。

バスは武闘——東風派の工革会六一五総部と紅旗派の工革聯人民汽車総部に割れてい

がみあっていた——と強盗を恐れて七時までしか動かず、輪タクも暗くなると仕事をやめた。芝居と映画はすべてが「大毒草」とされていたから、映画館と芝居小屋は閉鎖されたままだった。ただ中山紀念堂と文化公園では『毛主席接見紅衛兵』と江青の指導した『紅燈記』（赤い信号燈）だけをやっていた。

混乱はつづいた。東風派の学生たちは紅旗派に巻きかえされたことで復仇を誓っていた。紅旗派は革命委員会が軍と東風派で占められたことでこれまた怒りで一杯だった。紅旗派は劉継発の他には、武伝斌、莫竟偉《モーコーウエイ》等が僅かに常務委員となっただけで、閔一帆、車学藻といった中南局の旧幹部は一人も加えられなかったのである。紅旗派は主任から副主任を非難する大字報をだし、かれらは陶、趙の仲間であり、変質分子だという攻撃を開始した。市民も、革委ができたからといって平和と秩序が戻ってきたわけではないことを知った。

8　軍の勝利　六八年三月

毛沢東の構想が本来的になんであったにせよ、また、かれの考えが戦いの途中でどのように変わっていったにせよ、中国の権力体制は落着くべきところへ落着こうとしていた。

巨大な党機関と公的秩序を破壊したあと、中央と地方を結んで中国の統一を維持し、指揮、統制機関を握っていたのは軍であった。そもそも現代中国においてはっきりした政策決定中枢がきまっていたことはなく、独裁権力を持つ個人の利用する機関が最高機関であった。第五の戦い――闘争の号令をかけた六六年四月十八日の『解放軍報』の社説をもってその開始とみたい――がはじまってからは党中央軍事委員会が権力機関となっていた。

そして中央軍委が各地の軍区司令部を指揮し、軍区軍管会が地方行政の責任を負い、新たなあらっぽい統治形態を造っていた。たしかに江青と文革派が支配する中央文革が軍に対抗する勢力であった。だが、この戦いでもっとも不思議なことのひとつは、文革派が地方各都市にさまざまの名義で特派員、先兵を派遣しながらも、中央文革に直属する正式下部機関を設置しなかった――できなかった――ことである。

毛は地方各都市に二つの対等の権威機関を置けば、分裂と混乱をひきおこすだけだと承知していたのであろうか。かれは、中央文革の才子たち、政治舞台に登場した若者た

＊　綿製品の衣料切符は六七年が上半期と下半期あわせて八尺ぶん（二メートル四十センチ）だった。六八年は夏になって支給されたが七尺ぶん、タオルなら十枚、靴下なら十足分だった。家族内で切符をやりくりし、一尺分を二元で闇切符を入手しなければ大人の衣料は買えなかった。企業では作業衣が一年に一着ないし二着が配給されていたが、これも破れて着られなくなってから取換えることになった。

ち、不平不満の吐け口を求めた連中、そんなかれらに都市を支配し、軍を統御できないと考えていたのだろうか。それが理由なのか、かれは軍区の幹部に手をつけることにも躊躇と懸念をいだきつづけた。かれは軍の支持なしに中国統一保持はできないと思っていたにちがいない。

こうして中央文革は中央宣伝部と文化部の工作分野を奪いはしたが、中央書記処の役割をひきつぐことができず、江青の個人的な幕僚機関となっただけで、国務院の奪取もできないままに崩壊した。想像の霧のなかで消え去ったコンミューンにつづいて、「三結合」の革命委員会もいい加減な代物となり、各軍区司令部が地方の指導権を握って、おおかたの革命委員会を支配するようになった。

「革命幹部」や「革命群衆」の代表は添えものとなった。革命委員会にたどりついた幹部と追放された幹部の間にはどのような違いもなかった。「革命幹部」の大半は溺れかかっているのを軍が拾いあげたにすぎず、かれらに必要な権威の継続性を欠いていた。無知で経験不足な人々を革委に加えるやり方は常套的であり、人民代表大会の飾り物の例に見られるように形だけのものだった。

また文革派の支持した急進勢力が冷飯をくわされたのも広東だけのことではなかった。北京革命委員会の革命造反派、青島革委の青島八一八、湖北革委の三鋼三新、湖南革委の湘江風雷など、いずれも同じ状況に置かれ、主導権を握ることはできなかったのである。

そして林彪が五回目の「清洗《せいせん》」と呼んだ事件が三月におきる。総参謀長代理楊成武《ヤンチヨンウー》、空軍政治委員余立金《ユイリーチン》、北京衛戍区司令傅崇碧《フーツオンピー》の謎の粛清である。前年三月の譚震林の追放や八月末に始まった文革派の蒸発も謎に包まれているが、その後の政治路線の変化を見れば、これら粛清の理由をたどることができる。

楊、余、傅の顚落以後、すなわち三月末から中央が叫びだしたのは「反四右」闘争だった。右傾翻案主義（右派の名誉回復の動き）、右傾機会主義、右傾分裂主義、右傾投降主義の四つと闘う運動である。江青は「現在、右傾翻案が運動の主要な危険である」と叫び、張春橋、姚文元の握る『文滙報《ぶんわいほう》』、謝富治の『北京日報』も「右寄り逆流」を警告した。再び劉少奇攻撃の宣伝もつづいた。

だが、ここで意味深いのは、楊成武の没落のあと黄永勝が総参謀長に昇進したことである。しかもその少し前、かれの副司令温玉成《ウエンユイチヨン》は副総参謀長に昇格し、傅逮捕後の北京衛戍区司令をも兼任するようになっていた。

では、黄はこの抜擢にふさわしい軍人だったのだろうか。長い期間、同じ地位にあった事実から分ることは、かれが利口すぎる振舞いも出しゃばったまねもしない非政治的な人物だったことであろう。彭徳懐が国防部長だった時も、羅瑞卿が総参謀長だった時も、かれはまちがいなく忠実な部下だったのである。また第五の戦いにおいても、毛の指示を完遂するために見事な手腕を発揮したというわけではなかった。かれの大軍区では広東にやっと革命委員会ができただけであり、湖南と広西では依然混乱がつづいていたのである。

「広東の譚震林」が「反四右」闘争の新しいスローガンにぴったりの軍人であったはずはあるまい。だが、かといってかれと温玉成が陶鋳と王任重がたどった運命、つまり「調虎離《ちょうこり》山《ざん》」（敵をおびきだして陣地を離れさせその虚に乗じる）となって失脚したわけでもなかった。とすれば楊から黄へ変わるのに「反四右」闘争のスローガンはなんの役割もはたさなかったのであろうか。

楊、余、傅の没落についてはさまざまに言われている。それは譚震林の名誉回復を求めた二月逆流の名誉回復だと暗示する新聞社説から六八年十月の十二中全会のコミュニケ*まであり、北京市革命委員会主任の謝富治との確執をいうもの、また王力、林杰、戚本禹追放という憂目を見た中央文革派が林彪の三人の部下を打倒した復讐だとする解釈、はては余や傅は劉少奇をソ連へ脱出させようとしたという怪しげな情報を伝える紅衛兵新聞までがとびだす始末である。

余立金は七月の武漢事件勃発の際、王力、謝富治とともに中央代表として武漢へ赴いている。八月から九月にかけて毛が揚子江南北を視察したときには、汪東興、張春橋とともに楊と余が随行している。したがってこの時期にかれらが政策決定中枢にいたのはたしかである。そして十一月三日の『人民日報』に楊は「偉大なる毛主席と毛沢東思想の絶対的な権威をとくにしっかりとうちたてよう」という論文を載せている。

この二ページにわたる長い文章の行間から「反革命両面派」の下心を読みとることはできない。どの一句をとってもだれもがそらで覚えているような紋切り型の文章の羅列である。だが、かれがここで慎重に言おうとしたことは、軍、党の上層部にまだ摘発の必要があるとほのめかしたことのうちにあるのかもしれない。

かれが歯に衣きせずに説明したのは、八月、つまり武漢事件の直後、「革命群衆」の代表に向ってした講話であろう。紅衛兵の刊行物は、かれが軍の一握りの権力派摘発の工作は中央が掌握していると告げ、相手に力があるから持久戦によって一人ずつ解決し

＊　十二中全会のコミュニケは言う。「総会は……六七年の二月逆流を厳しく批判した。総会は、二月逆流を粉砕したこと、及び二月逆流の罪状をくつがえそうとして今年（六八年）の春に吹きおこったよこしまな風を粉砕したことは、毛主席のプロレタリア革命路線がブルジョア反動路線を打ち砕いた大きな勝利であることを確認した」

しかし、六九年四月の九全大会における林彪報告はまたニュアンスが異なっている。「六七年の夏（文革小組の組員追放を指すのであろう）と六八年の春（楊成武、余立金等の追放であろう）、かれらはいま一度、右の方と極左の方から罪状をくつがえそうとする反動的なよこしまな風を吹かせた。かれらは鉾先を毛主席をはじめとするプロレタリア階級司令部に向け、人民解放軍に向け、新生の革命委員会に向けるとともに大衆を挑発して互いに戦わせ、反革命陰謀集団を組織して、プロレタリア階級に対する反奪権を行なおうとした」

ていくと語ったという。

では楊追放の真の理由は、はたしてなんだったのだろうか。それは紅衛兵新聞が伝える相互に矛盾する罪状のなかでももっとも奇妙にみえる項目、すなわちかれと王、関、戚、林の結合、かれらの操縦であったにちがいない。あるいはかれが南京、広州、福州、瀋陽、済南の軍区司令員と空軍司令員を追放しようと企んでいたと伝えられていることは事実かもしれない。

地方の大軍区司令は、かれらを背後から刺そうとする楊一派の違背《いはい》の陰謀に鋭く反発し、林彪に圧力をかけ、周恩来を仲間に加え、毛に決着を迫ったかもしれない。事前に巧妙に舞台をこしらえることに失敗したのが楊であれば、かれに責任をとらせねばならない。文革派の大半を犠牲にしたあと、かれらの役割を楊一派にふりあて、楊や余に死の接吻をしたのは、江青、そして毛の他にはいなかったはずである。かれらは楊らを多数派の軍人に投げ与え、さらに明確な誠意のしるしとして、「広東の譚震林」を総参謀長に据えたのかもしれない*。

恐らく「第五次清洗」は「第四次清洗」の追い討ちだったにちがいない。そこでこの粛清につづいて江青が「反四右」闘争を叫びだしたのは、文革派と楊一派の切り捨てによって政治重心が一層右寄りになるのを強く恐れたためにちがいない。

しかし、毛には毛でまた別の悩みがあった。革命委員会の内と外で紛糾《ふんきゅう》と混乱がつづいている限り、革命委員会はいつまでたっても軍管会の飾り窓であった。かれは四月はじめに文化革命の新しい定義を定める指示をださねばならなかった。

四月十日付けの『人民日報』はかれの言葉をつぎのように伝えている。「プロレタリア文化大革命は本質的には社会主義の条件の下でプロレタリアートがブルジョアジー及び一切の搾取階級に反対する政治的大革命である。これは中共党とその指導下における広範な革命的人民大衆が長期にわたって行なってきた国民党反動派との闘争の延長でありプロレタリアートのブルジョアジーとの階級闘争の延長である」

これもまた「反四右」闘争を呼びかけたものと読みとれるかもしれない。だが、対日戦の期間に中共支配地域で行なった「階級隊伍の清理」の号令の復活とみるべきであろう。外部の人にはさっぱり区別のつかない「反四右」闘争と「階級隊伍の清理」にそれぞれ特別な意味が込められて緊張が高まり、火花を散らす局面となる。すでに権力の中

＊　正確な日時は不明だが、武漢軍区司令員陳再道の解任が同軍区副司令李迎希の昇進とならなかったのも、他の軍区司令に対する妥協であり、ひとりいい子になろうと考える連中に対しての見せしめだったとも思われる。毛に忠実であったが多数派の保守勢力にひきずられて武漢事件をひきおこした陳再道が罷免されたあと、かれに反対態度をとりつづけてきた李は、自分が正しい政治路線の代表者であり、「紅司令」だと得意満面だった。だが、かれもまた軍隊の分裂、革命委員会の分裂、群衆組織の分裂に責任があり、さらに軍区と警備司令部の関係を悪化させたという非難をうけて失脚したのである。

枢から閉めだされていた急進派は「反四右」闘争をしかけることで革命委員会の支配権を奪おうとし、軍と保守派は「階級隊伍の清理」を合い言葉に革命委員会を防衛し、現状を受けいれるのを拒否しようとする連中をたたきつぶそうとすることになった。

ところで急進派が頼みとする中央文革は、戚本禹《せきほんう》までを失ってその威信は色あせ、残った連中の間に大きな意見の相違が生じていたようだ。江青は、北京へ呼びだした革命委員会の幹部、軍区代表に向って、「諸君の頭のなかには中央文革がない、保守の指導だけだ」とヒステリックに叫び、「九・五講話を宣伝するだけで、紅衛兵小将を愛護していない」と不興を示し、急進勢力の梃子入れに懸命な努力を払った。

江青の側に立ったのが四月二十七日付けの『人民日報』の論文である。第一面に『紅旗』評論員の署名で、「派閥性に対しては階級分析をおしすすめなければならない」と論じ、小ブルジョア階級は「無産階級の同盟軍であり、革命の重要な力量である」と説いた。小ブルジョア階級とは知識階級を指し、直接には学生急進勢力のことである。かれらを擁護することによって、右派が極左勢力の排撃を口実にして巻き返しに出ることを阻止する目的であった。

この論文の狙いは、毛沢東の階級闘争論を軍と保守派が都合よく解釈するのを防ごうとしたばかりではない。おそらく『文滙報』一月十二日付けの社説が述べたところのことを「階級隊伍の清理」の正統な解釈として利用されるのを阻止するためだったにちがいない。この社説はきわめて厄介になった邪魔物を除去する理論であり、周恩来から地方軍幹部を喜ばせたものである。その題を『派閥性の反動性を論ず』といい、「ブルジョア階級と小ブルジョア階級の派閥性は反動的である」と断じ、「われわれの革命隊伍のなかで充分に危険な敵だ」と主張していて、過激派学生集団の断罪の指標を用意していたのである。

『文滙報』の社説はそのまま姚文元の見解と想像することができる。そういうと奇異に聞こえるかも知れないが、実はかれは前年九月八日、五一六兵団を反革命組織と最初に宣告し、文革小組の俊秀たちを裏切っていたのである。そして『紅旗』評論員の論文が『人民日報』に載った前日の『文滙報』は、大・中学生が農村、工場、鉱山へ行くべきとの社説を掲げていたのであり、やがて八月末に姚文元が明示した急進派学生勢力の切り捨てと労働階級の持ち上げの論文、『紅旗』第二号『労働者階級がすべてを導かねばならない』とをつなぎあわせ、首尾一貫した主張をみるとき、一月の『文滙報』社説はかれの執筆だったと仮定してよかろう。

さきを見透す才能を持っていたにせよ、かれの主張がかれ個人のものだったと考えるのは難しい。義父である毛と密接な諒解に沿った主張とみるべきであろう。そしてこれに抗する『紅旗』評論員は陳伯達であったにちがいない。かれもまた、江青だけでなく、毛の考えを代弁していたはずである。ということは、毛沢東はまだ決断をくだしかねていたということである。

そこで中国の政治的スペクトルにおいて右から左に分類された勢力が、「革命隊伍」からはみだす「階級敵人」となるかならないかは、かれら自身の闘争努力にかかることになった。毛沢東思想学習班が展開した「闘私批修」運動は放りだされ、再び戦いとなった。

9 過激勢力の没落 六八年四月〜七月

広州では革命委員会実権派の握った新聞が、現在の危険は「反動的な極左派の逆流」だと強調していた。また東風派の壁新聞は、紅三司と八一戦闘兵団は五一六兵団*と湖南の省無聯（無産革命大聯合委員会）の広東代理人だと罵倒した。一方、紅旗派は「革命委員会を砲撃せよ」の壁新聞を貼り、「にせ奪権」だと非難し、副主任で前広州市委第二書記の焦本義と常委で前副市長の鍾明を槍玉に挙げ、ここから突破口を開こうとした。革命委員会設立を祝ったビラは双方の壁新聞の洪水の底に消え、相互の憎悪だけが一層激しくなった。

春の交易会開催は、いつも治安の確保と整頓を口実に軍が主導権を握るチャンスである。軍は治安維持を理由に工人糾察隊《こうじんきゅうさつたい》（いわゆる工糾）を結成した。工糾五千の隊員は、「家庭成分」と「個人歴史」を重視するという名目で、八十パーセントは地総、紅総、春雷の東風派から選抜された。一方紅旗派とすれば、前年八月の紅警司とかれらの工斜が、「大団結」のスローガンによってうやむやのうちに解散させられた怨恨があり、この新しい工斜を東風派の一派閥としかみず、「広譚の御用工具」と嘲弄し、なんの権威も認めようとしなかった。

だが、紅旗派の自信は揺らいでいた。かれらは革命委員会で少数派に抑えられ、つづいて黄永勝が中央へ栄転したことで、いまは怒りのなかに落胆がいりまじっていた。かれらは自分たちが政治ゲームの歩《ふ》にすぎなかったのだと失望した。そして青年たちの間にニヒリズム、アナーキズムの傾向がみられても不思議ではなかった。だれもが前年八月の昂奮の日々を思い浮かべ、もう一押しの努力が足りなかったのだと悔んだが、すべ

＊　五一六兵団は六七年五月か六月に成立したようだ。その名称は彭真を中心とする文革五人小組名義の通知を撤廃した毛の五・一六文件を紀念したものであろう。中央文革の王力、穆欣、林杰等が指揮をとり、中国各都市の急進的な学生の個別組織の幹部、文革派に荷担した党幹部が参加して結成したものと思われる。この地下組織の目標は、この時期に紅衛兵が叫んだ「第二文革の開始」であり、「軍中走資派の打倒」と「周恩来を砲撃し、国務院を解放せよ」のスローガンに表現される通り、軍幹部と周恩来の打倒であった。この秘密組織に江青の明示的同意があったと想像していいのかもしれない。

しかし、八月末にこのメンバーの逮捕がはじまった。九月に入ると『人民日報』が五一六兵団を「反革命集団」と非難し、姚文元が『陶鋳の二冊の本を評す』を九月八日に発表し、陶鋳攻撃にことよせて「極左派」を批判し、同月十七日、周恩来もこれにつづいた。

ては遅きにすぎた。過去をよく記憶している者は、「階級隊伍の清理」が一九四九年の新政権樹立のあとの「粛反《しゆくはん》」運動（反革命分子の粛清）と同じではあるまいかと暗い予感をいだいた。敵は紅旗派の命脈を断とうとしているのであり、かれらはそれと戦う以外になかった。

四月二十五日の『南方日報』は省市革命委員会の決議を告げ、右傾分裂主義、右傾投降主義、右傾保守主義はもちろん、形は左で中身は右の反動思想に反対し、階級敵人の右傾翻案の妖風を粉砕すると述べた。

「反四右」闘争に「極左」を加えたところがいわば革命委員会実権派の策略だったのである。いまや紅旗派に公然たる敵意をむきだしにした『南方日報』は連続して社説を掲げ、階級敵人は往々にして「極左」とみせかけて出現する、右傾反対と左傾反対が目前の運動の主攻方向であるとくりかえし主張した。

そして軍は広東全域の体制固めに精力を注いだ。各県の公社では省軍区の指揮下にある人民武装部が主体となって革命委員会の結成を急いだ。かれらは「階級隊伍の清理は地、富、反、壊、右、旗（地主、富農、反革命分子、壊分子、右派分子、紅旗派）の鎮圧である」と説いて「消滅旗匪《きひ》」を叫び、「紅旗派が権力を握れば、党団員、革命幹部、革命労働者はかれらの粛清の対象になる」と煽動演説をぶった。さらに紅旗派を支持する者に対しては、「君たちは中大紅旗、華工紅旗に騙《だま》されているのだ。かれらは極左派だ。

かれらと接触するな」と説得をはかり、それでも納得しない者には「これ以上騒ぐとつかまえるぞ」「われわれは権力を持つ、監獄がある」と威嚇した。

またかれらは、実力行使の手段に訴えて紅旗派の地盤に切り込んだ。紅旗派は学生組織や八一戦闘兵団の救援を求めたので当然武力闘争となった。六月下旬に香港沖に流れついた数十の縛られた死体は、恐らく珠江周辺の農村でおきた苛烈な闘争の結末だったにちがいない。

こうしていずれの革命委員会においても、旧県委員会書記や常務委員、地区委員会書記、共産主義青年団書記などが名誉回復して「革命領導幹部」となった。紅旗派はまず加えられることはなかったが、加えられた場合でも個別に数人が指名されるだけだった。たとえば広西省との境いにある西江上流の封開県《フォンカイ》では、十五の公社のうち十三は東風派が独占し、残りの二つだけに紅旗派が加えられるという状況だった。そして五月半ばに成立した県革命委員会には紅旗派は一人も加えられなかった。

軍区幹部は各地で全力を傾注して支配領域を拡げていたが、それでも広州市内ではなお慎重に振舞った。五月十三日に警備司令部は中大八三一の活動分子であり武伝斌の同志である黄意堅《ホワンイーチエン》を捕えた。黄は貧農出身の二十四歳、共産主義青年団に加入していた。紅旗派はかれについて、中山大学の学校党委と闘争し、大学へ派遣された工作組に抵抗し、党が操縦した中大文革準備委員会を打倒した闘士だと弁護した。もっとも、あとになれば地主出身で父親は国民党の少将だと非難され、数々の罪科が糾弾されることになるのだが。

黄逮捕の直後、東風派の中大革造会はかれが五一六分子だと壁新聞を貼ってまわった。たしかに軍幹部も、敵対する過激勢力を「形は左、中身は右の反革命集団」として根こそぎ片付けたいのが本心だったが、中央の意思に逆らって学生たちに手出しはできなかったのである。黄を捕えた直接の理由はデマの散布であった。

紅旗派の学生は大いに怒り、黄が「反四右」闘争を鼓吹したのがどうしてデマの散布かと詰問し、軍を「北洋軍閥」「呉佩孚《ごはいふ》」と攻撃した。かれらは軍の威嚇にたじろがなかったのだが、だからといってかれらの立場は決して強いものではなかった。

黄逮捕の理由となったデマの中身をみれば分かる。黄は広東革命委員会と広州軍区の新しい実力者となった孔石泉を攻撃し、「かれを広州へ派遣したのは楊成武だ」と演説し、「広楊」（広州の楊成武）と罵倒した。紅旗派が広州軍区の分裂を狙った窮余の一策だったのかもしれない。だが、かれらの気持はもう少し複雑だった。孔に対する紅旗派の怒りは、かれらを支持するはずの中央支左部隊がいつか広州軍区と結合してしまった裏切りに対してである。そしてかれらは孔の変心を楊成武の失脚と結びつけて考えたにちがいない。楊の追放こそ紅旗派の打撃だった。にもかかわらず、かれらは孔石泉を楊成武の共犯者として攻撃しなければならなかったのである。

つづいて五月末、警備司令部は紅旗派背後の大ボス、閔一帆を捕えた。広東省の劉格平になろうとした閔は、のちには数限りない罪状がつけ加えられるのだが、このときには五一六兵団とのつながりが逮捕の口実となった。

　つづいて紅旗派をおびやかしたのは、かれらも四二二の二の舞いだぞと叫ぶ東風派の挑発だった。四二二造反大軍は広西省の左派勢力であり、紅旗派と手を結んでいた。四二二は軍が支持する聯指（広西聯合指揮総部）と激しい殺戮を繰り返したが、五月に悟州の戦いで敗北、大きな犠牲者をだし、千余人が脱出して広州へ逃げこみ紅旗派の傭兵部隊となっていたという、いきさつがあったのである。

　紅旗派幹部は革命委員会の会議と並行してかれらの会議を五月末から六月はじめにかけて開いた。旧中南局の白瑞民《パイロエイミン》は「軍区が中南局総部を狙って戦いを開始した。これは紅旗派に全面攻撃をかける合図だ。われわれは戦わなければ全滅する」ときりだし、革命委員会内の「在朝」幹部と「在野」幹部が密接に協力し、「反四右」闘争と市革命委員会攻撃の宣伝強化を決めた。さらに各派閥内の武装組織の再編成をすすめ、武漢の三鋼と三新*、湖南の湘江風雷に武器を求めるため、代表派遣を決定した。また莫克偉は市内重要拠点の占領計画をたてた。

　しかし、しっかりした統一組織をもたない寄り合い所帯の集団は、紅旗派の中核となる中大紅旗と華工紅旗の間でも絶えまない争いがあり、成行きを支配する能力を持たず、整然と指揮をとることができなかった。ともすれば挑発にのり、敵愾心だけが先に立ち、無意味な自棄的な行動となった。市内の中学では手榴弾や銃を使っての戦いが連日のようにつづいた、六月三日から五日にかけては中山大学で、紅旗派が東風派学生の拠点となっている物理学部の建物を包囲攻撃し、四人の死者をだした。軍は干渉しなかった。軍幹部は紅旗派の自殺行為を笑って見ていたのである。視察に行った省革命委員会副主任の陳郁《チエンイエ》は、紅旗派の捕虜となった革造会学生の「学習」を見てまわり、武闘はやめよと言うだけだった。

広州市内外の暴力沙汰はつづき、治安は悪化した。長距離バスやトラックがごろつきに襲撃され、乗客の所持金や食料切符、貨物などが奪われ、工場ではストライキがつづいた。武装集団は原料や設備を盗み、学生たちは郵便局や糧肉公司を襲い、闇市の保護者となった。そして夜があければ街頭に死体がころがるという有様となった。

中国全土で前年七月から八月にかけての混乱が再現していた。毛沢東はすでに決めていた決定を行為にうつさなければならない情勢であった。七月はじめ、中央は各軍区にある指示をだしたようである。** 十一日、それまで紅旗派の側にいるようにみせかけていた陳郁が集会で演説し、つぎのように言った。「五千の工人糾察隊は破壊活動を鎮圧し、反革命分子を捕え、階級敵人に攻撃をかけ、かれらを粛清すべきである」

翌十二日、『南方日報』は無産階級の独裁を主張し、革命群衆は軍と工人糾察隊を中心に結集し、階級敵人の進攻を全面的に粉砕せよと説いた。この日、市内の要所要所に布告が貼られた。それは紅衛兵の武闘を禁じ、二十日までに奪った武器を返却するように命じていた。

この布告は、今回は単なる紙きれでは終らなかった。小銃を手にした兵士たちのパトロールが強化され、若者たちが集まっていれば直ちに解散を命じ、もし抵抗すれば容赦なく発砲した。六七年三月の「十項命令」は撤回され、軍は遂に「掃蕩権」と「発砲権」を認められた証左であり、江青の権力失墜をも示していた。十八日、『南方日報』は「階級敵人が大きな打撃を受けている」とはじめて陽気に語ることができた。

武伝斌はこの時期北京にいた。六月三十日、「黄永勝同志が電話をよこし、北京へ来るように告げた」と語り、広州を出発した。かれは虚勢をはっていたのである。北京で

＊　三鋼は鋼工総（毛思想戦闘隊武漢地区工人総部）、鋼九一三（毛思想九一三兵団）、鋼二司（毛思想紅衛兵武漢地区造反第二司令部）の労働者組織であり、三新は華中工学院の新華工、華中農学院の新華農、湖北大学の新湖大の学生組織である。六七年はじめから百万雄師を中心とする対抗保守組織と争い、武漢事件のあとも対立をつづけていた。

＊＊　七月三日に毛が承認したいわゆる「七三布告」が発令されている。これは広西省の混乱を抑えるための六項目の命令であり、前年六月六日の同趣旨の六項目と変わらないが、破壊行動を「反革命」として厳罰に処する項目をつけ加えている。この布告は陝西省の武闘を制止する「七二四布告」とともに重要文件に指定され、各地で学習と遵守が命じられた。

かれは江青、康生、周恩来、黄永勝、温玉成に手紙を書き、広州軍区の問題から工糾、武闘問題について意見書をだした。しかし、すでに情勢は一変していたのだから、もはやこの年若い厄介者はだれからも相手にされなかった。

七月十六日、北京航空学院で韓愛晶、蒯大富《かいだいふ》、貴州省から黒竜江省までの急進派学生組織二十余の代表が会合した。そして武が司会者となって緊迫する状況に対処する協議を行なった。全国的な連絡会議を造ることが具体策として決まったが、新たに立ち塞った大きな壁をどうできるはずもない。おそらく深刻な敗北感が支配していたにちがいない。だが、毛の新しい計画の輪郭はまだあきらかでなかったために、かれらの最終ラウンドが迫っているなどとは思ってもみなかったであろう。ましてやだれもが二度と会えないことになるとは想像だにしなかったのである。

武は広州との電話連絡で、月末に革命委員会の定例会議があるからそれまでに戻るようにと告げられた。なんの保証も約束もとりつけることができないまま、七月二十四日、かれは北京を出発、鄭《てい》州で下車して女友達に会い、武漢からの直通列車に乗った。長い汽車旅行の最後の一日は二十七日であった。感傷的な旅となっていたかもしれない。一年前、広州電台紅旗と珠影東方紅が協力して造った「軍内の一握りをつまみだせ」といった勇ましい題の記録映画をひっさげてかれは北京へ行った。そして各地から集まった紅衛兵、造反派の熱狂的な拍手喝采を浴び、軍権奪取を誓いあった昂奮の渦巻は遠い昔のことに思われたであろう。ましてや二年前、天安門広場で主席を仰ぎ、林彪の実権派打倒の演説を聞き、かれの組織を結成した感激の高揚ともなればはるかな昔のことであった。

同じ日の朝三時、真偽のほどは不明だが、毛は北京の学生組織の首領五人を招いたという。かれはかれら相互の闘争を叱責し、革命目標を追求できなかったことを非難し、その失望を涙ながらに語ったという。そして労働者階級に指導権を譲らねばならなくなったと新政策をあきらかにしたということである。これが事実なら五人のなかには蒯大富、韓愛晶もいたのであろう。ただちにこの日の朝、工人毛沢東思想宣伝隊が清華大学に進駐した。これを皮切りに各大学に進駐がはじまるのである。

同じ日の夜、武は広州東駅に着いたが、たちまち警備司令部に逮捕された。三十日に省革委全体会議が開かれたとき、かれはもはや常務委員ではなかった。そして罵声と嘲笑のなかで、かれを訴追したのは他ならぬ中大紅旗の同志、紅旗派の幹部たちだった。かれらが裏切りを強要されそれにしたがったのは、独裁制が必要とする全会一致性の原則によるものであったろう。

会議は三十一日にも行なわれた。この日に中山大学に最初の工人毛沢東思想宣伝隊が入った。武に対する糾弾は八月一日までつづいた。あげられた罪状は数多かった。軍区、警備司令部に対して行なった攻撃の責任にはじまり、中央文革の粛清分子との結びつき、

「陶鋳、趙紫陽の第二線」とされた閔、車、張集団すなわち中南局聯絡総部とのつながりの非難、「屠殺団」紅警司の罪状、数多くの武闘の責任などを苛烈に追及され、かれの二年間の行動すべてが否定し去られた。「反革命分子」「小臭虫」「国民党」を銃殺にせよの発言が拍手で迎えられ、かれも消えていった。*

八月二日、七月一杯にわたった外国人の入国禁止の措置がとかれ、三十人のパキスタン人と日本人が深圳《サムチュン》へ入るのが許された。これは、鎮圧工作の一段落を示したものである。すでに紅旗派幹部は一掃されていたし、東風派のはねあがり分子も同じ憂き目にあっていた。紅旗派はいうに及ばず、東風派の刊行物もまたすべて禁じられた。

七日、省革委の全体会議は、広州批陶聯委を「独立王国」と非難し、毛主席に反対した旧北京市委と同じだと攻撃した。八日には省革委に常務委員として残っていた莫克偉の粛清が決まり、九日には、すべての私的組織——「革命群衆組織」——の解散が命じられ、このような組織の首領は「階級敵人」「個人主義の野心家」「ブルジョア階級の派閥性が厳重な者」とされた。

八月二十五日には姚文元の論文が発表され、新路線は明確となった。工人毛思想宣伝隊は学校を長期にわたって指導することになり、他の機関にも進駐した。二十八日、広州の権力派は最後のしあげを行ない、閔一帆を吊しあげる闘争大会を越秀山スタジアムで開き、閔を「大叛徒」「蔣介石の犬」といった悪罵で葬った。

武や閔が国民党特務とされたのは、かれらだけでなく、国民党にとっても冤罪《えんざい》だった。台北はしごくのんびりとしていた。国府首脳部はベトナムの戦争と毛の五番目の戦いが台北の政体と政策の維持に有利に作用していることに満足し、二つの戦いの前途に希望的観測をたてていたのである。九月七日、国営通信の中央社は、関係筋からあきらかにされたといって、「赤旗をふって赤旗に反対している反毛反共組織」百五十単位を挙げた。そのなかから広東地区のものを拾ってみると八一戦闘兵団、郊貧聯、主義兵、工人赤衛隊の四つがある。だが、これは一年前に周恩来が「保守」と判定した団体と、その半年前の六七年三月に広州軍区が「にせ左派」と非難した組織を乱雑に並べたいい加減なものだった。

とはいっても、蔣経国《しょうけいこく》の諜報機関がこの絶好の機会になにもしなかったといえば嘘になろう、広州で写真と罪状を公開されて処刑された者のなかには、国民党第二組（国防部情報局の裏機関）が香港から送りこんだスパイがいたと思われる筋もないではない。広

＊　革命委員会に加わった「紅衛兵小将」代表の失脚は、広州の紅旗派学生だけの運命ではなかったようである。各地の革命委員会で同じことがおき、「下放」運動はあらかたの青年指導者たちを革命委員会から追いだしてしまったようだ。たとえば六九年八月に中国の放送は、天津市革命委員会の常務委員、委員となっていた紅衛兵代表、各学校革委の副主任となっていた紅衛兵代表がすべて「上山下郷」したと報じている。

東から広西でおきた武力闘争の背後には、潜入した情報局工作人員の煽動があったとしてもさして不思議ではあるまい。武伝斌の罪状には国民党の救国団（蔣経国が支配する強制加入の青年団）との結びつきもまた挙げられているが、これがもし全くの造りごとでないとするなら、かれはあるいは国府側に毒をもられたのかもしれない。

だが、国府のあまりパっとしない大陸工作は結果的には広州軍区を多少助ける位のことで終わったのであった。「米・蔣」の破壊工作に対する警戒心を力説することで、軍はそれを中央文革からの攻勢の楯に利用でき、かれらの立場を充分に強化できた。武の粛清のためには、提出されたものが偽造文書であると知りながらもそれが利用さえできれば利用したであろう。また破壊分子の暗躍を叫びたてることで「階級隊伍の清理」の運動を展開することができたのである。

10 「下放《シアファン》」政策　六八年九月〜

一九六八年八月、毛沢東は長い回り道をしたあげく、一年半前に戻ったようであった。すなわち軍事管制の命令が出、学生たちの弾圧から軍の支配権の確立に至った、六七年三月への復帰である。とすれば、はたしてこの一年半は毛にとってどのような意味があったのだろうか。

六六年末、毛は粛清を免がれた者たちを集めた会議の席で、劉少奇、鄧小平《とうしょうへい》、薄一波《はくいっぱ》などを非難して、つぎのように語ったといわれている。「スターリンのあとをマレンコフが継げなかったがあれでは困る」（六七年一月四日の壁新聞）

毛はマレンコフをスターリンの「親密な戦友で継承者」と信じていたのだろうか。もちろん、重工業優先路線をくつがえし、将来の戦争が世界の文明を破滅させる、と説いたマレンコフが、正真正銘のスターリン主義者であったわけはない。恐らく毛の胸中にあったのもべつのことであったにちがいない。毛がふまえていたことは、スターリン抹殺に公然と踏みきったのがマレンコフではなく、フルシチョフだったという事実であろう。

フルシチョフはスターリンの死のあと三年たたないうちに、第二十回党大会で『個人崇拝とその結果』という報告を行ない、スターリンを「自己神聖化」「迫害気違い」「うぬぼれ」「軽率な振舞い」「誇大妄想」「国と党への誤った指導」「権力の粗暴な濫用」「きまぐれな専制的性格」と非難したのである。そして毛自身、自らの権力闘争の渦中において自分の運命がスターリンのそれと似通っているのではないかと思っていたかもしれないのである。

毛の第五の戦いの目的のひとつは、自分にとってだれがマレンコフでありフルシチョフであるか、ということの選り分けだったと見ることもできるのではないだろうか。かれは六一年から六二年前半にかけて、スターリンに対するのと同じような非難を浴びせかけられたことを決して忘れていなかったのである。かれはこの選り分け工作の無意味さに気づいていなかったのかもしれない。だが、粛清だけではスターリンの失敗を繰り返すことを知っていた。

六六年に外部の観察者たちは、中国のすさまじい激動をみて、毛が「革命の継承者」として青年を重視し、鍛錬しているという解釈を下した。青少年に革命倫理を持たせ、かれの信念体系を受け継がせようとしているのだというわけである。たしかにこれもまた毛の戦いの本質的な狙いのひとつであった。かれは若者たちに革命を与え、かれらに怒りのエネルギーを湧きたたせた。このエネルギーを巧みに誘導し、若者たちに私心のない集団主義を教え込もうとしたのである。

それで、当の若者たちはこの革命をどのように受けとったことだろうか。かれらは思いがけない国内旅行を楽しみ、先輩の味わったことのない自由を享受《きょうじゅ》した。そしてかれらは学校生活の不満にはじまって進学、就職の願望、期待がみたされないことに対する欲求不満をここにぶちまけることになった。さらに文句なしに服従していた権威をぶちこわせと指示され、雲の上の人をたたき落すように煽動されるにおよんで、かれらは未知の大冒険に立ち向かうことになったのである。

かれらは革命的情熱をわきたたせて革命を行なったのだとも、あるいは言い得るかもしれない。だが、途方もない変化が生んだ個人と集団の非合理的な衝動がそこにあった。

革命精神の高揚は形ばかりの政治参加の自己陶酔と虚栄心に変わった。それはやがて戦争ごっこの興奮と憎悪に発展し、はてしない夢を追う「革命継続」の願望となった。また秩序と権威の打倒は無政府主義的な傾向を強め、集団的な団結への期待は群衆行動と変わり、派閥主義の風潮をはびこらせた。

それでもなおかつ毛は「放」を「収」へと上手に持ち込むことができ、「放」のエネルギーを共産主義道徳実践の力の源泉にすることができると考えていたのであろうか。あるいは六六年前半に党が行なった文革運動を誤りだと非難し、工作組の指導、監督を否定し、革命精神の高揚を圧殺したと攻撃した手前、毛には「放」から「収」へ切替えるにあたってあるためらいがあったかもしれない。

しかし、六八年七月、ついにかれは「放」のダイナミズムを「収」の過程でつかみとることを断念した。「工人階級」という新しい主役を造りだし、「工人階級がすべてを指導しなければならない」というスローガンを掲げたのである。

だが、この新政策には、かつてかれが五七年の「放」に失敗して「陽謀《ようぼう》」と開き直り、「反右派闘争」の「収」へ急旋回したのと同じ空々しさがあった。十年前に高中生、大学生だった者なら、かれらを弾圧するために派遣されてきた群衆の苦い記憶を思いおこしたにちがいない。「怒れる群衆」は公安局が仕立てあげたものだった。

そしてその空々しい御託宣《たくせん》やみせかけだけのスローガンの下を見るなら、第五の戦いが本質的には、中国の広い大海に浮かぶ離れ小島である都市の出来事に他ならなかったという事実に気づくであろう。そして注目すべきことは、毛はその後都市から農村への集団移動の命令をだすのである。これはどういう構想にもとづくものであろうか。いや一体、毛はその戦いの最初からこの計画までもあたためていたのだろうか。

中国の政策決定にあたってつねに大きな課題となるのは、巨大な人口の重圧下に対立する農村と都市の問題である。五五年に農業集団化で論議が分れたときにもそこには農村と都市の対立する問題があった。農村は中国経済独立のための重荷を負っていた。言葉を換えていえば都市の犠牲になっていたのである。農民の経済的地位を高めるために、毛沢東は集団化を解決策と考えた。しかし他の幹部たちは個人経営の持続を主張したのである。

そして現実には毛の集団化の強行となったのだが、これは中央からの、いうなれば都市の強権による農村の管理に他ならなかった。これはまもなく農民の生活の悪化をまねいた。農民は都市へ押し寄せ、大海のなかの離れ島を沈めてしまいかねない気配となった。都市流入人口の増大は都市の経済開発計画の障害となり、五七年に党中央は緊急政策をとらねばならなくなった。農村から都市への転入を厳禁したのである。この措置はのちのちまでつづいた。

党中央はつづいて逆に都市住民を農村へ送り出す大規模な運動を開始した。この年後半の「反右派闘争」もこの政策への協力となった。もちろん、このような政策をとったからといって、それが六千万から七千万にのぼる潜在失業者のめざましい解決策となるわけではなく、党指導部は、都市と農村の失業者、新たに社会に出る学卒者の雇用問題に抜本策《ばっぽん》をたてねばならなくなった。

その結果が五八年の大躍進運動となった。これは大きな潜在労働力を徹底的に利用して経済開発に役立たせ、農村を都市と平等にしようとする野心的な計画だった。農村内に労働者部隊を結成し、かれらの動員によって自給自足の生産性の高い経済単位を造るという考えだった。そして都市でも厖大な生産計画がたてられた。

たしかにこの大計画は都市と農村のすべての労働力を雇用、動員することになった。その結果、五九年の彭徳懐意見書も、この運動が失業問題の解決という点においてはかなりの役割をはたしたことを一応は認めることになったのである。だが、この意見書が指摘した通り、農村での試みという側面においては完全な失敗に終わり、都市の工業は危機に陥ったのである。党中央は都市の災厄を農村へしわ寄せしなければならなくなり、再び人口移住政策を採用した。

六〇年末になると「都市稳定《おんてい》」策がとられ、二千万の都市住民を農村へ追いたてることになった。もっとも実際にどれだけの人口を疎開させたのかはあきらかでない。たとえば六一年、広州では広州市城市圧縮人口委員会が造られ、広州市民六十万を農村へ送り込む計画をたてた。また上海では百万人の移住計画がたてられ、「学生退学」「工人退工」「職員退職」「婦女退業」の「四退《スートエイ》」のスローガンが叫ばれたといわれている。

つづいては北京に、中央上山下郷知識青年安置弁公室が設けられ、各省市に下部機関が置かれて、新規学卒者と都市住民を農村へ送り込むことになった。譚震林は六四年八月に、この政策をつぎのように説明したという。「第三次五カ年計画の期間中に、都市の工業は五百万を雇用できるだけだ。さらに六百万人を就業させる問題があり、これが安置工作の任務である」

この期間の移住政策の実状については、文革中に多くの事実が暴露されている。地方農村へ一人でも多くの青少年を送りだすためには、さまざまな術策がとられた。たとえば任地の待遇のよさが誇張されたり、あらかじめ地方へとどまる期限をきったり、都市へ戻れる証明書を発行したりしたのである。しかも、受け入れ側の方も複雑な反応を示していた。かれらは、これら「支農」「支疆」青年の割当を歓迎しなかったばかりか、厄介者の扱いをした。かれらは、地方へ送られてくる者によい者はいないと公然と語り、これを棄民政策とみていた。たしかに都市は「労働教育」や「労働改造」の前科がある者、不良分子、もてあまし者をまっさきに送り出したのだった。

恐らく毛は第五の戦いにおいても、はじめから都市の圧縮政策を考えていたにちがいない。そしてかれの集団移住計画は十字軍と同じだったということができよう。十字軍の民衆は聖地における新生活を夢見て集団的再生の希望をいだいた。他方、支配者は民衆の集団移住が領域内の飢餓と騒乱を回避できると考えていたのである。

これが中国の場合は、このさき十年に二億数千万にのぼる青少年が社会にでるが、中国経済はかれらの願望に早急に答えることができる見通しを持たなかった。そして農村へ送る青少年に対して、自己を犠牲にして献身的に働く決意を持たせねばならなかった。

そこで毛の計画のなかには、教育制度の改革と都市の圧縮、集団移住の目標が隣り合って並び、相互に結びあって文化大革命を形成していたのである。この点においてすでにかれは、スターリンのソ連を変えた力が、指導者の善悪にあっただけでなく、ソ連における都市人口と教育人口の増大がイデオロギーの優先と道徳的統一を打ち崩しているのだと理解していたのであろう。

まず六六年後半には、学生たちは都市の「黒人黒戸《ヘイレンヘイホウ》」(「地・富・反・壊・右」の五類分子)をひきだし、農村へ放逐した。だが、同じこの時期、すでに都市から農村へ送られていた青年たちの多くは請願を口実に都市へ逃げ戻っていた。かれらは「安置系統」の機関を襲い、責任者をつるしあげ、「平反《ピンファン》」(前決定の撤回)を要求した。

党機関を打倒し、軍の命令系統を奪おうとしていた文革派とすれば、都市の制圧がなによりも先決問題だったから、これら青年も役立つ援軍と考えた。だが折りも折り、軍に都市支配の命令がでたのである。六七年二月十七日、中央は緊急通知をだし、「支農」

青年が任地を離れるのを禁じ、都市へとどまる者は早急に任地へ戻るように命じた。このあと文革派が勢いを回復して、この通知は規制力を失うが、また情勢が急転して文革派が総崩れとなった十月八日、再び同じ通知がだされるという経過をたどることになる。そして翌十月九日に北京市革命委員会は、知識青年と高級中学卒業生——六六年の卒業生、進学、就職するはずだったが文革で学校にとどまっていた——を熱河《ねつか》、綏遠《すいえん》の人民公社へ送り込むように指示をだした。

六八年に至り集団移住政策は本格的となった。四月二十一日に北京市革命委員会は、市内の十余万にのぼる中学卒業生に関する就業指示をだした。農村出身者はすべて故郷へ戻して農業生産に従事せよ、市内出身者は直系尊属あるいは親類の住む農村へ行け、縁故のない者は割当てにより各区県へ行け、というものである。六月十五日には中央から、七月の中学卒業予定者は地方農村へ配分せよという命令が発せられた。

六月三十日に上海の『文滙報《ぶんわいほう》』は『革命的な家長への手紙』と題する社説を掲げ、父兄は子供を地方農村へ送るように説いた。「下郷光栄」を唱い、「望子成竜《ぼうしせいりゆう》」を望まず「望子成農」を期待せよと言い、「養児防老《ようじぼうろう》」から「養児防修」に頭を切り換えようと主張した。子供の出世を望み、老後に備える考えを否定し、子を育て修正主義を防ぐべきだと言ったのである。そして子女が地方農村、辺疆へ行けば親からは遠くなるが、毛主席とは近くなるのだと説いた。

すでに上海では、この月のはじめに任地へ戻らない「支農」青年を逮捕しだしていた。『文滙報』は新路線の指針の役割をはたしていたのである。同趣旨の社説を『人民日報』が繰り返すようになるのはこの年の末から六七年はじめにかけてであった。

つづいて七月末から八月末にかけての期間に、各都市の過激派は一掃された。軍が指揮する工人糾察隊は工人毛沢東思想宣伝隊と名乗って大学を接収した。軍の一元的支配が徹底するにしたがって、集団移住政策は急速に進められることになった。九月十一日に『紅旗』第三号が『知識分子の再教育の問題について』という論文を発表した。同誌は革命委員会がすべて成立し、文化革命はすでに「闘、批、改」へ進み、文革の前に学校を卒業した知識分子に対して、農民、労働者による「再教育」の段階に入ったと告げた。

広州では、一方で「階級隊伍の清理」にはじまって「三査運動《サンチア》」（「特務、現行反革命分子、壊分子、走資派、犯罪分子」の摘発）の展開となり、旧時代の経歴に問題のある者から軍・革命委員会に敵対した者を労働改造キャンプへ送り、「再教育」して農村へ移住させ、他方、中学卒業生と三十歳までの青年を農村へ送り込むことになった。

十月二十五日の広州放送は、広州市七万の知識青年が越秀山スタジアムで「上山《シアンシアン》下郷《シアシアン》」（農村行き）大会を開催したと伝えた。また十二月十一日には、同放送が大学、専門学校卒業生はすべて農村へ移住させる、という広東革命委員会の決定を伝えた。

新聞、放送は各都市における学校卒業生、青年たちの農村行きの数字を挙げるようになった。そして十二月二十一日に、毛の指示が解禁の手順となった。知識青年、中学、大学卒業生は農村へ行き、貧農、下層中農の「再教育」を受けよと述べたのである。

だが、この運動の計画は毛があきらかにした以上に大規模だった。翌二十二日、『人民日報』は甘粛省《かんしゆく》全寧県《チュアンニン》の小さな町の集団移住の進行成果を伝えた。六百五十戸の長期にわたって労働から離れていた住民が、「われわれも二本の手を持つ。町に住んで徒食しない」と叫んで農村へ移住したと報じた。また翌二十三日には、陝西省西郷県《シーシャン》で、農村出身の中学卒業生一千四百六十七人がすべて農村へ戻り、町に住む六百七十人の知識青年のうち六百四十人が八個の生産大隊へ定着したと告げた。

広東省では、広州放送が十二月二十五日、東莞県《トンモオ》内の一つの町で、五百七十戸、三千三百六十六人が農村へ行くことを決め、すでに三百二十戸が十四の生産大隊へ移住したと伝えた。また六九年一月十日の『南方日報』は、増城県《ツオンチョン》の一つの鎮で、一千四百余戸、五千の住民のうち、四百余戸、一千六百余人が農村へ移住したと報じた。

六九年に入ってもこの運動は継続、発展した。七月二十三日には、広州中山医学院の一千四百余人が百十二個の生産大隊へ「下放《シアファン》」したといわれ、また八月には、上海ですでに四十万人の知識青年が黒竜江から内モンゴル、雲南、貴州へ向い、天津でも十七万人に達する「下放」があると報じられている。

こうして驚くべき規模の人口移動が行なわれたのである。すなわち大都市から小さな町に至る住民のうち、推定一千万から二千万の人口が僅か半年の間に農村へ送られたことになるのだ。この運動はいつもながら自発性と説得をたてまえとしていたが、その背後には強制的な社会統制組織の力が働いていたのである。

おそらくこのような政策に対する不平不満はあったであろう。現に「下放」大会が革命委員会へのデモに変わったことは珍しくなかった。また文革中に数多くの闘争をひきおこした国営農場では、連れ戻された者や新たに送り込まれた者たちと幹部の間に不穏な空気もあることであろう。都市へ逃げ帰った者もいるし、よそへ流れて行く者、徒党を組んで反抗的な遊民となっている若者たちがいても不思議はない。

もちろん、「下放」政策に抵抗しているのは少数の者であろう。それよりも大多数の青少年がなにを考えているかの方がより重要な問題であろう。たしかに使命感と自己犠牲の決意に燃えて僻地へ向った青少年もいたにちがいない。だが、現地においてはそのような姿勢それ自体がかれらの士気を瓦解させ、意思の挫折を早めることになったであろう。かれらが慶村で生きるために必要なのは理想主義ではない。端的にいって、よくも悪くも帰属感を持ち得るかどうかにかかっているからである。

甘やかされて育ってきた大多数の都会出身の青少年にとって、生活様式も環境も全く異なる土地で、知的生活ぬきの、肉体労働の生活へ溶けこむことは、まず非常に困難なこと、といわざるを得ないであろう。農民とこれら外来者との間に共存、あるいは補完の関係がうまれるはずはなく、まして一体感や連携が育つことはできないだろう。

家庭との絆を断たれ、将来の希望を失った若者たちではあるが、かれらはそれだけに希望をもとうとした。すなわちこの運動が「再教育」である以上、やがて運動が終われば都市へ戻ることができるだろうということである。また願望の裏には絶望もある。学問がなんの役にたつのかという虚無感がかれらと学校に残る者たちの間にひろがっていると新聞は伝える。このような考えは、劉少奇の修正主義路線の「読書做官《どくしよさかん》」論の反映であるとされ、六八年十二月から活発なキャンペーンが行なわれてきている。だが、これで若者たちを充分に納得させることはできるだろうか。

『人民日報』をはじめ各地の新聞は、多くの公社の例を挙げていずれも同じ対策を掲げている。青少年は「劉少奇の反革命修正主義路線の害毒」を受けていると説き、かれらの思想、労働、日常生活を厳しく指導しなければならないと主張する。

「再教育」はどこでも同じように「村史、家史、血涙史」を教え、「苦ヲシノビ、甜ヲ思ウ」階級教育と『老三篇』を教え込んでいると報告されている。だが、現状ははたしてどんなものであろう。農村の幹部たちがこの説教をしたところで、それが「新社員」の改善、矯正の方法となりえるものだろうか。

なるほどこの試みは以前に軍隊で成果を収めはした。環境が兵営であったこともあるが、この場合、同時に「緊急十二条」と「六十条」がかれらの両親、兄弟の救いになることを教えたことが本当の特効薬となったからである。

恐らくこのような「再教育」は都市から送り込まれた青少年をふるいたたせることはないだろう。ましてやいまは哀愁をかんじさせるだけの「紅衛兵小将」が、すべてのことは背信と無情な仕打ちで終わったと深刻な不信感をいだいたとしても当然であろう。

結局のところ、毛沢東が五番目の戦いで成功したのは、フルシチョフとマレンコフの選り分けだったことになるのだろうか。

11　新中央委員　六九年四月

権力の座についた軍人

九全大会は六九年四月に開かれた。大会は第五の戦いをしめくくろうとしたものだが、戦いの経過をそのままに反映したものでもある。これは僅かに公表された中央委員の名簿と林彪の政治報告からもうかがうことができる。

例をわれわれが経過を見てきた広東省の中央委員についてみよう。第一に総参謀長黄永勝がいる。広州軍区司令員から広東省革命委員会主任となり、中国を支配する中央政治局の一員にまでのしあがった。黄のあとをひきついで革委主任となった劉興元、副主任の孔石泉《コンシーチユアン》、邱国光《チユウクウオクアン》、陳郁、王首道、常務委員の田華貴《テイエンホアクエイ》、さらに広州軍区の丁盛《テンシヨン》、江燮元《チアンシエユイアン》、任思忠《レンスツォン》といった軍幹部が並んでいる。

これら九人のうち、六人までが軍人、文官は陳郁と王首道、そして「革命大衆幹部」というべき田華貴にすぎない。軍勢力の伸長がいちじるしいのは全体をみても同じである。百七十人の新中央委員のうち、軍人は七十三人、中委候補までを含めた二百七十五人のうちでは百二十三人、新政治局では二十一人のうち十一人までが軍人である。

新中央委員の顔ぶれは一見したところ大変動であったが、またこれをべつの角度からみれば妥協人事でもある様相も持っていた。大変動という見方は党役員の潰滅という点で正しい。五六年に選出された六十余人の文官は二十人近くが残るだけで、純粋な党務官僚はほとんど姿を消した。

妥協人事ともいえるのは将軍たちがずらりと再選されたことである。旧中央委員二十数人の高級軍人のうち、名前だけを残してすでに失脚していた彭徳懐事件の関係者と死没者を除けば、正式に追放されたのは賀竜、羅瑞卿、蕭華《シアオホア》を含めて五人だけだった。毛は党機構を打ち壊すために、軍に対して宥和策をとった結果である。

しかし、これまでの中央委員はそれ自体権力を持たず、その全体会議も儀式上の性格を持つだけで、毛の決定の事後承認の機関にすぎなかった。もちろん、中央委員のすべてが体制の無力な代表であるわけでない。中には政策決定の中枢に加わる人がいることはいうまでもあるまい。

第五の戦いを通じて新しい指導力として登場したのは、中央委員多数派を構成する軍人たちのなかで、八全大会における中央委員候補組であろう。広州軍区の黄永勝、南京軍区の許世友《シュスーユー》、瀋陽軍区の陳錫聯《チエンシーリエン》、蘭州軍区の張達志《チャンターチー》、済南軍区の楊得志《ヤントーチー》、福州軍区の韓光楚《ハンコアンチュ》といった顔ぶれである。

これらの軍人は一九三六年に陝西省保安県に造られた抗日軍政大学の初期卒業生である。対日戦後期に団長、師長となって頭角を現わしたが、四五年にはまだ中堅幹部にすぎず、七全大会で中委はおろか中委候補に選ばれるにもほど遠かった。かれらの上に瑞金紅軍大学の三期にわたる卒業生がいたし――中委候補に選ばれたのはかれらのなかにいた――さらにその上には雲南講武堂、保定《ほてい》軍校、黄埔《こうほ》軍校出身の長征大幹部がいたのである。

抗大筆頭の出世組は戦後の国共戦で兵団長に昇進し、朝鮮戦争において派遣軍の指揮官となった者らである。能力と幸運にめぐまれた者はやがて省軍区、大軍区の司令官となり、五六年の八全大会と五八年の第二次会議ではじめて中委候補となった。

これら地方駐屯軍の司令官と同じ地位にいたのが地方党役員であり、かれらもまた八全大会で中委候補*となった。省都から首都へ向い、地方党委、軍区機関をへて中央指導機関へ移り、遂には国政担当者となるのが古参党員、先輩の歩んだ出世の道程だった。

それ故に地方を統轄する中委候補の優等生たちが中央への昇進になみなみならぬ関心

を持ち、栄光と特権を夢見ていたのは自然であろう。しかし、出世の階段は非常に狭くなっていた。地方の党役員が中央へ栄進したのは、雲南の第一秘書だった謝富治《シェフーチー》が公安部長に出世したのが数少ない例である。だが、かれはすでに八全大会で中央委員に選出されていたのだし、たまたま彭徳懐事件で空席ができたのが幸いしたからだった。

ここに中共党の最大の問題があった。毛を頂点として完備した政治的ヒエラルキーは二十年の歳月で動脈硬化をおこしていた。党のピラミッド組織は先任順位と序列がはっきりと決まり、みたところ整然として強固であったが、毛、最高幹部、その下の地方幹部たちにそれぞれの不満が積み重なっていた。

地方の幹部たちは昇進の道をふさがれていることで不満があった。七全大会の候補委員組——八全大会で殆んどが中央委員に昇格——は八全大会で中央書記処が造られて、中央政治を担当する機会をつかんだが、それから十年たっても九全大会は開かれず、五十歳前後だった八全大会候補委員組は六十歳となり——かれらの平均年齢は七全大会の候補委員組、八全大会で新たに抜擢された中央委員組と変わりなかった——相変らず地方政治家、地方軍人だった。

そしてかれらの背後にはさらに不満の大きい一群がいた。中央機関に直接報告できる地位にいない党書記、副官たちが目白押しに並んでいたのである。七全大会の候補委員組、八全大会の新中央委員組、候補委員組が上部につまっている限り、まずかれらに昇進ができる見込みはなかった。

北京中枢部の最高幹部の間にも不満があった。かれらは毛の個人的な権力に枠をはめ、明確な継承ルールを確立したいと望んでいた。かれらは毛が個人的な恣意《しい》を押し通そうとして綱領、公約、党規約を無視し、地方党書記に勝手に個人命令をだし、既成事実を造る振舞いに憤りを抑えていた。

一方毛もまた党に不満と怒りがあった。かれは巨大な複雑化した官僚主義的な機構が、かれの理念を裏切っていると考えた。そして部下たちがかれの構想を心から支持しようとせず、かれの指示を歪めてしまい、独自な行動をとろうとすることに腹を立てていた。かれは、「最新指示が発表されると、直ちに宣伝し、直ちに行動する」（林彪の九全大会報告）ような単純化した、大衆に密接した体制を夢見ていた。

こうして中共党内部には、毛の途方もない構想があり、最高幹部の権力移譲と継承ル

＊　政治局や中央書記処に足場を持たずに中央委員となっていた地方役員は、広東の陳郁と王首道、山西の劉格平、他に三、四人だった。これらの人々は実力によってでなく、長い党歴の褒賞として中委になっていたのであり、主流をはずれていた。これに不満の劉や王は省実力者と紛争をひきおこした。この結果、かれらは追放同様の処分を受け、肩書きは名ばかりとなっていた。かれらは第五の戦いに乗じて、この怨恨をはらした。王は広東革委の副主任となり、劉は山西革委の正主任となった。しかし、劉の場合は、六八年はじめからつづき、六九年五月に激しくなった山西省の混乱の責任をとらされたかもしれない。

ール設定の希望があり、その下の幹部たちに世代交代の願いがあった。そして長い辛酸の歴史を通じて築いたチームワークのなかに陰謀があり、同志的紐帯《ちゅうたい》のなかに個人的反目があり、毛に対する秘かな連合戦線があり、毛の跡目を狙う協力と対立があった。

そこで毛の統治二十年の間には、高崗《カオカン》、饒漱石《ラオシューシー》事件、それと関係あるように思われる、毛に「休息」を要請した幹部連名の書簡事件、八全大会における個人崇拝非難の報告があった。そして政策路線の転換がおきた五七年、五九年、六二年のような年には、このような動きが表面に顔をだした。

ここで遂に決定的な行動をとったのは他ならぬ毛だった。かれは継承者を定め、新しい世代に権力を移し、自分の意のままに動く党機構へと造り変える行動にふみでた。これが第五の戦いである。地方軍幹部が権力を握り、黄永勝、陳錫聯《チエンシーリエン》、許世友《シユスーユー》の三人の大軍区司令員は政治局委員に選出された。

こうしてかれらより一段下の軍人たちも思いがけない要職を得た。二十九省市のうち二十四省市の革命委員会の主任は各軍区の司令員か副司令員、政治委員が任命され、副司令の重要ポストも軍人が独占した。かれらのすべてがまた中央委員にも選出されたのである。

この結果は毛のはじめの構想通りだったのだろうか。国家機構の刷新《さっしん》と再編成をはたした成功だというためには、新たに権力を握った地方軍人と、失脚した地方党役員との間に大きな違いがなければならない。

軍区司令員と省第一書記との間には異なる見解があり、潜在的な対立がうまれていたのか。軍人たちは道徳的な説教による個人改造の効果を信じ、都市と農村でこれを行なうべきだと考えていたのか。そして党役員のやり方に不信感をいだいていたのか。

多くの国で、将校集団は国民一般の思考様式や価値体系と異なった信条をいだき、文官指導者を毛嫌いしがちである。だが中国では、一方で軍が党・政要員の貯水池となり、他方、軍区の政治委員は地方党役員が兼任する仕組みとなっていたのであり、したがって不一致と対立があったとしても、それは団結のなかでのことであった。

しかも軍人は、軍隊内の思想工作のために兵士たちの出身地や家庭の状況を正確に知っていたであろうし、地方党委と協力して県人民武装部や公社武装部を指導していたのだから、地方の事情に精通していたでもあろう。そこで、こういう疑問が生じてくる。かれらが将校集会所と兵営の閉鎖社会に孤立していなかったことは、かれらをして毛の教説の狂信者にしていたのだろうか、それとも逆だったのだろうか。

六二年の十中全会のあとから、毛は六〇年十月以来軍で行なっていた「四個第一」と「三八作風」などの精神教育運動と軍の指導組織、すなわち政治部、政治処、政治指導員の指揮系統を国内のすべての組織に採用させようとした。政治部軍人が工業、運輸部門から各機関に派遣され、各分野の責任者が軍政治部の学校で訓練を受けた（六七年十二月十六日『人民日報』）。

だが、この試みが既存の体制を改革する推進力とならなかったことは、第五の戦いからも推測できる。ということは、軍人たちの努力が党指導機関の妨害によって成果があがらなかったということなのだろうか。それとも軍人たちは、行政、経済面では道徳的な説教の効果よりも実際的、経済的機能を重視し、能率的な指導と現実的な目標を持つことの方が正しいとみていたのだろうか。

そして軍隊の訓練時間の四十パーセントを政治教育にあてるといったやり方を肚のなかで軽蔑している軍人はいなかったのか。「軍事すなわち政治だ」と主張し、「毎日七時間は軍事学習をすべきだ」と説いて技術革新の軍事戦略を重視し、専門的な軍事機能を持つ将校団の指揮、統制を尊重すべきだと考えたのははたして羅瑞卿だけだったのだろうか。

そして羅とその仲間を追放したことによって軍の一元化はほんとうに完成していたのだろうか。だとすれば第五の戦いで過激派が軍区幹部を党幹部の同類とみなして攻撃したのはなぜだったか、不可解なことになるだろう。江青や文革派は、軍人の忠誠心が地位の保全と昇進のためのごまかしとみていたのではなかったろうか。

もちろん、文革派だけが毛の構想の心酔者であったと想像することはできない。主席夫妻にとりいって表舞台に躍りだした才子たちがそれほど単純な理想家であったはずはあるまい。かれらは全武装勢力を自己の支配下に置こうとして、軍幹部の打倒を図ったのである。そこで疑問はそのまま残る。権力を握った軍人たちは何者なのか。それをあきらかにするのは林彪の政治報告のように思われる。

12　林彪報告

五六年の八全大会では二十数人の党幹部たちの自信と希望にあふれた報告がずらりと並んでいたのと比して、九全大会では林彪ひとりの報告が公表されただけにすぎない。しかも、八全大会が第二次五カ年計画を中心議題として、国家の建設と国民の生活改善を説いていたのと対照的に、林報告は劉少奇とソ連攻撃に終始し、将来の展望もなく、迫力もなければ、精彩も欠いていた。

その裏にひそむ理由はなんだったのだろうか。われわれが注目しなければならないことはいろいろあるが、まずその第一は、報告の主題の一つである劉批判に、「三自一包」と「三和《さんわ》一少《いっしょう》」（帝国主義、各国反動派、現代修正主義と融和し、各国人民の革命闘争への支援を少なくする）への非難が欠落していることだ。また第二に目につくことは、「三面紅旗」運動については、その讃美はおろか、記述もなく、その運動を再び開始するとも唱っていないことである。

第一の問題からみよう。林彪の劉非難は六八年十月の十二中全会が決めた「叛徒、内《ない》奸《かん》、工賊《こうぞく》」（裏切り者、敵の回し者、労働者階級の敵）を繰り返している。とりあげた十に近い罪状も、すでに六七年に『人民日報』『紅旗』に載ったものばかりで、目新しいものはひとつもない。三六年の偽装転向の問題や四九年の天津における劉の発言を非難しているのは、利用できる口実を手当り次第に持ちだしただけのことにすぎない。

だが、林彪は劉少奇の「反革命の罪悪行為」のすべてを再録したわけではない。肝腎な項目を抜かしているのである。かれは「三自一包」と「三和一少」の「資本主義復活」の路線に触れず、六七年に政治学習文件に指定された二つの論文の主要な部分を無視し去ったのである。*


本来、劉に対する批判は、社会主義の道を歩むか、それとも資本主義の道を歩むかといった二つの路線の問題であり、具体的には大躍進の失敗のあと劉少奇が行なった内政・外交の主要政策が攻撃の中心点であったはずである。一体、これらはいつ消えてしまったのか。大々的に非難を浴びせておきながら、これらを押しやってしまい、帳消しにしてしまった真の理由はなんだったのだろうか。

おそらくここに、周恩来がはたした役割があったように思われる。毛沢東は第五の戦いのはじめに彭徳懐の名誉回復の運動を持ちだし、途中に工作組の派遣問題をはさみ、つぎに六〇年から六二年の内政・外交政策をとりあげてかれの政敵を攻撃した。すなわち文革派の権威を笠にきた若者たちが、型通りの文章を造り、党幹部を容赦なく攻撃したのであった。そのとき、周恩来が新しい指示をだした。六七年四月はじめ、劉の追放が秘かに決まった直後のことである。

周は、劉批判を深めるために抗日戦までにさかのぼり、国民党支配地区における地下工作とも関連させせよと言った。かれはにわかに思いたってそのように言ったわけではあるまい。おそらくかれは、劉とその部下たちの攻撃し易い側面を指摘し、それによって、かれらを犠牲にするだけで事態の収拾をはかろうと画策したのではなかったろうか。

すなわちこういう事態が展開していた。劉は、絶望的な立場に追い込まれていたが、自分のとった経済・外交政策の批判を受け入れようとしなかった。躍気《やつき》となった文革派は攻撃を拡張しており、この政治的レトリックを利用するのであれば、六〇年から六二年に政治責任を負っていた幹部たちを片端から告発でき、攻撃を繰り返しているうちには、それこそ陳毅が怒り悲しんだように、すべての人に「反革命分子」の刻印を押してしまうことになるのは目に見えていた。周は、そのことを恐れていたにちがいない。

しかし、周は文革派に対してはきわめて弱い指導力しか持っていなかった。そこでか

＊「三自一包」と「三和一少」に対する正式の批判論文は、六七年四月一日の『紅旗』に戚本禹が発表した『愛国主義かそれとも売国主義か』と八月十四日の『人民日報』に載った『社会主義の道を歩むかそれとも資本主義の道を歩むのか』である。また同年十一月十三日の『人民日報』『紅旗』『解放軍報』の三紙編集部の論文『中国農業における二つの路線の闘争』は「三自一包」を一層系統的に批判している。

れは自分を守り、危地に陥ち込んだ部下たちを保護するために、急進派がとびつくべつの材料を投げ与え、攻撃の鋒先《ほこさき》を巧みにそらし、危機を切り抜けようとしたのであろう。

そして周恩来にはもう少しさきのことにも配慮があったにちがいない。「三自一包」と「三和一少」に対する公然たる攻撃がつづけば、やがて正統的なイデオロギーに公認されてしまうだろう。かれはこのさき容認される政治行動が大きくせばめられ、いささかでも現実的な政策は不忠誠ときめつけられ、資本主義に染まっていると攻撃されることになるのを恐れたのであろう。

かれのこのような政略が林彪の政治報告にどのように結実されたかを探るためには、林報告の第二の問題、すなわち林が「三面紅旗」運動に触れなかったことの真意をみておかねばならない。

林はまず五九年から六一年の記述を変えた。この時期の形容はそれまで新聞の社説から論文、大学生のパンフレットまで、「三年間の一時的な困難な時期」がきまり文句だった。かれはこれを改めてつぎのような新しい言い回しに変えた。

「フルシチョフが登場して以後、とりわけソ連修正主義が米帝国主義、インドなどの国々の反動派と結託して、大々的に反中国的行動を行なうようになってからというもの、ますます劉一味はたけり狂ってきたのである」

「中国の社会主義革命が深く発展し、階級闘争が異常に激しかった重要な時期に、劉は再びその黒い修養書を発表したが……」

「三年の困難な時期」が消えたのは、「三自一包」を消し去るための用意だけではなかった。「三面紅旗」運動について触れないための配慮でもあった。

「三面紅旗」運動が現われて当然な箇所でさえ、かれの報告ではつぎのようになった。

「五七年のブルジョア右派分子に反対した闘争から五九年の廬山会議で彭徳懐反党集団をあばきだした闘争にいたるまで、また党の社会主義建設の総路線についての大論戦から社会主義教育運動における二つの路線の闘争にいたるまで……」

林彪はその歴史的大会で「三面紅旗」運動を避けて通り、触れまいとする態度をとったのである。当然のことながら人民公社や大躍進についてもなにひとつ語らず、沈黙を守るという結果となった。「三自一包」の非難が消えてしまったのもうなずけるわけである。では、どうしてかれはこのような態度をとることができたのであろう。それについての若干の考察を試みてみたいと思う。

六六年から六七年にかけての農村は放置されたままであった。中央機関は打倒され、都市では争いがつづいていた。都市の騒音と混乱は農村にも波及し、その影響は春耕の遅延となってあらわれはしたが、六七年は気象条件に恵まれ、農業生産は上昇したようだった。

六八年になって人民公社が正しいというキャンペーンが行なわれはじめた。そしてこの年の後半に都市の紛争が一応収まり、農閑期に入ると、人民公社の「一大二公《イータアアルコン》」（第一に大型化、第二に社会主義化）が十年ぶりで指示された気配となった。「大躍進」あるいは「新躍進」の開始がいまや日程に上ってきたのだと中国観測者の間で語られるようになった。

十一月三十日に江西省の放送が「拡社併隊《かくしやへいたい》」の進行を発表し、十月から省内において公社の拡大と生産隊の合併を行なっていることをあきらかにした。広東省でも、公社が合同し、生産隊が合併していると香港へ戻った帰郷者が伝えはじめた。「大」とともに「公」を進める動きも現われた。自留地の廃止や公共食堂の復活が伝えられた。自留地が残っている公社でも、農産物の売却を禁止し、副業の生産物も自由市場で売るのを禁じた。

ところが、六九年三月になって帰郷者はまたべつのことを伝えだした。新しい指示がでて、「拡社併隊」の活動は停止となり、公社と生産隊の規模は前に戻ったと告げるようになった。また没収された自留地は各社員に戻され、食堂の強制参加が取消され、報酬支払い方式は点数制度へ戻ったと語った。

六八年十月にはじまった新政策は早くも翌年三月に捨てさられたようであった。四月の九全大会で林彪が「三自一包」から大躍進に全く触れなかったことはこの政策転換を裏書きするものなのであろう。では、人民公社を五八年に戻す命令をくつがえした大きな圧力はどこからきたのだろうか。想像するしかないが、新指導勢力となった地方軍幹部の他にはいないはずである。

地方の新権力者たちは、田畑へ持ち込んだ毛の画像や「忠」の字の旗、「紫気東来《しきとうらい》」「五福臨門《ごふくりんもん》」に変えて毛の言葉や「忠」の字を家の入口に貼ったところで、農民の労働意欲を刺激できるとは考えなかったのであろう。

同様にかれらは、「旧社会の苦」を唱い、「劉少奇時代の苦」をとりあげて「訴苦」大会を開き、『老三篇』を読みあげたところで、そこに熱狂的雰囲気を醸成できるとも考えなかったろう。まして農民にまた大きな犠牲をしいる急進政策を開始するだけの自信はまずなかったであろう。

しかも地方指導者にとっては、都市稳定政策のために、都市住民と学生たちを農村へ送り込んでいたことが、農村内の不満を高め、緊張と摩擦をひきおこしていたことも不安材料だったにちがいない。そして工業化と国防強化のための資源の優先割当てのために、そのしわよせをうけた農村では「自力更生」の政策をとらねばならず、そのため農民の満足を買うなんらの手段を持たなかったのである。

したがって革命委員会の主任となった軍人たちは漸進政策の採用を望んだのであろう。あるいはかれらは急進政策が再び食糧増産をストップさせ、工業生産を低下させ、再び都市の危機になると説いたのかもしれない。周恩来がこの主張の強力な支持者であったことは疑問の余地がない。そして林彪がその政治報告で「大躍進万歳」から「三自一包」の非難に全く触れなかったところをみれば、かれも部下の軍人たちの側にいたのであり、決して消極的な支持者ではなかったのであろう。

文革派の没落のあと、毛はまだ自分の夢を推進させることのできる勢力を持ち得ていないのであろう。陳伯達、康生といった人物も、かれらの指揮に従う同調勢力を持たず、第五の戦いにつづいて大躍進を行なう熱意も持たなかったにちがいない。

恐らく毛は軍区を握る軍人たちと妥協して、現実の状況にみあう柔軟な政策の採用を承認することになったのであろう。かれは自分に不利な情勢で譲歩し、時機を待つ才能を持ちあわせてはいる。だからといって、かれに黙ってひきさがることができたのだろうか。

かれは自分の戦いの結末に心を痛めていたと考えるのが正しいように思われる。かれは五八年に私利私欲を捨てて意気と熱意に燃える大衆を信じたように、その戦いのはじめに青少年の忠誠心と献身を期待していたのではなかったのか。「再教育」はかれの最初からの計画の一部だったのだろうか。最初の計画というなら、かれは文化大革命のあとに「新躍進」を望んでいたのではなかったのか。その戦いが大躍進を開始する団結と力を築きえなかったことを、かれはどう思っていたのか。

かれがやり終えたのはマレンコフとフルシチョフの選り分け作業だった。だが、劉の罪状に六〇年から六二年の内外政策を加えることすらできなくて、「二つの路線の闘争」といえるのだろうか。こんなことでは、自分の死のあとには、劉を罪に陥れた材料はすべてくつがえされ、名誉回復となりはしないかという不安をかれはいだいてはいなかったろうか。そしてかれは戦いの幕をひきおろそうとするとき、新しい否定シンボルを求めていたのではないか。

新しいシンボルは地方実権者もまた必要としていたにちがいない。新権力者は一層の威信を求め、新権力機関は規律と秩序を欲していた。「解放幹部」といった名称を使って名誉回復された中堅幹部たちにはもっともな名分を与えることが必要だった。また幻滅感と被害者意識をもつ若者たちの感情に訴える新しい状況をつくりださねばならず、粛清した者たちにはさらに適切な罪名をつけ加えねばならなかった。そして全体とすればなによりも団結が必要だった。

それ故に非常事態といった圧力がまた必要であり、敵の具現《ぐげん》が必要だった。統一のための否定シンボルが求められたのである。林彪がその政治報告で、その主要部分を対ソ攻撃にあてた理由がここにあった。

そこで九全大会開幕の一カ月前におきたウスリー川中州の中ソ間の軍事衝突から七月のアムール川中州の衝突、八月のウイグル・カザフ地区の衝突事件、そして十月にはじまった中ソの北京会談をみる必要があろう。

中ソ国境の小ぜりあいはそれ自体珍しいことではない。六三年九月にソ連は六二年中に中国軍民が五千回にわたってソ連領を侵犯したと発表しているし、西ドイツ駐在のソ連大使は西ドイツ首相にウスリー川衝突事件について説明したときには、六〇年以来の中国の国境侵犯が二千回だと述べている。これに対して中国側は、六〇年以来のソ連の境界侵犯事件は五千七百回だと主張している。

双方の主張からつぎのような推定をくだすことができよう。五一年一月に中ソの国境河川に関する事務的な協定が締結された。しかし、国境画定の協議は行なわれず、極東の国境河川の六百余の島は双方が自国領と主張し、実際にはソ連側が占領していた。

そして六〇年七月にフルシチョフが中国に対する経済制裁を行なったとき、この国境問題にからむ付帯的な措置が講じられたと推定される。すなわちソ連側はウスリー川、アムール川の自国領と主張する小島で、それまで認めていた中国人の草刈り、伐木《ばつぼく》、漁《ぎょ》撈《ろう》を禁止したのであろう。* 中国側はソ連側の措置に抗議したにちがいない。それが役立たないと分って、八月二十二日に国境会談を提案し、さらに九月二十一日に再提案がなされたのであろう。

ソ連はこの申し出を相手にしなかったようである。そして中国人農民、漁夫、ときには中国国境警備隊とソ連国境警備隊の間の小ぜりあいがおきるようになったのであろう。また新疆とソ連中央アジアの国境でも摩擦が生じるようになったにちがいない。六一年一月の「国防建設工作」（『工作通訊』第七期）はつぎのように述べている。

「わが国の西南、西北地区の境界を平和で安定した境界にするように努力をすることが、わが国の国境問題を処理する根本方針である。……

隣接諸国——兄弟国家や民族主義国家を含む——と国境上で発生した一切の渉外事件は、迅速に上級へ報告して処理をうかがい、絶対に独断で処理してはならない」

小ぜりあいは中ソ関係が悪化するにつれて激しくなったにちがいない。双方が相手を激しく罵倒しているさなか、直接のきっかけはなんだったのかわからないが、六四年二月から国境画定の会議が開かれることになった。双方に譲歩の意思がないので行き詰り、八月の交渉で打ち切りとなった。中国側はこの年十月から六九年三月までのソ連の国境侵犯は四千回を越すと主張している。そして三月二日、双方が火器を使用する最初の武力衝突となった。

それは単なる偶発事故だったのだろうか。そうではない。中ソ双方が否定しているの

＊　六九年三月三十日に公表された中国関係についてのソ連政府の覚え書きはつぎのように述べている。「五〇年代初期に……中国はウスリー川及びアムール川のソ連の島々を経済目的に利用することに関心を示し、この許可を求めてきた。これら要請はソ連側によって好意をもって考慮され、みたされた」ソ連側がこの慣行をいつ禁じたかは直接に述べていないが、後文のつぎの箇所につづくのであろう。「……この善隣の協力関係は六〇年代初頭における中国の内政・外交政策の変化の結果、妨げられた」

である。中国側は自衛反撃の行動だと主張し、ソ連側は相手の待伏せ攻撃を強調している。双方ともが、国境を侵犯してさきに発砲したのは相手方だと言っているのだが、その主張には微妙な違いがみえる。そしてこの違いが衝突後の両国の態度決定に反映している。ソ連側の態度決定は遅かった。これは忍耐力を示したのではなく、事実を明確に把握できないための遅疑逡巡《ちぎしゅんじゅん》だったようである。対照的なのが中国側の素早い態度決定だった。中国指導部は報告、情報を集めての整理と、事実の判断に時間をかけることなく、もう少し待ってみようという慎重さもなく、待ちかまえていたようにつぎの行動に移ったのである。

衝突の翌朝から中国各地の反ソ集会、デモとなり、一週間で四億人の動員になった。三月十四日の『人民日報』と『紅旗』は、主席から「経験を総括せよ」という新しい指示がでたと伝え、同じ題名の社説はつぎのように述べた。

「ソ連修正主義裏切り者集団の気違いじみた侵略の野望を粉砕する怒濤が、祖国各地の都市と農村にひろがり、革命に力を入れ、生産を促進し、戦争に備え……」

社説はまたつぎのように説いた。

「プロレタリア文化大革命は、劉少奇ら一握りのアメリカ帝国主義、ソ連修正主義の代理人を徹底的に打倒し、いわゆる平和の手口で、中国をソ連修正主義、社会帝国主義の植民地に変えようという妄想を完全に破産させた。そこでソ連修正主義は軍事的冒険に訴え、絶望的なあがきをしているのである」

各地の反ソ集会では、論点はさらに明確にされ、大衆の愛国感情に訴える論旨となった。広州の集会ではつぎのような演説がなされたと旅行者は伝えている。九全大会がまさに招集されようとしているときに、ソ連が武力侵入したのは偶然ではないと説き、ソ連修正主義の代理人である劉少奇がつまみだされ、毛主席の絶対的権威が確立されたとき、ソ連は武力侵入を行なって劉一味の権力回復を企てたのだと主張したという。

恐らくこの小さな局地的な軍事衝突もまた毛沢東の戦いだったのである。そのあとソ連側の報復となり、威嚇となった戦いがつづいたのであろう。ソ連が即時攻撃できる構えをみせたのも事実だろうし、それは北京指導部をおびやかしもしたにちがいない。

だが、戦いが毛の指導で行なわれたのならかれの原則にしたがえば、敵に対して味方が劣弱なとき、戦いは限定性と一時性を持つはずである。戦いから利益を得さえすれば、早急に休戦へ持ち込み、戦いの拡大は絶対に避け、小さな紛争であれ、戦いを無制限につづけることはしないはずであった。

そしてかれが戦いから獲得する利益は、軍事的成功を勘定するだけではなく、政治的な利益を計算したものであった。とすると、この戦いの性格とねらいはおのずから浮かび上ってこよう。つまり毛はアムール川に金門島を求めたのであり、その目的は統一シンボルを造ることだったにちがいない。

毛は旧指導層をひきずりおろすのに利用した有効な武器を文革派、若い有能な学生たちとともに失ってしまった。そこで「ブルジョア司令部」粛清の正当性を民衆の大部分に訴える新しい方策として、侵略国への憎悪運動に重ねあわせようとしたのである。またかれと新指導層は民族的な怒りを団結運動に利用しようとしたのでもある。

こうして十三年ぶり、三年の混乱を結束して開かれた党大会であったが、林彪は具体的なプログラムを明示できず、シンボルと合い言葉だけの雰囲気の盛りあげで終わったといえそうである。だが、もしわれわれが林彪報告における消し去った項目を否定形で読むならば、それが新しい路線の意思表明となっているとも見ることができるのかもしれない。

そこでつぎのようにもいえよう。地方の軍人たちの発言力の強さが、林彪の政治報告をこのように造りあげたと。そしてこれら新勢力の大きな影響力は、中央政治局委員の選出と地方分権政策にもはっきりうかがうことができる。

周恩来は、中央政治局に文革出世組の一ダースの新顔を入れるだけでなく、実務能力と経済手腕を持つ旧勢力の代表を残したかったのである。恐らく毛にしても、理論だけを振りまわす連中に全幅の信頼を置いていたわけではなく、陳毅、李富春、陳雲、聶栄臻を加えるつもりだったのであろう。

しかし、軍人たちは一中全会で自分たちの代表を押しだすという目標の下に団結したものと思われる。三人の軍長老と二人の副総参謀長、二人の大軍区司令員を選び、周が保護した幹部たちを無視したのである。

つぎに地方の準自給自足体制を認めた経済分権政策も、地方軍人の願望であった。たしかにこの政策には戦争用意の大義名分と毛が抱いてきた夢があった。かれは巨大な経済行政機構に反対し、大躍進運動の出発時には、経済分権の一連の措置をとっていたのである。だが、これらの面だけに焦点をあわせるなら、六五年に実は国内団結の必要のために戦争の準備を叫んだ彭真の真意を見誤ることになる。新しい地方権力者のこのような登場が、はたして毛の最初の構想の首尾よい達成だったといえるのだろうか。恐らくそういうことはできまい。

第Ⅵ章

結論

1　五つの戦争

さてわれわれは、ここで毛沢東の五つの戦いをもう一度概括しながらふりかえってみよう。

第一の朝鮮半島の戦いでは、最初に後退と反攻を巧みにつなげた毛の「積極的防禦」の見事な適用があった。つづいて中国軍の破竹の進撃があり、北鮮政権の領土を回復した。この軍事的成功が戦略計画を変えさせることとなり、南鮮奪取の作戦となった。この計画は大きな出血を重ねたあと放棄されたが、そのあと限定された軍事行動と限定された地域で行なう戦いを相手に押しつけることに成功した。そして中国は阿片《アヘン》戦争以来はじめての心理的な勝利を獲得したのである。

この戦いは「アメリカ帝国主義」に対する怒りをわきたたせることで、党の独裁支配と経済建設に役立たせることができた。もちろん、戦いに参加した理由がそこにあったわけではなかろう。北京が参戦をこばめば、ソ連軍隊の東北進駐となるのを恐れたことが、鴨緑江を越えて出兵した大きな理由であったにちがいない。ソ連が東北に派兵することで、その地域がソ連の政治的軍事的な勢力範囲内に包み込まれるのを警戒し、ソ連軍の存在が中国の政治に大きな影響力を持つ事態になるのを避けようとしたためだったと思われる。そして長白山脈でアメリカ軍を手詰り状態にさせることが、最初の軍事計画であったろう。

第二の台湾海峡での戦いは、第一の戦いと比べて、一層慎重なものであり、はるかに犠牲の小さい大陸沿岸諸島の戦いだった。この戦いは、台湾「解放」の政治計画を促進するためだった。この結果、台北の政権は東南アジアの集団防衛機構へ加入することができず、設立を望んだ東北アジアの集団防衛機構も造られないままに終わった。そしてアメリカが、台北に本土攻撃を断念させる条約を与え、台湾海峡の危機回避のために中国と大使級会談を開催したことは、ともに台北政権に対する大きな打撃となった。

したがって毛沢東が第一の戦いの背後で遂行した政治計画は、四九年七月の一辺倒宣言にはじまって五四年末に一段落したといい得るであろう。その年十一月にはフルシチョフが北京へ行った。そしてかれは、旅順を中国へ返還すること、新疆の中ソ合弁会社のソ連持ち分を中国へ売却することを約束した。依然としてモンゴル問題は留保の状態にあり、国境の画定問題を残していたが、中国はかくして東北と新疆の領土と主権の保全を完全なものにしたのである。

そして第二の戦いを補助的手段とした政治計画も順調にすすんでいた。北京の準備行動は、中国のめざましい経済・社会の改革とジュネーブの外交的勝利がもたらした国際威信の高揚を背景としていたので、なおさら台北政権の士気を低下させた。蔣政権はアメリカに対する不満と猜疑心を強め、蔣は部下たちの離反《りはん》を恐れるようになった。北京の目的は国民党幹部を不満と陰謀の霧に包みこみ、「反共」の合い言葉を「反米」に、「反攻」のスローガンを「最終的統一」に変えざるをえなくなる状況を醸しだそうとすることにあったのである。

それ故、第一の戦いと第二の戦いには明瞭な連繫があったということができる。すなわちソ連と国境を接する領域の保全と台湾の「解放」をめざした国土の完全な統一が二つの戦いの主題だったのである。

第三の戦いは一カ月余の金門砲撃戦だった。これは第二の戦いと直接のつながりはなかった。この戦いは、自力による核戦力の創設を含めた新しい軍事計画と大躍進の経済計画に全資源を動員するためのカタパルトであると見ることができるが、なかんずく、これらの計画の中心となる人民公社創設の大攻勢に、速度と歩調をあわせた支援砲撃だったにちがいない。

毛沢東は、アメリカとの戦争の脅威といった強烈な心理的刺激を必要として、その島へ砲撃をしかけたのであった。そしてかれはしっかりと主導権を握り、細心な準備と変化する情勢をにらみながらその危険を計算し、行動を決めていったのだった。

この戦いは、第一と第二の戦いの背後にあった基本路線を断ち切るものであった。そして結果的には第四のヒマラヤでの戦いへつづくことになった。まず第一に従来の中ソ同盟の友好精神と入れ替って立ちあらわれたのは、双方の悪感情であり、それによる対立である。徹底した農業集団化計画を土台にした独自の経済路線を打ち出したことは、第一次五カ年計画の基調となっていた「ソ連先進経験の学習」を葬りさることになった。また中国はフルシチョフの核共同計画を拒否した自己の正当性を明確に示すために、両国の世界政策の一致しない点を強調するようになった。

そして第三の戦いの背後にあった壮大ではあったが粗雑な構想は、農業を危機へ追い込み、工業計画を挫折させ、経済の着実な前進と正常な発展を打ち壊す結果となった。第二の戦いが手際よくつくりあげた台湾「解放」の計画も中断したのである。

しかもこの戦いは党最高指導部内の分裂をひきおこした。これは軽視できないことである。高崗・饒漱石粛清事件の余波は八全大会にたいした影響をもたらさなかった。しかし、彭徳懐追放事件の影響の大きさは、ここで語るまでもないほどであった。

つぎに第四の戦いもまた決して単純な戦いではなかった。それは受身の行動ではなく、ゆきあたりばったりの冒険でもない。軍事力によって獲得した利益はドラマの表舞台にすぎず、毛沢東は間接的な、そしてより本質的な利益を狙って、その戦いを行なったにちがいあるまい。

作戦舞台こそはるかかけはなれた中印国境であったが、本当の主題はソ連に対する政治戦争だった。毛沢東はインドの挑発を巧みに利用して、副次的な目標を達成したばかりでなく、安全な迂回をして局面をソ連との対決へ持ち込み、政治上の獲物を狙ったのである。

したがってこの戦いは、ソ連に対する批判を国民の教化宣伝に利用しようとしたのが最大の目標だったと思われるのである。これはやがては党の浄化、刷新《さっしん》、再編成の第五の戦いを行なう全体の計画のひとつだった。

つぎにこれらの戦いが毛沢東の戦いであった理由を重ねてみることにしよう。

2　三月報告

第一の戦いと第二の戦いの背後で毛沢東が追求した主題は国土の完全な統一であった。かりに北京新政府の指導者がだれであっても、これを優先目標の第一に掲げたことはまずまちがいなかろう。しかし、毛沢東以外の人物が中国の政策を指揮する立場にあったのなら、あるいはべつのやり方でこの目標を完遂しようとしたかもしれない。毛にしても、四九年三月、第七期二中全会で打ちだした路線をそのまま進んでいけばそのようなべつのコースを追求できたであろう。

この年の三月報告は、聞くものとしてどこへでも焦点をあわせることができ、さまざまに解釈ができはしたものの、基本的には、控え目な穏健政策を明示し、統一と連合を唱っているのが特徴である。それは経済の安定を説き、国家建設に知識人が占める役割を認め、帝国主義諸国との外交、経済関係の樹立を主張していた。

そのような路線を打ち出したところを見るとその時点において中米関係に改善の見込みはあったのだろうか。かつて中共党は四四年から四五年にかけてアメリカに対して友好的な態度をとっていた。中共の利益がアメリカの長期政策と合致し、アメリカは中国の統一を望み、連合政府の構想を熱心に追求していたからである。その後中共は相敵対する米ソ関係を巧みに利用した。ソ連はアメリカがアジア大陸に駐兵することを阻止しようとした。一方、アメリカはソ連が中国内戦へ干渉するのを恐れ、軍事介入ができなかった。

そして中共はアメリカが国府に与える軍事・経済援助を激しく攻撃し、アメリカの行動を牽制した。反米宣伝は国内の政治計画とも一致していた。反米を和平と結びつけた呼びかけは、国民の雑多な希望の共通分母をとらえたものであった。反米を唱えたこの民族主義的な訴えは、大衆の意識を容易に刺激して、かれらの支持を獲得できた。それは国民党の政治的影響力を弱め、大衆を国民党から切り離し、国民党を分裂させ、蔣介石が頼みとする極右の対決派を孤立させることができた。

だが、四九年三月には、中共党は前年秋から開始した東北の戦いを完了していた。そして上海、南京を防衛する徐州の国府軍大兵力を撃滅し、つづいて天津と北平を占領していた。中共党中央委員会が石家荘で開かれたあと、同じ月のうちに党幹部と党機関は北平へ移ったのである。

このとき国民党はまだ東南、西南、中南を抑えてはいた。だが、軍と党はすでに精神的に瓦解し、このあと戦いらしい戦いをしないままに崩壊したのである。それ故にこの月にすでに全面的勝利は中共の手のとどくところにあり、したがって新しい政策を打ちだしてよい内外の環境が開かれていたのである。

そこでこういうことがいえるであろう。すなわち、もし、新政府が三月報告を基本路線とすれば、かれらは米ソ両国の間で独自の柔軟性のある外交的努力をすすめることで、両国との関係を調整し、双方から宥和と譲歩をひきだし、新しい工業建設と自給自足の農業を発展させる解決策を求めることもできたであろうと。そして領土の統一と保全の目標を達成するためには、台湾の「解放」をさきに選び、新疆と東北の状態の是正は後回しにもできたのである。

しかも事態はなお好都合であった。すなわち、もし三月報告を行動に移そうとするならば、これに対応するアメリカ側の基本的な構想があったのである。それは米国務省の中国専門家ジョン・パトン・デービスが作成し、国家安全保障会議と大統領トルーマンが承認を与えていた計画であった。

米国務省の望むところは、真に独立した、ソ連の政策の道具とならない、友好的な中国であった。かれらの構想は軍事干渉を避けることで、中国をソ連側へ押しやる圧力を減少し、中国をめぐる国際紛争から身をひき、中国の民族主義を助長しようという長期政策となっていたのである。

この計画の立案者は、中国の革命が三十年代からクレムリンの指導を離れていたことを評価していた。そしてかれらは、四八年におきたユーゴとソ連の衝突が中ソ間でもおきると予想し、両国の国境地帯における係争が中国のチトー化をもたらすと想定した。そして中国が南の隣接諸国に影響力を伸張しようとするなら、これも四八年にブルガリアのディミトロフがバルカン諸国の連合案を提唱して、モスクワを怒らせた、緊張事態の再現となるとみたのである。

米中間に建設的な関係を結ぶことができるという予想は、全くの幻想ではなかったであろう。中国側にも三月報告の路線を積極的に推進し、アメリカと協調を求めようとする勢力があった。これをあきらかにしたのが、六七年三月の戚本禹《せきほんう》の論文『愛国主義かそれとも売国主義か』である。五〇年三月から中国主要都市で上映されていた香港映画『清宮秘史』を材料にして、かれはつぎのように述べた。

劉少奇一派は、「帝国主義との妥協に幻想を持ち、帝国主義のいわゆる『了解』とか『援助』なるものを得たいと望んでおり、毛主席の『幻想を捨てて闘争を準備せよ』という偉大な呼びかけに極度の不満を抱いた」

劉は「しきりに売国主義の理論を宣伝し、盗賊を身内のものとみなし、甘んじてアメリカ帝国主義の下僕になることを願ったのである。そして『アメリカは中国で買弁をどうしても探さないわけにいかず、われわれもアメリカの買弁になることができる。赤い買弁なのだ』などと言った」

しかし、政策を急角度に転換する新しい決定が三月報告から三カ月後に公表されるという事態がおきた。七月一日、毛沢東は『人民民主独裁について』の論文を発表した。かれはこのなかで、中国がとるべき外交路線を単刀直入、つぎのように述べた。「『きみたちは一方にかたよっている』まったくその通りである。……中国人は帝国主義の側か、社会主義の側かのいずれか一方にかたよらねばならない。そこには例外というものはない。二股はありえないし、第三の道もない」

反問の余地もなく、説明の必要もないこの「向ソ一辺倒」の宣言は、党内で対米関係の改善を志向する者とワシントン双方を驚愕させた。米国務省は自己の誠実さを示して有効な合意を求めようとする希望を失い、政策立案者が描いた米中友好関係の夢は崩れさった。

そして八月五日に国務省が発表した中国白書は、米中間の伝統的な友好を唱って両国関係の新しい出発に備える意図だったにもかかわらず、逆に毛沢東の絶好な攻撃目標と化すことになった。かれはこの白書を指して、「米帝国主義の中国侵略をあからさまに示している反革命的な文書だ」と非難して、つぎのように言った。「アメリカ的なものがすべてよいと信じ、アメリカに真似て中国を造ろうと望んでいる人たちにとっては、とくにバケツ一杯の冷水だった」

戚本禹は前掲論文で党内の対立をつぎのように示唆している。「かれらが反動的な徹底した売国主義の映画『清宮秘史』をしきりに持ちあげたことは、実は毛主席のアチソン白書に対する批判に公然と対抗したものであり、毛思想に対する気違いじみた攻撃であった」

戚は劉に嘲罵《ちょうば》を浴びせはしたが、三月報告から七月宣言にいたる政策転換の推移を説明できなかった。ここでその間の事情を想像してみるならば、毛は自分の意思を公表する形で——六年のちに『農業合作化の問題について』という報告を発表したのと同じ方法で——党幹部を出し抜き、党内多数派が承認していた穏健な公式路線をくつがえしたのではあるまいか。

そして、はたしてかれの真意はどこにあったのだろうか。それは、思うに内政・外交の二つに分けて考察を加えてみることができよう。

党内多数派は漸進主義と中米諒解を求める妥協的な行き方を望んでいたが、毛はこの傾向を、都市の潜在的な敵に対する宥和となり、かれの計画を遅延させることになると考えていたのではあるまいか。そしてかれはたとえ第一の戦いがなかったとしても、国内の反対勢力の系統的な根絶作業を計画していたのではなかったであろうか。かれは反革命鎮圧運動と思想改造運動を行なうためには、「アメリカ帝国主義」の危険性を宣伝する緊迫感の持続が必要だと信じていたのかもしれない。

つぎに考えられるのは、多くの研究者が指摘するように、毛がアメリカを邪悪な敵性国と固く信じ、帝国主義国が社会主義国に援助や借款《しゃっかん》を与えることなど全く信用していなかったということである。しかし、同時にかれはスターリンとロシアをともに信頼していたわけでもなかったはずである。かれが恐れていたことは、中国が対米接近政策をとれば、冷たく一定の距離をおいていたソ連の疑いを一層強めるのではないか、スターリンはそれを口実に新疆、東北の一部領土の要求、特殊権益の設定となるのではないか、ということであった。

こうして七月宣言にひきつづき、その年のうちに毛のモスクワ訪問となった。まもなく朝鮮戦争がおこり、米第七艦隊の台湾水域出動となった。そしてかれはソ連との間にやっと成立した合意とその背後の構想が崩壊しようとしているのを知った。中国はその戦いに加わらなければならなくなったのである。

そこで第一の戦いと第二の戦いは七月宣言からみちびきだされた必然の進路であったといえよう。だが、三月報告から七月宣言にいたる政策転換のなかには、国家の支配者となった中共党指導部内の急進主義と漸進主義の最初の衝突があったのである。

3　農業集団化

七月宣言から第一の戦いに至る期間の中国の強硬路線は、やがて穏健、平静な内政・外交政策へ移行していった。党指導部は朝鮮戦争の試練を国内の団結と粛清に役立たせ、工業化の足場を築き、土地改革を完成した。かれらは、これからは着実な秩序ある漸進を求めなければならないと考えたのである。

このような基調は、五六年の八全大会における決議から、劉少奇、周恩来、鄧小平《とうしょうへい》の報告のなかで繰り返し強調された。かれらは第二次五カ年計画の終わる六二年までの――要するに見通せる限りの将来の――基本路線を漸進主義として承認したのである。そしてこれに沿った外交政策が中国独自の平和共存路線となった。これは三月報告の基本政策への接近ともいっていいえなくはなかろう。このような姿勢は第二章で見た通り、台湾「解放」に採用した政策にもうかがわれる。

だが、このあいだにも指導部内においては漸進をくつがえそうとする急進の動きがたえず頭をもたげ、摩擦を生じていた。そこにあった重要な課題は農業集団化をいつ、いかに行なうかということであった。そして最高指導部内には意見の分裂があった。毛はといえば、集団化の実施を性急に望み、その大型化と徹底化の着想に執着していた。これに対して党幹部は集団化に反対する態度をとり、その勢いをそぐことに努力を払っていた。

この問題においても、党指導部は真二つに割れていたのではない。毛個人と部下たちの間で意見が分裂していたのである。毛が自分の主張を押し通し、既定《きてい》路線に対する中央突破をはかったのは五五年七月末だった。

この年二月に党中央委員会は第一次五カ年計画を定めた。劉少奇は集団化をいそぐのは「誤った、危険な、空想的な農業社会主義だ」と批判した。三月には国務院が集団化の「冒進《マオチン》」（むやみに進む）が有害であると指示をだした。五月になると党中央は初級合作社の「停止、縮小、整頓」の方針を打ちだし、それから二カ月の間に既成合作社の三分の一にあたる二十万の初級合作社を解散させた。七月には人代会が集団化の完成に十八年をかけることを正式に承認した。しかしその翌日のことであった。毛は地方の党書記を招集して演説した。かれは集団化の遅々とした歩みを激しく叱責し、集団化の速度を早めよと要求し、六年以内に完成すべきだと説いたのである。

党幹部の大多数が支持しなかったにもかかわらず、毛はなぜ集団化の促進を不動の目標としたのだろうか。毛の場合にはレーニンをはじめとするソ連の党幹部たちのように、農民を革命の敵対者とみなしていたとは思われない。ソ連指導部は農民を組織化し、統制下におくために、強制的に集団化した。しかもかれらは集団農場と正統的なイデオロギーを維持していくために、暴力と威しに依存しなければならなかった。

しかし、中国革命では様相はまったく異なる。革命は農村を根拠地に、農民をゲリラ隊員にしたてあげてかちとられたものであり、党幹部のなかに農民の離反を恐れる者はいなかったにちがいない。多くの幹部は、アメリカ人が「小作農民党」と素朴に信じる根拠となった延安時代の農業政策をそのままつづけていってよいと考えていたのである。そして農民の信頼を維持すべきだと信じ、安定がなによりも大切だとみていた。

かれらはまた私的農民経営の存在が資本主義の復活になるとも、経済政策を阻害することになるともみていなかった。逆にかれらは農民をしぼりあげて工業建設にそそぎこまねばならないばかりか、農民に対して充分に肥料と機械、消費物資を与えることができない現在の状況では、農民の土地愛着心を利用して効率をあげるのがただ一つの方法だと考えていたのである。

ところが、毛は見解を異にしていた。かれは集団化が農民の利益になるとみていた。かれはマルクスが唱えた農業における大規模生産の優越性の教義を信じていたのだろうか。かれは七月の演説で、「農村に貧農がいなくなるようになり、農民全体が中農か、中農以上の生活水準に達するようになる」と語り、初級合作社が個人農より生産を増していると強調した。

もっとも、かれが集団化の利益を具体的に語るのはこれが最後となる。だが、かれはまたべつの視点から集団化の必要性をきわめて現実的なつぎの問題と結びつけて考えていた。それは巨大な人口と比べて耕地が少ないことである。中国はアメリカとほぼ同じ面積を持ちながら、人口は約四倍もある一方、耕地は三分の二にすぎず、しかもその耕地は洪水と浸食、旱《かん》ばつにたえずおびやかされ、土地は非常に疲れている。このような問題は個々の農民の努力では解決できない。どうしても大規模な長期的な計画をたてねばならなかったのである。

もちろん、中共党の強力な政治指導をもってすれば、農閑期に農民を動員することは容易であったにちがいない。しかし、毛は農民の生活のすべての部分を集団化し、個人の利害関係を取除くことこそが、農民を集団作業に献身的に働かせるのに必要な措置《そち》だと考えていたのであろう。

それにしても毛はなぜ性急に行動をおこしたのであろう。あるいはかれは現実をしっかりと把握していなかったのかもしれない。その典型的な例は五七年の百花斉放運動であろう。かれはこの運動に大きな自信をいだいていた。だが、党幹部は、その運動に直接のかかわりあいを持つ政治協商会議、宣伝工作の責任者を除き、あきらかに反対態度をとったのである。

かれらはひとたび統制を緩和したらなにがおきるかを知っていた。そして最後には弾圧で幕をおろさねばならなくなると理解していた。だから反対したのである。潜在的な反対者に無意味な幻想をいだかせ、結局はしかけた罠だったという結末となれば、党の権威を傷つけるだけであろう。

毛ひとりが百花斉放にナイーヴな期待をいだいていたという事実は、思うにかれが部下たちにだまされ、国民の本当の顔を知らなかったということになるであろう。そしてかれが集団化をいそがせたのはこれと同様かれが利用しようとした地方党書記たちに逆に盲目にされ、自分のイメージを信じこんでいたからであろう。

かれが部下たちにだまされていたという事実よりも重要なのは、かれと部下たちの間に人間の本性に対する見方の相違があったということであろう。かれの人間観によれば、人間は教育を受け、真理さえ知れば、革命的な意志を持ち、私欲を捨てて働き、共産主義の徳を持つようになるはずであった。多くの人が考えるように、それはいつか心の中で理想化してしまった井崗山時代へのかれの郷愁なのでもあり、年老いるにしたがってこのようなイメージに対する執着は強くなっていたのかもしれない。

かれは自分の頭に描いた人間を信じるからこそ、百花斉放運動を行ない、集団化の成功を疑わなかった。すべての農民が兵営内の兵士と同じようになると考えていたのである。かれが急進主義者である理由はここにある。

だが、このような人物はリーダーであることはできても、軍隊、党機関をのぼりつめて最高幹部になるようなタイプではあるまい。かれの部下たちは人間の本性に楽観的な夢を描いていなかった。だからこそ、かれらは現実の人間に厳しい態度をとらず、人間の思想改造に大きな期待をいだかず、空想的な実験に手をださず、現実との妥協を望み、安定を必要だと考えたのである。これがかれらが漸進主義者だった理由なのである。

毛は自分の構想を追った。かれは国政担当の上級機関の頭ごしに省クラスの地方党書記へ直接指令した。かれはこれら地方政治家が自分の手足となることを知っていた。行動的な出世主義者たちは自分の領域に強い権限を持っていたが、主席の命令には唯々《いい》諾々《だくだく》と従わざるをえない立場にあったからである。

そしてかれらは毛がなにを希望し、どのようにやればかれの満足をかちえるかを知っていた。それればかりではない。かれらの地位が命令達成をいかに迅速に報告できるかにかかっていることも充分承知していたのである。かれらは毛と同じ立場に立って下部機構に命じ、全力を傾けて農民を集団化へ追い込んだ。そして主目標の運動以外の他の重要な問題はこれをすべて無視し、個人的な判断などはさんだりせず、農民の感情や希望など全くかえりみなかった。

党幹部が集団化の慎重を説いていたころ、地方では、これら党書記たちがかまわずそれを促進していたという統一を欠いた事態が展開したのも、毛の個人的指示があったからこそである。毛が集団農場の生産性の高さを誇るとき、それはまさに功名心にはやる地方党書記が適当に粉飾して造りあげた報告を誇っていたのであり、自分たちの地位を守るためのへつらいの競走をつづけていたのである。

そして毛の公式命令がでてからは、党幹部の再三の勧告も無意味となった。そこで地方党書記の懸命な競争が展開することとなったのである。初級合作社も造られないまま、農家は一挙に高級合作社へ組み入れられ、一年以内に中国全土で集団化は完成した。そして毛は「中国農民における社会主義の高潮」と唱った。かれはなんの疑念もさしはさむことなく、集団化の中間段階を短縮したことに満足だったのである。

しかもかれは五七年末に至り、かれ自身すらもまだいささかさきの目標と考えていた大計画に取り組むことにふみきり、再び地方党書記を駆使してまっしぐらに進むことになった。党幹部が希望を托した漸進路線は、四九年と同様、青写真だけで消滅してしまったのである。

しかし、毛の急進主義もまた大敗北に終わった。かれの失敗は、かれだけが中国を正しい方向へみちびく明瞭な政策を持つただ一人の人物だと信じるようになったことと大いに関係があろう。かれは自分の絶対的正しさを確信していた。そしてかれの戦いにおけると同じように、精巧な政治指導方式を使いさえすれば、自分の理想は必ずや実現すると考えたのである。

かれの政治指導方式は、革命的状況を人工的に造りあげ、大衆の潜在エネルギーを動員する方法である。かれはいかなる政策でも実施にあたっては、大衆を積極的にふるいたたせることが必要だと考えた。かれは命令主義、官僚主義を厳しく戒め、独自な教範《きょうはん》を造った。

かれの指導方式は大衆運動の形をとった。運動の条件を造りだし、舞台の準備を整え、モデルを選定し、実験を重ねて修正し、大衆の集団自発性をひきだそうとした。そして運動には大衆の自主性にもとづくものという形をとらせながらも、運動全体の進捗状況を見て、新聞、映画、芝居のコミュニケーションを利用して、一挙にその運動を「怒濤の勢い」とする技術も用いた。

かれは革命的状況から大衆の自発性をひきだせると信じていたのだから、大衆を動かすのは物質的刺激と規則だけではないとも確信していた。かれが利用してきた多くの指導方法は、現在アメリカの心理学者が行動科学を利用して開発し、企業管理に取り入れているさまざまな訓練方法とそっくりであることはなかなか興味深い。もちろんかれははるか以前からそれらを採用していたのである。

そしてかれが直接に采配《さいはい》をふるう段階では、かれは自分の命令をある期間公表せず、細部にわたる指示を与えず、部下たちに任せることで、独創性を発揮させる手法をとった。こうしてかれは地方党書記からの報告を検討し、批評した。そしてそのなかからよいと思うものを全体の指針にするという方法をとった。

このようなやり方をとれば、かれは形式主義・官僚主義・命令主義が避けられると信じていたのである。だが、かれが急進路線へ押し切ったとき、もはやかれは批判的な貢献を受けいれることができなくなっていた。絶対的な権力を持った皇帝は、自分の指示そのものが粗暴で極端な命令主義だとは気づかなかったのである。

部下たちがかれの望む通りに色づけをした報告を書き、かれの聞きたがることを耳に入れることになったのは当然の帰結といわねばならない。かれは追従《ついしょう》に囲まれることになった。ときには地方を視察して熱狂的な群衆を見ることもあったが、かれはそれをいよいよ強く自分の正しさの証明として感じ、それを信じたのである。

毛にとってはこの政策の破綻は思いもかけないことだったであろう。だが、五八年からの急進政策は失敗すべくして失敗したのである。そして傷心と屈辱感にあふれたかれは敗退の理由を探し求めることになった。六二年からかれがしてきたことがそれである。

4　牛歩主義

第三の戦いから第四の戦いの背後にあった急進路線と漸進路線の対立と抗争については、第三章三〜四節と第四章一〜二節でみた。ここでは第四の戦いから第五の国内の戦いにいたる毛沢東の政治行動の本当の性格をみたい。

六二年八月に、毛沢東はソ連との対決を決定して主導権を取り戻した。そして再び急進的な情勢を造りあげ、それを国内へ移そうとした。かれはもはや国民に個人の利益を訴えることができなかった。そしてまた物質的進歩の近道を示すことも、はるかさきの希望を語ることもできなかった。では、なにが残されていたのだろうか。かれが利用できたのは怒りだった。

怒りこそ、「激しい怒濤」「猛烈な行動」といったかれが望ましく思っている大衆の沸騰の過程に欠かせない原動力である。かれはこれを長い革命の間に学んだ。かつて農民は土地を手に入れるまではかれの党に協力した。だが、農民は土地を入手すれば消極的となり、かれが望む政治闘争、武装闘争を行なわなくなっていったのである。敵との戦いがあった間だけ、かれらを組織し、武装し、革命的な力を築きあげることができたのである。

こうした体験を通じてかれは怒りこそが人間を積極的な行動へかりたてる最大の動機だと信じてきた。そこでかれは公敵を求めて人為的な闘争情勢を醸成《じょうせい》し、戦闘精神を鼓吹して、国民の政治生活、社会生活、経済生活を一定の方向へみちびいたのである。

かれは敵を設定するのに五パーセントの枠内にとどめた。農村内の否定シンボル、学校内の闘争対象も必ず全体の五パーセントに限った。六五年はじめ、毛はエドガー・スノー氏に向かい、中国全体の国民のうちに社会主義に反対する者は五パーセントにみたないと言ったのも、実をいうとかれの必要とする敵のことだったのである。

当然ながら、敵愾心《てきがいしん》を盛りあげ、憎悪を高めて象徴化するのに都合のよい敵は国外にも求められた。国内の敵は国外の敵と結びつけられた。そしてかれは自分の政治計画を推進させ、国民を熱烈に結集させるというはっきりした目標のために戦いも行なった。

国内の敵を五パーセントに抑えるという原則は、戦いの犠牲と危険を最小に制限することにも通じていた。かれはつねに主導権を握ることに留意し、相手側を弥縫策《びほうさく》に追い込み、戦場に暗黙の制限を設け、軍事行動の程度を制御し、比較的に小規模な戦いを行ない、相手側の自制心を測って過失や誤解を防ぎ、臨機応変の手を打った。

六六年にはじまる第五の戦いは国内の「一つまみ」の敵に対する戦いだった。かれは多くの古参同志を追放し、教育のある階層を解体し、かれらを農村、辺地へ移した。だが、かれが自分の信条に逆らうと信じた勢力を追放したことは、かれの欲する改革を実現するための一半の解決でしかなかった。さらにかれは敵に対する怒りを忠誠運動へ盛りあげ、愛他心と滅私奉公の集団主義を育てねばならなかった。

ところでかれが煽動した怒りの実態は実はなんだったのであろう。怒りは日常生活に潜んでいた不平不満や既存の社会で抑制されたねたみを顕在化しただけのものであっただろう。不忠誠に対する神聖な憤りといったものは、人間の弱点や欠点をひっぱりだしただけのようであった。それはつまるところ身分制度が定めた弱い犠牲者いじめの優越感、個人的な憎しみの報復、他人を蹴落すための中傷、生き残るためのスケープゴート探しなどに他ならなかったのではないだろうか。

このような怒りから喚起された忠誠運動ははたして共産主義の道徳律確立の支柱となるのだろうか。それは毛が求める理想とは反対の方向へ向かうであろう。おそらくそれはマキアベリ的な手段によってでも個人の幸福を求めることにつながり、物質的進歩への崇拝につながるとみた方が、まだしも正しいのではないだろうか。

かれにとって怒りは大衆操作の技術にすぎず、怒りの中身がなんであるのかはおかまいなく、ただそれを敵の打倒に利用しただけのことなのであろうか。同様に劉少奇を否定シンボルにしたてたことも、自己欺瞞《ぎまん》以外にはないように思われるのである。

劉少奇は四五年の七全大会からこの二十数年、筆頭法定相続人の地位にいた。毛は四五年八月末に重慶の和平会談へ赴いたとき、万一に備えて劉を代理中共主席に任命した。六一年に毛はモンゴメリー元帥に向かって劉が後継者だと語り、六五年に毛と会談したエドガー・スノー氏もそれを信じていた。

そのような人物である劉が、いったいどういうわけで「帝国主義、現代修正主義、国民党反動派の手先」であり、「裏切り者、特務、資本主義の道を歩む実権派」ということになるのであろう。毛がある日突然に劉が「裏切り者」と気づいたとでもいうのであろうか。そしてかれの過去の「裏切り」行動は「調査で判明した」ということになるのであろうか。

毛を除く他の人々が劉を非難攻撃した理由は容易にみつけだせよう。文革派が全力をあげて劉をたたいたのは至極当然だった。かれらは二十年の歴史を解釈し直して攻撃の先頭をきった。他に政治資本を持たないかれらは、政治権力を掌握するためには、大衆を煽動する以外に手段を持たなかった。「合同工」や「支農青年」は自分たちの不幸や不満に解決の方法を与えられると錯覚して、劉攻撃に参加した。学生たちが政治的反抗を許されたとき、途方もない夢を追う狂熱的な行動に出たのも、うなずけよう。

そして陶鋳《とうちゅう》がだれよりも早く劉を名指しで非難したのも容易に理解できることである。中央宣伝部長になったかれは、文革派に狙われているのに気づいたとき、窮地から抜け出ようとして、あわてて劉を糾弾せざるをえなくなったのである。そしてかれよりうまく立ち回ったオポチュニスト、かれより小回りのきく人物が生き残るという結果になったのだといっても、それほどはずれた見方ではあるまい。

周恩来はどうだったであろう。かれは最初に劉をかばい、粛清の拡大をなんとか避けようとしていたようである。しかしそれが難しいとみるや、かれはたちまち劉を放りだした。青年時代から党寡頭政治組織の枢要な地位にいたかれは、このような判断に馴れていたのである。そしておそらくかれの決断の決め手となったものは中国に対する責任意識だったにちがいない。

さらにやっとの思いで自分の椅子にしがみつくことのできた人物、新たに高い地位についた成上り者が、怒りにふるえて劉を糾弾するのも分からぬことではない。スターリンの大粛清からスターリン批判にいたる経緯があきらかにしたところでは、生きのびた幹部たちは自分の嘘を知りながら、全く信じてもいないことを並べたて、没落した連中をこきおろし、その役柄にはまりきっていたのである。

そこで残るのは毛ひとりである。なぜかれは劉の追放を決めたのだろうか。すべての幹部たちは指導部内の緊張と対立の本当の意味をあまりにもよく知っていたのである。林彪報告のなかにもそれがある。その報告から重苦しい言葉や特殊な政治用語を捨てていけば、最後に一つ奇妙な、しかし実感のある、恐らくはいまの時代が終わっても通用する言葉がある。それはこうだ――

「われわれはひきつづき、裏切り者、敵のまわし者、労働貴族の劉少奇の実行した一連の買弁《ばいべん》外国盲従哲学、牛歩主義を批判して、これを打ち倒し……」

文革派や学生たちが劉を攻撃するのに、「外国盲従哲学」を非難したことはある。しかし「牛歩主義」の語彙《ごい》は劉攻撃の社説や論文に現われたことがなかった。それは十二中全会の報告にもなければ、林彪報告においてもその他の個所には現われず、その説明もない。いくつかの決められた用語が重複するなかに現われる「牛歩主義」の言葉は、うっかり入れてしまったのかという疑問さえいだかせるほどである。もっとも六九年十月十四日の『紅旗』に載った論文『中国社会主義工業化の道』が、つぎのように述べて「牛歩主義」の非難は定着したようである。「劉少奇は……売国主義、買弁、奴隷哲学、牛歩主義を推進した」

だが、思うにこの「牛歩主義」こそ、劉追放の本当の理由だったに相違あるまい。すでに見てきた通り、中国のこの二十年には「牛歩主義」と「冒進主義」の絶えざる葛藤があった。現実に対する見方・解決策、目的について、漸進主義と急進主義はつねに抗争してきたのである。

毛の急進主義は、農民のエネルギーを動員すれば、革命の目標を達成できるというかれの考えのなかにその原型があった。この考えの根本には、前にもみたとおり、人間の本性に対するかれの楽観主義があり、人間は闘争の試練と精神改造の教育によって革命の参加者になるという強い信念があった。

そしてかれが、自分のつくった原理を革命ばかりか、いかなる目標に対しても適用できると信じたのは、かれが他に類例のない人物だったことに最大の理由があると思われる。

毛は共産主義の教説を手引きにしたにせよ、かれ自身の理論と行動によって、井崗山の数千の兵士の首領から中国全土の支配者となったばかりか、第三世界における精神的指導者の使命を信じるまでになり、現在の世界でほかのだれも成し得ることのできないことを成し遂げたのである。

そこで、このような人物が政権獲得までにその正しさを実証した革命の理論を経済活動から国民生活のすべてを導く原理だと考え、かれの考えを基礎に独自の道を進むことが正しいのだと確信したのは当然であったといえるのである。

はたして毛がいつから漸進主義者を不道徳で堕落した連中だと考え、粛清を計画するようになったのか、また党幹部がいつごろからダモクレスの剣がぶらさがっている思いでいるようになったのかはあきらかでない。すべては六二年以来の必然の進路であったのかもしれないし、六六年からの時の勢いであったようにも思われる。結局、劉をはじめとする多くの幹部が不忠誠狩りのスケープゴートにされてしまった。

だが、第五の戦いは毛の勝利で終わりはしたものの、かれの急進主義の勝利とはならなかった。なぜならひきおこされた革命的状況からは無政府主義をうみだしても、無私の集団主義をつくりだすことはできなかったからである。

かれはこの十年間に、進歩への近道として開始した大躍進と人民公社運動で挫折し、つぎに、集団的な自発性と革命の秩序を両立させようとするコンミューンの試みで挫折した。そしてかれの急進主義は、大衆を疲労させ、党員の活力を失わせ、経済の伸張発展を阻害した。

たしかなことは、この二十年、毛には漸進主義の部下たちの協力があったということである。毛の抱いたイメージをかれらが実現可能なことへと操作し、かれの原則を実用主義的な対策へと作り直し、富と共産主義の国へめざしてともに努力してきた事実である。

恐らくかれがいなかったなら、中国においては漸進主義が導き手となったであろう。そしてこの二十年に国民の不満と苦痛をより少なくし、その希望と努力にさらに応えることができたかもしれないのである。

毛は後者の道を否定した。だが、あるいはのちにかれは前者の正しさに気づいていたかもしれないのである。

そこで毛なきあとの中国はどうなるだろうか。かれが鼓吹し、非難したことのなかで残りつづける価値体系は、克己的な勤労精神、地位向上の意欲、強い愛国心であろう。そしてこれらの信条を一言でいい現わすのは、「国際水準」という言葉かもしれない。六一年の『工作通訊』のなかで軍人たちが使い、六七年に過激派の学生たちが「国際水準だ」「国際水準を超す」と愛用しているのをみるとき、他のどのようなスローガンよりも生々とした感じを受けるのは、私が毛思想から遠い異邦人であるためだろうか。

あとがき

この本で私が中国の戦いをテーマにした理由から述べたい。

この二十年間に中国共産党の基本政策に何回か変化がおきた。一九四九～五〇年、五七～五八年、六二年、そして六五～六六年に内政・外交政策が大きく変わり、急進的となった。そしてこれらの変化をたどっていくと、きまって戦いがからんでいる。

この特徴的な現象は、謎の多い中国現代史の動向の底部をかたちづくるものと無関係ではあるまい。いや大いに関係があろう。そこで、私は、この戦いの目的と意味をさぐってみることにした。そのことによって中国の内政・外交路線の転換とその理由を明らかにし、ひいては毛沢東が六五年から四年間にわたって行なってきたことの本質的な意味をとらえることができるのではないか、と考えたのである。『毛沢東　五つの戦争』と題したゆえんである。

ところで私はこれらの戦いとその背後にある政治行動をさぐるのにあたって、いくつかの一般化された解釈をとりいれることをしなかった。というのは、多くの場合これらの主張をつきつめて吟味《ぎんみ》していくと、しばしば単なる推論にすぎぬものであったからである。また、たとえ一般にはすでに事実と考えられているような判断であっても、実は現実と照合させてみるとそれほどの説得力を持たないと思われる場合が少なくなかったからである。

若干の例をあげて述べてみよう。まず、私にとって疑問になったのは中国が朝鮮戦争へ介入するに至った理由である。多くの見解に共通する視点によると中国の参戦理由は、その戦争をだれがひきおこしたのかできまり、その直線延長上に中国軍介入の解釈が成立している。

たとえば関寛治氏はその戦争の原因をつぎのように推測する。「もし朝鮮戦争が……李承晩あるいはアメリカのわけのわからない出先機関の陰謀によって、そのきっかけが仕組まれたとすれば、金日成はその陰謀にまんまと引っかかったということになろう」このように米・韓陰謀説に未練を持つ人々にとっては、中国軍介入の理由はおよそ判然としていよう。同様に中ソの共同陰謀説を信じる人々にとっても、中国の戦争参加は自明の理ということになろう。

これら感情過多気味の主張のほかに、いささか空想力過剰のスターリン陰謀説もある。たとえばイゲール・グラクスティン氏は、つぎのような仮説を造ってスターリンの大陰謀であると主張した。すなわちスターリンは、南鮮を攻撃すればアメリカを戦いへ巻き込むだろうし、それはまた中国参戦を惹き起こすだろうと予測したというのである。そうすれば中国政府はソ連に依存せざるをえなくなるであろう。毛沢東グループは没落においこまれるだろうし、これに代わってスターリンが支持する勢力を擡頭させ、権力を掌握させることができるのではないか、と考えたと推定する。

このような判断は、中国軍が参戦し、その戦いが限定戦争になるというみきわめがついたあと――モスクワが中国軍の南鮮進攻作戦に、充分な軍事援助を与えなかったことは印象的である――のことなら確かに納得できよう。局面が膠着《こうちゃく》戦の様相を呈しだしてからなら、スターリンにアメリカを中国との解決不可能な泥沼に陥れる意図があったというのも合理的な解釈であろう。また逆にスターリンが中国をしてアメリカとの和解不可能な状態に陥らせたかもしれないと竹内実氏が述べているのも正しい指摘であろう。

だが、しかし、である。スターリンが戦いをはじめる前からすでにそのような計算をたてていた、などというのは、かれを千里眼の持主にしたてあげた粗雑な主張であろう。内戦中の中ソ関係、四九年末からのスターリン・毛会談、東北と新疆における中ソ関係、戦争勃発時の北京の戸惑い等々を一つ一つ検討していったとき、わたしはどうしても中国の参戦理由としてべつの判断をたてるほかはなかった。

五四年から五五年の台湾海峡の危機については、いまとなっては人々の関心も薄く、研究もされていないようである。しかし、この戦いがわれわれにとって単なる歴史的興味の対象というものではないことは、日米安保条約をとりあげるまでのこともなかろう。中国の巧妙な外交・軍事計画はこの時期にいかんなく発揮されているように思われる。さらに究明されてしかるべきだと考える。

つぎに五七~五八年の中国の内外政策についてはどうだろうか。この時期の考察には、どういうわけか中国の年代表から内政・外交の大項目をやや適当につなげあわせてみせただけの感じのものが多い。たとえば五八年における中国の内外政策の一般的な解明はおおよそつぎのようになる。すなわち毛は国内では急速な工業化と農業集団化のために大動員を行ない、他方、国外に向けては急進的な強硬政策をとった。国内ではあらゆる困難に打ち勝つ努力を要求し、対外的には大胆な対決政策を打ち出したが、その中心に金門奪取の戦いがあったというのである。

そしてさらに、中国側のこの戦いの狙いはソ連に向けたものであり、アメリカ帝国主義が張子の虎であることを実証しようとしたものであると結論する。また、ソ連側がこの戦いで中国側を支援しなかった事実をとらえ、これを両国の不和の源泉と見、中国の自力による核生産の決意をうながすことになったという解釈がつづくのである。

金門戦の目的と結果をこのように推定することは、想像力の欠如にほかならないが、のみならず、ここには事実の無視もあるように思われる。なるほどたしかに六九年にはソ連の中国白書が出、この戦いにおいて両国間には事前協議がなかったと暴露していることはある。だがそれはこの戦いを解明する重要な鍵であっても、それを知らねば手に負えないといった新事実ではない。

ここで注目しなければならないことは、多くの解釈において戦いの以前にすでに決定していた軍事政策の重大な転換を、無視し考慮に入れていないということである。軍事路線の変化を検討しないでどうして軍事政策と他の国内政策とのつながりを求めることができよう。またこの戦いの背後に中ソ両国間の核問題があるという判断を下しておきながら、五七年から六二年までを一区切りとする両国間の核関係の検索が私の知る範囲では見当らないのである。

私は中国の戦いの目的の一半がつねに国内の要求に応じたものだと解釈——ただし五四～五五年の戦いにはそれはやや希薄だが——している者だが、五八年の戦いはその典型的な例に他ならないと思っている。

恐らくこのような見方は歓迎されないであろう。革命の原因を求めるのに、貧困だけをとりあげるのと同様に、単純素朴な見解とされるわけであろう。そして戦いの目的に国内要因を求める視点が渋面をもって迎えられるのは、例のあの公式「新興国の政治指導者は国内の難問題から抜け出るための手段として、世論の統一、国内団結のための方策として、強硬的な対外姿勢や冒険的な外交政策をとる」の延長線上に位置するものであると見做されるからであろう。

そこで私の視点に対して、多くの論者たちは、あるいはつぎのように言うかもしれない。中国指導者のとる内政・外交政策は精神的に一貫性があり、冒険的政治家の緊張政策とは違うと。

まさにその通りである。毛沢東は傑出した戦術家であるばかりでなく、戦争理論と戦争哲学を持った政治家である。戦争理論家としては、かれは限定戦争の原則を造りあげた。かれの戦いは、もはや武力以外に打つべき手段はないといった結論から、目をつぶってはじめるたぐいの冒険とは縁もゆかりもない。かれの戦いにははっきりした目標があり、練りあげた計画があった。

かれの戦争哲学についていえば、闘争こそ人間の意志を強化し、献身と規律を育てあげるという信念が基底にある。かれはその信念にもとづいて、人為的な階級闘争を造りだしたのでもあった。そして政治家としては、大衆のなかにある潜在的な民族主義をひきだす抜群の才能をもっていた。かれは大衆の不満を怒りに変える一方、政治行動と軍事行動とを密接につなぐことで、政治目標の達成を図ったのである。

さてそこで、このような豊饒な能力をもつ指導者が戦争の計画をたてるとき、これを国内目標にあわせて設計しないなどと考えることができるだろうか。それはかれをあまりにもみくびった矮小的評価である、といわざるをえまい。たとえば五八年の戦争目的を金門島奪取にしぼったアリス・シェ女史の推論や、六二年の台湾海峡危機に北京が軍事手段をとらなかったのは、六〇年の大統領選挙でとりあげられた、沿岸諸島から手を引く公約の推移をみるためだったと想像したりするエドガー・スノー氏の見解が、その例である。

毛沢東の戦いが、外交政策の主要な道具の一つであることは今さらここにいうまでもない。だが同時にそれが国内計画の推進のための重要な手段でもある、という側面を見落しては、毛の政治の持つ複雑な全体像を見失うことになるであろう。

さてつぎに六二年から——五九年からといってもよいが——六四年までの農業政策についてはどうであろうか。ここで重要な問題は旧地主、旧富農が現実の敵なのか、あるいは想定上の実体のない敵なのかということである。ここでは各論者の見解は二つに分かれる。

たとえば藤村俊郎氏はつぎのように述べる。「五九年の廬山会議で頂点に達した右翼日和見主義分子……の三面紅旗反対の背後には、公社の解散を要求し、集団経済の解体と個人経営の復活を渇望する旧地主・富農や富裕な農民たち、ふるい支配の夢をすてきれない都市の旧ブルジョアジーがつながっていた」

高市恵之助氏は五九〜六二年についてつぎのように述べる。「農村でも〝悪がしこい〟もとの地主や富農が、頭をもたげてくることはやむを得ない成りゆきとも当時みえた。かれらに反革命分子、悪質分子を加えた〝黒い四類〟が農村で活発に動き出した。地主、富農が前歴をかくして公社の幹部にもぐりこんだところや、かれらの子女と婚姻関係を結ぶことによって、中共党員や堅実なはずの貧農がひそかに丸め込まれていたことも珍しくなかった」

これらの見解に対置するものとして、旧地主や旧富農が想定上の敵であるとは断定しないまでも、農村の階級闘争をとりあげず、べつの問題を重視する人もいる。たとえば山本哲也氏はつぎのように述べる。

「延安時代の農民と違って、人民公社時代の集団化された農民は、とくに労働の報酬分配をめぐって、その成員の一人一人が、すべて相互に入り組んだ無数の複雑な利害関係によって、網の目のように結ばれている。このことは必然的に、農民の心理構造や思考様式を、きわめて複雑なものに変化せずにはいない」

私自身の見解は後者の側にある。「前十条」「後十条」から「二十三条」にいたる農業分野における問題は、階級闘争からみちびきだされるのではなく、山本氏の指摘するような人民公社の構造のなかにあると思われる。そして旧地主・旧富農の問題は、反革命派の存在を認めることについていうならば、それは革命の持続と純粋性を維持するために必要としたためだと私はみる。

六五年の中国については、羅瑞卿・林彪論文を中心に軍事・外交政策に多くの人の研究がある。たとえばドナルド・ザゴリア、ウーリー・ラーナン両氏、今川瑛一、浜勝彦両氏、衛藤瀋吉、岡部達味両氏の研究がある。

これらの推論に共通する姿勢は、ベトナム戦争にいかに対応するかで、中国指導部内に意見の対立がおこり、これが文化大革命にいたる原因の一つとなっているとすることである。そして私にはこれらの判断は前後顛倒《てんとう》しているのではないかと思われてならない。私見によれば六五年には、党指導部内において党刷新を開始しようとする動きと、粛清計画を阻止しようとする動きがぶつかり、それぞれが対外政策を利用する曲りくねった術策をとっていたのである。

文化大革命については、広州を中心にその軌跡を追うことを試みてみた。この三年間の経過をたどるためには、香港の『星島日報』『明報』『華僑日報』『大公報』、台北の『中央日報』を利用した。

この時期には数多くの紅衛兵、造反組織の機関紙が香港へ流れ、広州に関する情報はとりわけ豊富であった。六八年七月末に紅衛兵、造反組織は弾圧され、香港に流出する機関紙は跡を絶った。それでもこの年の九月半ばまで、広州刊行の『三軍聯委報』が香港へ持ち出されていた。この。パンフレットが二カ月余の間、ただ一つ残されたのは、「反革命派」の有罪を宣伝するのに、広州の日刊機関紙を利用できない事情があったためだと思われる。

ところで香港からの情報については、一般に不信感がいだかれている。たしかにアメリカの衛星カメラは新疆ロプノールにあるにせの原爆実験場にだまされないかもしれないし、沖縄から飛ぶ偵察機SR71は中国軍隊の移動をとらえることができるかもしれない。だが、中国人の日常生活を具体的に知る覗き窓はまず香港であろう。そして文革中の三年余の記事をつづけて検討することによって、怪しげな情報や信頼できない記事から事実に近い情報を濾過できると私は信じている。

そして思うにこの問題の本質はいわゆる香港情報の信憑性《しんぴょう》といったことではないとも思われる。反共華字紙の煽動的な大見出しにせよ、『人民日報』の戦闘的な社説にせよ、編集者が、自分たちが考えていることを読者に信じさせようとしている点では共通しているという事実は、やはり見落とすことのできないことであろう。

それゆえ、国民党の中央通信社の香港からの情報一つをとりあげて、早急な判断をくだすのが危険であるのと同様、『人民日報』の記事をいつも正当化し、弁護するのも同じ誤ちをおかすことになろう。

朝鮮戦争における中国軍参加の最初の戦いと広州の文革三年間については、いささか詳しく述べすぎたかもしれない。この本を読まれる方の迷惑にならないことを望んでいる。しかし、この方法によって複雑かつ混沌たる文革の状況と本質が、多少なりともわかりやすくなればという願いからの試みであるので、その際はお許しいただきたい。書き終わったいまは、派生してきた興味深い問題、儲安平、呉晗、姚文元といったこの二十年の中国の政治に深く関与した知識人の系譜を今後是非たどってみたい、と考えている。

最後に毛沢東について一言述べておこう。人間の本性に対する恐るべき理想主義、そしてその戦いに示す驚くべき現実主義は、この人物を理解する上でもっとも難解な鍵であろう。現在の私にはかれをどのように判断していいのか自信はないが、米ニクソン政権の政策立案者であるヘンリー・キッシンジャー氏のつぎの言葉を思いだささるをえない。

「予言者は……偉大な業績、そして大規模な惨苦の時代を代表する」

一九七〇年一月

鳥居　民

文庫版のための終章　「五つの戦争」と、その後の中国の戦い

中国共産党が統率する中国がどのような戦争をしてきたのかは、中国の隣国の日本人が知っておかねばならない事柄である。

多くの人が批判するとおり、中国は世界の平和と安定、そして自由貿易を存分に享受してきながら、それらを維持する努力を見せてきていない。専制独裁国を支持、支援してきた。隣接諸国には強面《こわもて》な姿勢で臨み、ときには攻撃的な行動をとってきてもいる。しかも、この二十一年にわたって、その軍事費は毎年二桁の増加をつづけ、五年ごとに倍増させてきた。

そして中国の高位の海軍軍人がアメリカの海軍軍人に向かって、太平洋を中国とアメリカで分割しようと高言し、中国の新聞は「太平洋艦隊」を創設すべきだと説き、アメリカ海軍と海上決戦をするのだと力んでみせれば、日本の新聞は「台頭中国で包囲網」といった見出しを載せることにもなる。

最初に戻る。中国共産党の中国がどのような戦争をしてきたのかを、われわれは知る

必要がある。中国共産党が政権を握ってから六十数年がたつ。そのあいだの戦いは、毛沢東が他界するまではかれの戦いだった。この本の表題どおり「毛沢東　五つの戦争」である。

今回、この『毛沢東　五つの戦争』が文庫に加わることになった。この本を世に問うたのは昭和四十五年、一九七〇年である。草思社創業者の加瀬昌男氏に頼み、表紙にAK47の自動小銃を描いてもらったことをいま突然思いだす。四十数年前のことだ。毛沢東が没したのは一九七六年だ。これまで三十数年になる。そして加瀬氏も二〇一一年に他界した。

ところで、四十数年前に中国を論述した本が再び日の目を見ることは、まず珍しい。自慢話になってしまい、いささかおもはゆいが、それでも語らなければならない。

この本の「はじめに」の冒頭で私は毛沢東の「戦い」を取り上げる理由をつぎのように記した。「一九四九年からの中国の〈戦い〉を検討すれば、中国指導者の考えと行動を知る手がかりを得るのに必ずや役立つと信じるからである」（八頁）

四十年たった今、この記述は間違っていなかったと私は思っている。

一九七〇年には、まだまだ中国研究者は中国の公式宣伝を鵜呑みにするのが一般的だった。朝鮮戦争はアメリカとその走狗の南朝鮮が仕掛けたものだという北京の主張をそのまま書き写す中国研究者が多かった。

だが、ソ連が崩壊したあと、ロシアの公文書館が開放されて、朝鮮戦争がどうして起きたのかは、だれもが知るようになっている。金日成、スターリン、毛沢東が朝鮮半島の南半分を「解放」しようとしての協議がどのようなものであったのかを知ることは容易だ。そして戦いがはじまり、アメリカ軍が参戦したことから、戦況が逆転して、北朝鮮が滅亡寸前となったとき、中国に軍隊の派遣を執拗に迫ったのがスターリンだったこともいまは明らかになっている。そして中国共産党最高幹部のすべてが朝鮮戦争への参戦に反対した。ところが、毛はそれに同調できなかった。ドイツとの戦争で余裕のないのを見越し、スターリンの怒りを買うことをずっとやっていた毛は、スターリンのその要請に従わねば、ソ連軍の東北への再度の進駐を認めざるをえなくなり、東北の支配者である高崗《こうこう》にたいするスターリンの肩入れを阻止できなくなるからだったことは、いまは容易に推測できる。

「福州、杭州などを攻撃してくればまことに面白い」

朝鮮戦争は北朝鮮が仕掛けた戦いだったと説いた研究者でも、一九五八年の金門砲撃はその島を奪取するのに失敗しただけだと主張した。中国側がのちに発表したつぎのようなつぎはぎだらけの説明を引き写しにした人もいた。金門島への砲撃をつづけることによって、その島の守備隊を降伏させることが毛沢東の狙いだった。中国軍による金門島にたいする砲撃がつづいているあいだに、アメリカは金門から蔣介石軍を撤退させようとした。蔣介石がそれに反対するという事態になって、毛は考えを変えた。金門を蔣介石の手に残し、「蔣介石と連携し、アメリカに抵抗する戦略」に変えたのだ。

私はこの『五つの戦争』のなかでつぎのように記述した。毛は農業集団化を夢見て、人民公社を建設しようとした。そのために民兵隊を編成し、かれらを公社の建設と運営の中核にしようとした。そこで毛はアメリカ軍が中国本土に攻めてくるぞといった緊張を醸成するなかで、民兵隊をつくらせようとした。そのために毛は金門島を砲撃させたのだ。

私がこのように解釈してから二十三年あと、毛の一九五八年の書簡が発表されて、かれの四十日間の金門砲撃の狙いは明らかとなった。

一九九三年十二月二十四日付の『人民日報』に「毛主席指揮砲撃金門」という文章が掲載された。一頁すべてを潰しての長い回想である。執筆者はかつての金門砲撃の総指揮官だった。その大砲撃をはじめる直前の一九五八年の七月下旬にかれは毛主席の書簡を見せられた。国防部長の彭徳懐《ほうとくかい》と中央軍事委員会秘書長の黄克誠《こうこくせい》に宛てた手紙の写しだった。

「眠れないままに考えてみた。金門を砲撃する。しばらくして適当なときに撃つのをやめて様子を探る」と毛は書いていてつぎのように記した。「……しばらくのあいだ砲撃しないで、時機を見て、また砲撃する。もしも相手が漳州《しょうしゅう》、汕頭《スワトウ》、福州、杭州などを攻撃してくればまことに面白い。こういう考えを君たちはどう思うか。……」

付け加えておけば、漳州、汕頭、福州、杭州は福建省と浙江省にある港町であり、その地域の主要都市である。毛の狙いは単純明快だった。撃ったりやめたりして、アメリカをして過剰な反撃をさせないように注意を払いながら、金門への砲撃をつづける。全面戦争にしたくないのはアメリカ側も同じはずだが、それでも業を煮やし、アメリカの駆逐艦や巡洋艦が福建省と浙江省の沿岸都市を砲撃することになるのではないか。

国防部長と中央軍事委員会秘書長、そして金門砲撃の指揮官はその書簡の行間に隠された毛主席の意図をつぎのように正しく理解したのは間違いない。蔣介石は地主の土地を取り戻そうとして、アメリカ軍とともども大陸に攻め込んでくるのだと地方党書記が叫び立てる。

それだからこそ、アメリカの軍艦が「福州、杭州などを攻撃してくればまことに面白い」と毛主席は加えたのだ。こうして全国に緊迫した情況をつくり、大きな興奮のなかで民兵隊をつくらせる。その民兵隊をこれからつくる人民公社の大黒柱にする。

ヒマラヤの戦いによって毛が隠しおおせたのは

一九六二年に毛沢東がおこなったインドにたいする三十日間の限定戦争は、現在考えても、これまた毛沢東の戦いの典型、手本となるものであった。『五つの戦争』の第Ⅳ章「ヒマラヤの戦い」の末尾につぎのように記述した。

毛沢東は「ネールを直接に狙いながら、背後のフルシチョフに照準をあわせ、モスクワに向けて非難攻撃を強めていきながら、国内の人心と進路をかれの思うように変えていこうと考えたのであろう。かれは愛国心に訴える主題にすべてを包み、フルシチョフ攻撃の宣伝をし、大衆教育運動に修正主義の非難を溶け込ませ、その結果農業と工業における国内の改良路線を敵とする、かれのイメージ通りの雰囲気を醸成しようとしたのであった」（一九四頁）

現在、この記述に訂正するところはないと私は思っている。だが、毛沢東のヒマラヤの戦いはもうひとつ、べつの目的を隠していたのだといまは気づくようになっている。その年、一九六二年に毛沢東はアメリカが台湾の蔣経国を助け、中国に侵攻してくるのではないかとひどく警戒していたという事実だ。

その年のはじめに、そのときの台湾の最高の実力者であった蔣経国は中国大陸沿岸に二個師団を上陸させる計画を立て、アメリカ政府と協議した。台北政府の主張は、大陸の一角に橋頭堡を確保できれば、中国全土に叛乱は野火のように拡がるというものだった。中国の大躍進運動は破綻し、人民公社の建設は失敗し、その実状は正確にはまったく把握できないながら、中国全土に飢餓が拡がっていたことはわかっていた。

ところで、アメリカ政府の懸念は、二個師団の上陸が中国全土に拡がる叛乱の導火線となるよりも、アメリカ軍を大陸の戦いに介入させる導火線になってしまうことだった。台北政府は一層熱心に上陸作戦の計画をアメリカ政府に売り込もうとした。中国政府は台北政府とアメリカの動きに警戒を強め、その年の六月に福建省の沿岸に大軍を送り込んだ。アメリカ政府は中国政府に台北政府の大陸反攻を支援しないと伝えた。

なにひとつ明らかにされていないが、毛沢東は福建省、広東省の沿岸に大軍を配置したとき、ヒマラヤの戦いの準備をするようにと命じたのであろう。中国軍がヒマラヤでインド軍に大攻勢を開始したのは、その年の十一月十五日だった。そしてアッサム平原に到達する寸前になって、三十日間のヒマラヤの勝利の戦いを終わりにし、中国軍は国境線に戻ったのである。

毛沢東が見事にすぎる戦いをやってみせたことで、台北政府とアメリカの大陸反攻の論議はあとかたなく吹き飛んでしまった。それに繋がることであったが、毛はこれまた見事にすぎる成果を収めた。一九五八年からその年の一九六二年まで、恐怖政治によって二百五十万人を殺し、餓死した者とあわせて四千五百万人を殺した未曾有の変災と恐ろしいかぎりの苦難の中国大陸の実態を、アメリカと台北政府から見事に隠しおおすのに成功したのである。

「五つの戦争」の五つ目は毛沢東がおこなった文化大革命である。一九七〇年にこの本をだしたときには、毛沢東の死までつづく「文革十年」の半分が過ぎただけだった。文革はこれまた間違いなく毛沢東の戦いであり、かれの最後の悲劇的な、しかし愚劣きわまる戦いだった。毛沢東の死から二年あとの一九七八年十二月の中国共産党の会議のひとつで、文革あとの実力者であった葉剣英が講演し、文革の死者は二千万人にのぼると語った。だが、この数字の根拠はいまにいたるまで明らかにされていない。中国研究者は二百万人以上と推定する。二百万から二千万までのあいだの正確な犠牲者の数を定めるのは、中国各地の党の公文書館が所蔵している文革十年間の文書記録が公開されるときを待たねばならない。

中越戦争が目指したのは中国海洋石油

最後に、毛沢東の「五つの戦争」のあとの中国の戦いについて触れなければならない。毛亡きあとの中国共産党の幹部たちは、第二の毛をつくってはいけないという鉄則を守ってきている。そこでかれらは毛の戦いをやるつもりはないし、できもしない。だが、短期間の制限戦争をおこない、それが目指していると中国の外では想像する目的は、じつは真の狙いではなく、べつの目的の達成を意図した毛沢東の真骨頂となる戦いは、かれのあとの指導者に継承されてきている。毛沢東の戦いは「中国指導者の考えと行動を知る手がかりを得るのに必ずや役立つ」と前に記述した理由はここにある。

毛の死後、中国はベトナムと戦った。鄧小平の戦いである。ベトナムとの短い戦いをはじめたさなかの一九七九年二月のことだ。鄧小平は共同通信社社長の渡辺孟次に向かってつぎのように語った。「台湾の米国との貿易額は年間七十億ドルから八十億ドルだ。中国はこんなに大きいのだから、台湾の貿易額の三倍、十倍はあっても不思議はない」

その前年の一九七八年に中国のアメリカへの輸出は僅か三億ドルだった。たとえば台湾の企業家が福州や厦門《アモイ》でアメリカ向けの婦人靴をつくりはじめるといったことをやっていたが、これがどうにかなるという自信は、そのとき鄧小平にはまったくなかった。三十年のちに中国が「世界の工場」になるといったことは夢のまた夢だった。

鄧小平がそのときずっと思い描いていたのは、石油と天然ガスで国を支えるロシアやペルシャ湾の産油国、北海油田を持ったノルウェーのようになりたいという願いだった。南シナ海、東シナ海には海底油田があるようだ、これを開発し、北海油田ならぬ南海油田、東海油田を持ちたいというのがかれの夢だった。ところが、中国は海底油田の探査、その採掘の技術を持たなかった。アメリカの支援を望むしかなかった。

そのためにはアメリカ政府、とりわけ軍部の信頼を得なければならないと鄧は考えた。そこでかれはカンボジアに軍事介入しているベトナムを非難し、懲罰すると言いだした。かれはアメリカを訪問し、大統領、そして軍の首脳にそれをやると約束した。ベトナムで屈辱を嘗めたアメリカの仇をとってやろうということだった。そのときベトナムはソ連と軍事同盟を結んでいた。中国がベトナムに戦争を仕掛ければ、中ソ国境でソ連軍はなにか行動にでるかもしれなかった。スパイ衛星で調べたソ連軍の動きを教えて欲しいと言った。

　こうして中国は十五万人の軍隊を展開して、二月二十日から十日内外のベトナム攻撃をおこなった。鄧小平はアメリカの友人であることを実証してみせようとしたのである。だが、そのあと海底油田の採掘まで、鄧小平はじりじりする思いだったにちがいない。やっと一九八二年一月に中国が対外合作開採海洋石油資源条例をつくり、翌二月に中国海洋石油総公司を設立した。この国有会社に海底油田の探査・掘削が専門のアメリカの石油会社が協力することになった。ところが、鄧小平の石油大国の夢はかなえられなかった。中国が経済大国になるのは、台湾の経済発展の方式を踏襲してのことになる。

　付け加えておこう。鄧小平の夢の実現のためにつくられたその国策会社は、まことに荒っぽい所業をしてきている。尖閣諸島水域の白樺ガス田を勝手に掘削しているのは中国海洋石油だ。そして南シナ海はすべて中国の海だと主張し、マレーシアとベトナムによって南シナ海の石油と天然ガスが毎年五千万トンも盗まれている、中国は大慶油田の一年の採掘量を失っているのだと叫びたてるのである。

海峡での恫喝が目指したのは台湾の戒厳令

つぎに江沢民の軍事恫喝について記さねばならない。一九九五年の七月から翌九六年の三月にかけて中国軍は台湾にたいする威圧行動をおこなった。金門の砲撃戦から四十年近くあとだった。前に記したように毛沢東は一九七六年に没し、蔣介石はその一年前の一九七五年に他界し、蔣経国も一九八八年に死去し、鄧小平は生きていたが、心身ともに衰えていた。

さて、台湾ではじめておこなわれる総統選挙は一九九六年三月二十三日に予定されていた。与党の国民党候補は李登輝総統で、これにたいし民主進歩党の候補と大陸との統一を望む小党が候補者をたてていた。

中国軍は台湾と向かい合う沿海地帯で軍事演習をはじめた。台湾、日本、アメリカの中国専門家と新聞記者は、その軍事活動は選挙の結果に影響を及ぼそうという狙いがあってのことだ、李登輝を落選させようとするものだと言った。

中国側の狙いはまったく違った。李登輝を落選させようとしたのではなく、李をして、それまで台湾が長年そうであったように、戒厳令を布《し》かせようとしたのだ。そして総統選を中止に追い込もうとしたのである。中国共産党の首脳が恐れたのは、台湾が民主的な選挙によって、国是、政策を決める国になってしまうことだ。戒厳令下の専制的な台湾に戻し、中国と同じ政体にしておかねばならなかった。

その前年一九九五年夏にはじめた軍事威嚇によって、台湾の反応は中国側にはわかっていた。株価は暴落する、金持ちは銀行で台湾紙幣をドル紙幣に換える。一九九六年三月の総統選挙の前にさらに大きな脅しをかければ、人心の動揺を恐れ、台北政府は戒厳令を布くにちがいない、そう読んだのだ。

一九九六年二月に入って、中国軍の台湾にたいする軍事的威嚇はいよいよ本番に入った。中国の二つの軍区から動員されたという五万人の兵力が福建省沿岸に移動集結し、二月七日にはそれら演習部隊が戦闘配置に就いたと発表し、軍事演習を開始した。つづいて三月五日、新華社は三月八日から十五日までミサイル演習をすると告げ、三月八日の午前一時から二時にかけて、中国軍は台湾に向けて三発のミサイルを撃ち込んだ。ミサイルが弾着したのは、台湾の二つの貿易港である高雄と基隆の沖合だった。中国軍のミサイル発射を確認したあと、アメリカ大統領は台湾近海に二組の空母戦闘群を派遣すると決めた。

中国軍は三月十二日から福建省と広東省の沿岸の小島で実弾演習をはじめた。三月十八日からは強襲上陸の演習を開始した。しかし、総統選挙がおこなわれた三月二十三日には中国軍は演習を停止していた。台湾が戒厳令を布かないのであれば、武力威嚇をつづけることは無意味だった。選挙は李登輝が圧倒的な勝利を収めることで終わった。

最後に、『五つの戦争』の結びの一節をここに重ねて記したい。

「一九六一年の『工作通訊』のなかで軍人たちが使い、六七年に過激派の学生たちが『国際水準だ』『国際水準を超す』と愛用しているのをみるとき、他のどのようなスローガンよりも生々とした感じを受けるのは、私が毛思想から遠い異邦人であるためだろうか」(三九三頁)

いまになれば、いささかの説明が必要であろう。一九六〇年代、世界からまったく孤立、隔絶した中国のなかで、プロレタリアートとブルジョアジーの闘争だ、政治、思想、文化の大革命だと叫びたて、実際には仲間内で争っていた若者たちが、その勝利を壁新聞に大書するとなれば、「国際水準だ」「国際水準を超える」となんのためらいもなく書いていた事実に私は心の底から驚いたものだった。

いま、私はこれを読み返す機会を得て、ある感慨を覚える。読者諸兄もまた、中国のこの四十数年の歴史を振り返り、思いにふけるのではないか。

二〇一二年二月二十七日

鳥居　民

現代中国史年表

（1949～1970年）

1949．1.31　中共軍北平へ入城

3.15　中共七期二中全会で毛の報告

4.24　中共軍南京占領　上海占領（5.25）

7．1　毛，『人民民主独裁を論ず』で一辺倒宣言　チトー主義的な中立政策を拒否

7．2　東北人民政府首席高崗訪ソ　東北だけの貿易協定締結

8．5　米国務省，中国白書発表

8.14　毛，『幻想を捨てて闘争を準備せよ』で米中国白書を非難

10．1　中華人民共和国成立式典

12．6　毛，ソ連を公式訪問

12．7　国府，台北を首都にすると発表

1950．1．5　トルーマン，台湾に特権を求めず，軍事基地を設置しないと言明

1.14　中国，北京の米政府資産を没収

2．9　米議員マッカーシーの国務省非難　これより極右派の対中政策非難の激化

2.14　モスクワで中ソ友好同盟条約調印

3.27　新疆に中ソ合弁会社設立協定の調印

6.25　朝鮮戦争勃発

6.27　トルーマン，海空軍に朝鮮出動を命じ，台湾海峡中立化の宣言

6.30　土地改革法公布

9.15　米軍仁川上陸　北鮮攻撃軍の瓦解

9.30　周恩来「中国は隣国が帝国主義者によって侵略されるのを黙視しないだろう」

10．7　国連軍三十八度線を越えて北上

11．1　米中軍最初に戦う

11.24　マッカーサー，鴨緑江へ攻撃命令

11.25～12．　中国軍の反撃　国連軍の敗退

1951．1.25～5.21　中国軍の南鮮攻撃とその挫折

2.21　反革命懲治条例の公布

5．　映画『武訓伝』批判はじまる

5.23　中国・チベット協定調印
7.10　開城で朝鮮休戦会談の開始
9. 8　サンフランシスコで対日講和条約調印
12.　「三反，五反」運動開始
1952. 4.28　日華平和条約調印
8.18〜9.23　モスクワで中ソ間の外交交渉
11. 1　米，水爆第一回実験
1953. 1.　第一次五カ年計画開始
2. 2　アイク，台湾海峡中立化を解除
2.15　『農業生産互助合作化についての決議』を公布
3. 5　スターリン死去
4.11　朝鮮傷病捕虜交換協定調印
7.27　朝鮮停戦協定調印
8.12　ソ連，水爆第一回実験
12.16　『農業生産合作社発展に関する決議』公布
1954. 2. 4〜2. 6　七期四中全会で高崗らの粛清決定
3.24　米統合参謀本部議長ラドフォード，ディエンビエンフーに介入を提案
5. 7　ディエンビエンフー陥落
6.28　周・ネールが平和五原則の共同声明
7.16　「台湾解放」のキャンペーン開始
7.21　ジュネーブ会議（4.26〜）最終宣言
9. 3　金門砲撃開始
9. 8　米など八カ国がSEATOに調印
9.12　デンヴァーで米首脳会議　アイク，大陸攻撃案を拒否
9.　『紅楼夢』研究の批判はじまる
9.20　人代会一期一回会議で憲法採択
10.12　北京でフルシチョフ，第二次経済借款と中ソ合弁会社の持株移譲を約束　科学・技術協力協定締結
12. 2　米華相互防衛条約調印
1955. 1.28　中国軍，一江山島を占領
1.29　台湾決議案，米議会を通過
2. 6　大陳島から国府軍撤退開始
4.23　バンドン会議（4.17〜4.24）で周恩来，対米交渉を希望

4.27 ソ連，核研究を含めて科学研究で中国援助を約束
5. 中共中央，農業合作化の漸進を指示
5.25 作家協会，胡風を追放
5.26 旅順からソ連軍引揚げ
7.30 周恩来，国民党と和平会談を提唱
7.31 毛，『農業合作化の問題について』で合作化の促進を指令
8. 1 ジュネーブで第一回米中大使級会談
9.28 十人の将領に元帥の称号授与
10. 4～10.11 七期六中全会開催 『農業合作化の問題について』の決議採択
10. 8 第二十回米中会談で米国，台湾海峡で武力行使放棄を提案
10.27 第二十三回米中会談で中国，米中外相会議開催を提案
1956. 2.25 ソ連二十回党大会でフルシチョフ，スターリン批判の秘密報告
4. 5 『プロレタリアート独裁の歴史的経験について』を発表
9.15～ 9.27 八全大会開催 集団指導と漸進化の基本路線を打ち出す 一中全会（9.28）
9.22 第五十八回米中会談で中国，米中両国人民の往来と文化交流促進案を提出
10. 中国，ソ連に対し，ハンガリー暴動の制圧を求め，ポーランド介入に反対を伝える
11.10～11.15 二中全会開催
12.29 『再びプロレタリアート独裁の歴史的経験について』を発表
12. 全国に農業生産合作社の組織化完了
1957. 1. 8～ 1.18 周恩来，ソ連，ポーランド，ハンガリーを訪問 東欧問題について中ソ共同宣言
2.27 毛，最高国務会議で『人民内部の矛盾を正しく処理する問題について』の演説
4.30 毛，最高国務会議で学校党委制取消しを提案
5. 鳴放運動激化する
6. 8 反右派闘争の開始
6.28 サンフランシスコでダレス，中国政府は「一時的なものだ」と演説
8.26 ソ連の ICBM 成功
9.20 第七十回米中会談で中国，記者交換を提案

10. 2　ラパツキー外相，欧州非核地域案を提案
10. 4　ソ連のスプートニク成功
9.20～10. 9　三中全会開催
10.15　モスクワで中ソ間の国防新技術協定締結
11.14～11.19　モスクワで世界共産党会議開く，毛は「社会主義陣営の指導者はソ連」「東風は西風を圧す」と演説
12.　杭州で中央工作会議　毛は急進政策を提唱
1958. 1.　第二次五カ年計画開始
4. 5　郭沫若その他がアジア非核武装地帯設立案支持を『世界知識』に掲載
4.　ソ連，中国に共同防衛体制設置を提案か
4.　最初の人民公社設立
5. 4　四中全会開催
5. 9　陳毅，日中貿易の全面停止を声明
5.23　八期二次会議で劉少奇，「社会主義建設の総路線」について報告
5.25　五中全会開催
5.27～ 7.22　党中央軍委拡大会議で新軍事路線を決定
6. 1　党理論誌『紅旗』創刊　編集長陳伯達
6.　毛，「原水爆を造るぐらいは十年もあれば全く可能である」と説く
6.30　中国，米中会談再開を要求（57.12.12の第七十三回会談から中断）
7.21　レバノン，ヨルダンへの米英軍介入に対し，中国は義勇軍派遣を説く
7.31～ 8. 3　北京で毛・フルシチョフ会談
8.　毛，河南省の人民公社で「労武合一」を強調　民兵の建設
8.17～ 8.30　北戴河で中央政治局拡大会議　人民公社設立を承認
8.23　金門砲撃開始
9. 4　必要なら武力介入とのダレス声明
9. 6　最高国務会議（9.5～9.8）で「全国各界人民の動員」を号令
9.15　ワルシャワで第七十四回米中会談
10. 6　金門砲撃の一時中止を命令
10.23　ダレス・蔣共同声明　中国本土への武力攻撃を否認
12.10　武昌で六中全会（11.28～12.10）を開き，『人民公社に関する若

干の問題についての決議』採択
1959. 3.17　ダライ・ラマ脱出　チベットの反乱
4. 2〜 4. 5　上海で七中全会開く
4.27　二期人代会第一回会議（4.17〜4.27）で，劉少奇が国家主席に就任
5. 6　『人民日報』『チベット革命とネール哲学』を掲載
4.24〜 6. 3　彭徳懐軍事親善使節団，ワルシャワ（4.24）チラナ（5.28）モスクワ（6.3）を訪問
6.20　ソ連，中国との国防新技術協定を破棄
7.14　彭徳懐，「三面紅旗」運動批判の意見書を配布
8.16　廬山で八中全会（8.2〜8.16）開き，『彭徳懐をはじめとする反党集団に関する決議』採択
9.18　国防部長に林彪，総参謀長に羅瑞卿を任命と発表
9.15〜 9.28　フルシチョフ訪米　国連で軍備全廃を提案　アイクとキャンプデービッド会談
9.30〜10. 5　フルシチョフ，北京を訪問し，冷戦解決を主張
1960. 4.16　『紅旗』『レーニン主義万歳』を掲げ，中国，対ソ理論闘争で攻勢
5. 1　ソ連，U２機を撃墜
5.18　パリ首脳会談流会
6.26　ブカレストにおける共産圏十二カ国首脳会議でフルシチョフ，毛を非難
7.16　ソ連，中国から技術者の引揚げと通商契約の破棄を決定
10.　中央軍委拡大会議で林彪，新路線を指示
11.10〜12. 1　世界共産党会議開かれ，新モスクワ宣言採択
11. 8　『農村工作緊急指示十二条』発布
1961. 1.14〜 1.18　九中全会開催「六一年の任務は困難である」と述べ，農業再建を決定
3.　『北京晩報』『燕山夜話』連載開始
4.　呉晗『海瑞免官』発表
5.　『農村人民公社工作条例六十条』発布
9.　『鉱工企業工作条例七十条』発布
10.19　ソ連二十二回党大会で周恩来ソ連のアルバニア非難を反駁
12.15　国連における中国代表権問題で「重要事項」指定方式の決議通過
1962. 1.　劉少奇主宰の中央工作拡大会議開かれ，「三面紅旗」運動を批判

2.　陳雲，「三面紅旗」運動批判の報告書
4.～5.　新疆の少数民族がソ連へ逃亡
6.　彭徳懐，名誉回復の要求書を提出
6.16　『紅旗』唐太宗に直諫した魏徴について述べる
6.24　『人民日報』蔣一派が大陸反攻を準備しているのに警戒せよと発表
6.26　臨時米中会談開かれ，米，反攻支持の意図なしと伝える
8.　ソ連，核拡散を防止する協定を結ぶつもりだと中国へ通告
8.　北戴河における中央工作会議で毛は「階級の矛盾，闘争」を提起　内外政策の転換を決定
9.　中国，ソ連の上海，ハルビン，ウルムチの領事館を閉鎖
9.24～ 9.27　十中全会で毛は「階級闘争」を強調
10.20　中印両軍が衝突　インド軍の敗退
10.22～10.28　キューバ危機
10.27　『人民日報』『中印国境問題から再びネール哲学を論ず』を掲載
11.15　中国軍攻勢　ネール，米英に援助要請（11.19）
11.21　中国軍一方的に停戦宣言
1963. 3. 8　『人民日報』社説で中ソ国境条約を不当なものと非難
5.20　『当面の農村工作の若干の問題についての決定』（前十条）を発布
6.14　『国際共産主義運動の総路線に関する提案』発表
7.20　中ソ両党会談（7.5～）決裂
7.31　中国，部分核停条約を非難　米英ソ・部分核停条約調印（8.5）
9. 6　『ソ連共産党指導部とわれわれの意見の相違の由来と発展』発表（公開状第一論文）
9.　『社会主義教育運動の具体政策の規定』（「後十条」）
11.22　ケネディ暗殺さる
12.13　サンフランシスコでヒルズマン，対中国政策の演説
12.14～ 2. 4　周恩来，アフリカ諸国を友好訪問
12.　毛，文化部門に問題多いと指摘
1964. 1.27　中仏外交関係樹立
2.23　『人民日報』「解放軍に学ぶ」運動開始
2.25　中ソ国境交渉はじまる
3.　「雷鋒に学ぶ」運動開始
6.　『貧農下中農協会組織条例』発布

7.10 毛，日本社会党代表団に，帝政ロシアが奪った土地はまだ未解決だと語る
7.14 『フルシチョフのえせ共産主義と全世界史上の教訓』（公開状第九論文）
8. 2 トンキン湾事件
8. 9 中ソ国境会談は打ち切り
9. 「後十条」の修正規定発布
10.16 フルシチョフ失脚　中国，原爆第一回実験
1965. 1.14 『農村社会主義教育運動のなかで提起されたいくつかの問題』（「二十三条」）発布
2. 7 米，ベトナムで北爆開始　コスイギン，ハノイ訪問
2.10 北京で毛・コスイギン会談決裂
5.10 羅瑞卿『対独戦勝二十周年紀念』論文
5.22 軍階級制度廃止を発表
6.19 第二回アジア・アフリカ会議流会
9. 3 林彪『人民戦争の勝利万歳』論文
9.～10. 中央工作会議で毛，呉晗批判を指示
9.30 インドネシアのクーデター
11.10 姚文元，『文匯報』に呉晗批判論文掲載
11.28 ソ連共産党中委，中共中委に中ソ関係改善案を送付
12. 上海で中央工作会議開かる
1966. 2.12 彭真，呉晗批判に枠を設ける
3. 8～ 3.30 米上院外交委員会で中国問題の公聴会
4.11 ラスク，対中国政策の十原則を発表
4.18 『解放軍報』社説，北京市委に対する闘争を鼓吹
5.16 毛，党内の闘争を指示　文革小組設置
6. 3 北京市委を改組　彭真失脚
6.～ 7.18 劉少奇，鄧小平ら文化・教育部門で「文化革命」運動を展開　工作組撤収を決定（7.18）
8. 1～ 8.12 十一中全会が四年ぶりで開かる　文革に関する十六条を公布（8.8）林彪の序列二位へ，劉少奇八位に下る
8.19 紅衛兵運動の開始『解放軍報』「造反有理」「先破後立」を強調（8.20）
10. 十七日間の中央工作会議が開かる　劉，鄧が批判され，二人の自

己批判がなされた模様
10.23 ミサイル核実験成功
11. 1 『紅旗』社説,「水に落ちた実権派を徹底的に打倒せよ」
11. 3 林彪, 紅衛兵に向かい「ブルジョア反動路線に徹底的な攻撃」を説く
11.27 『プラウダ』, 毛を名指しで非難
1967. 1. 4 上海市の造反団体,『上海市民に告ぐるの書』を発表 奪権闘争全国に拡大
1.22 『人民日報』社説, 権力奪取を叫ぶ
1.25 『解放軍報』社説, 軍が奪権闘争に介入と表明
1.31 『紅旗』社説, 三結合による権力機関設立を鼓吹
2. 文革を停止しようとする「二月逆流」の動き
3.31 戚本禹『愛国主義かそれとも売国主義か』論文 劉へ攻撃開始
7. 1 米英ソ, 核兵器不拡散条約に調印
7.20 武漢事件おこり, 謝富治, 王力監禁さる
7.30 『紅旗』社説, 軍内の実権派打倒を呼びかける 各地の武闘激化する
8. 9 党中央軍委で林彪, 各軍区司令に, 文革は毛の威望と軍の力の二つに頼ると説く
8.16 八中全会における彭徳懐らの反党グループに関する決議が公表され, 彭と劉少奇, フルシチョフを結びつけた社説発表
8.～9. 毛, 各地を視察 中央文革の幹部, 王力, 関鋒らの追放
9. 5 江青, 武闘をやめよと説く
9.17 『紅旗』社説, 大連合を説く
10.12 『人民日報』社説, 毛思想学習班設置を呼びかける
1968. 3.26 楊成武ら解任さる
3.30 『人民日報』『解放軍報』『紅旗』の共同社説,「革命委員会はすばらしい」と強調
7.22 毛の教育改革の指示発表
7. 紅衛兵, 造反組織の弾圧はじまる
8.14 北京大学・高専すべてに労働者毛思想宣伝隊進駐したと発表
8.25 姚文元『労働者階級はすべてを指導しなければならない』の論文
9. 5 全国一級行政区に革命委員会設立終る
9.29 周恩来, ソ連が国境に大軍を集結と非難

10.13～10.31　十二中全会開かれ，劉少奇粛清
11.26　外交部，米中会談の再開を提案
12.21　毛の「下放」運動の指示発表　集団移住運動の展開
1969. 2.18　外交部，米中会談の中止を声明
3. 2　珍宝島で中ソ間の軍事衝突　反ソデモの展開
4. 1～ 4.24　九全大会開かる　林彪の政治報告，党新規約の制定，新中央委の選出
4.28　九次一中全会開会　新中央政治局委員選出
7. 1　中共三紙の共同社説，党再建を指示
8.13　新疆で中ソ間の軍事衝突
9.11　北京で周・コスイギン会談
10.14　『人民日報』『中国の社会主義工業化の道』を掲げる
10.20　北京で中ソ会談開始
1970. 1. 1　中国三誌共同社説『偉大な七〇年代を迎えて』を発表，米ソの帝国主義との対決を鼓吹

＊本書は、一九七〇年に当社より刊行した著作を文庫化したものです。

草思社文庫

毛沢東 五つの戦争

2012年4月18日　第1刷発行

著　者　鳥居　民

発行者　藤田　博

発行所　株式会社 草思社

〒160-0022　東京都新宿区新宿5-3-15
電話　03(4580)7680(編集)
　　　03(4580)7676(営業)
　　　http://www.soshisha.com/

組　版　株式会社 キャップス

本文印刷　株式会社 三陽社

付物印刷　日経印刷 株式会社

製本所　大口製本印刷 株式会社

装幀者　間村俊一 (本体表紙)

ISBN978-4-7942-1890-2　Printed in Japan